Gerhard Zimmer, Arno Beck, Erich Krauß

Thüringer Wald

Ein Wanderführer

grünes herz

Zeichenerklärung

Eisenbahnlinie mit Bahnhof
Industriegleis
Autobahn mit Nummer
Bundesstraße mit Nummer
Wichtige Verbindungsstraße
Landstraße
Sonstige Straße, Fahrweg
Weg; Pfad, Schneise
Grenze Naturschutzgebiet (NSG)
Rennsteig
Wanderweg mit Markierung
Thüringenweg
Seitenarm des europ. Fernwanderweges E3
Wanderweg Eisenach–Eisenacher Haus (Rhönclubweg)
Lehrpfad
Sallmannshäuser Rennsteig
Werra-Burgensteig
Lulluspfad
Pummpälzweg
Pfeifenweg
Ökumenischer Pilgerweg
Lutherweg
Elisabethpfad
Radwanderroute
Rennsteig-Radweg
Thüringer Städtekette
Tannhäuser Radwanderweg
Mittellandroute D4
Herkules-Wartburg-Radwanderweg
Skiwanderweg (mit Ziffer) gespurt
Skiwanderweg (mit Ziffer) bedingt gespurt
Winterwanderweg (geräumt)
Geschlossene Siedlungsfläche
Sonstige Bebauung
Wald, Park
Garten, Grünanlage
325 Höhenlinie (Abstand 25m)
978 Höhenpunkt
Böschung; Schlucht, Rinne
Steinbruch, Grube; Halde
Kl. Reliefformen (Felsen, Klippe, Kuppe, Loch)
Höhle; Findling
Bergwerk; Bergwerk stillgelegt
Forsthaus; Bergwacht

Funkturm; Windrad
Aussichtspunkt
Turm; Aussichtsturm
Schloss, Burg; Ruine
Museum
Baudenkmal; Denkmal
Kulturhaus; Theater
Kirche
Kapelle; Friedhof
Informationsbüro
Ausflugsgaststätte (Ausw.)
Imbiss
Hotel, Pension (Auswahl)
Herberge; Jugendherberge
Campingplatz; Reiterhof
Sommerrodelbahn
Sportplatz; Skateranlage
Tennisplatz; Tennishalle
Wehr
Öffentl. Toilette/ WC
Schutzhütte
Für Kfz gesperrt
Tankstelle; Raststätte
Parkplatz; Parkhaus
Freibad; Schwimmhalle
Bootsvermietung
Eislaufbahn
Rodelwiese
Sprungschanze
Kneippbecken
Wasserfall
Quelle
Klinik, Krankenhaus
Naturparkinformation
Naturdenkmal
Hervorragender Baum
Park
Bushaltestelle (Auswahl)
Sonst. Sehenswürdigkeit
Klassikerstraße
Deutsche Alleenstraße
Tourverlauf

Inhaltsverzeichnis

Informationsanhang

Benutzungshinweise

Die Tourenbeschreibung ist so abgefasst, dass es keine Orientierungsprobleme gibt. Alle in den Beschreibungen verwendeten Namen und Begriffe sind auf Wegweisern und Hinweisschildern in der Natur vorhanden. Trotzdem ist eine Wanderkarte nützlich. Die empfohlenen Kartenblätter gehören entweder zur Wanderkartenserie Naturpark Thüringer Wald oder Thüringen zu Fuß erleben aus dem Verlag ***grünes herz***® (alle Maßstab 1:30.000). Die Tourenskizzen, die jeder Wanderung voran gestellt sind, basieren auf der Grundlage dieser Wanderkarten oder aus der Wanderkartenserie der 50.000er-Karten.
Der Ein- und Ausstieg in den Rundtouren kann natürlich auch an jeder anderen Stelle erfolgen. Neben der Streckenbeschreibung gibt es noch grün unterlegte Textabschnitte. Sie beinhalten Hintergrundinformationen zum unmittelbar an der Strecke Befindlichem. Die blau gekennzeichneten Texte sind Tipps, Wegevarianten und Abstechern vorbehalten.

Die Touren Eins bis 17 erwanderten und beschrieben die Wanderfreunde Arno Beck und Gerhard Zimmer aus Schmalkalden. Erich Krauß aus Bad Blankenburg übernahm den östlichen Teil: Auswahl, Verlauf und Beschreibung der Touren 18 bis 33 entstanden unter seiner Federführung.

Bei der Rubrik „Einkehr“ handelt es sich um persönliche Empfehlungen der Autoren.

Die GPS-Tracks zu diesem Buch finden Sie unter: `vggh.de/WFTW`
Benutzer: `WFTW`
Passwort: `wrZT3-4Rtbfi-K`

Schwierigkeitsgrad der Wanderungen:
leicht **mittel** **schwer**

In Erinnerung an Günter Jung (1939–2004), Wanderfreund und Autor der ersten Auflage des Wanderführers Thüringer Wald.

Sehr facettenreiche, märchen- und sagenumwobene Rundwanderung; Namen wie Drachenschlucht, Elfengrotte, Eliashöhle, Blidenstatt und Wartburg sprechen für sich; überwiegend schattige und breite Wege; enge Drachenschlucht; besonders im Herbst farbenprächtige Eichen und Buchen; tolle Aussicht vom Metilstein

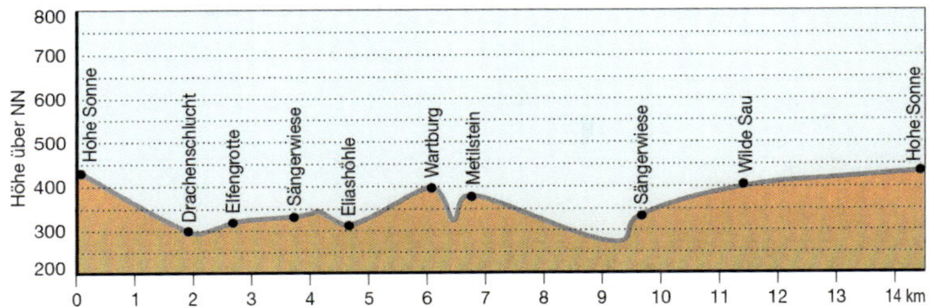

Anreise/Start/Ziel: mit den Buslinien L-11, L-31 und L-135 von Eisenach aus gut erreichbar; mit Pkw aus Richtung Eisenach oder Meiningen auf der B19 zur Hohen Sonne
Parken: Hohe Sonne, Kreuzung Rennsteig-B19
Anforderungen: mittel; 780 Höhenmeter; für Familien mit größeren Kindern geeignet; Einstieg in die Drachenschlucht bei Nässe teilweise rutschig; beste Jahreszeit: Ende Mai bis zum ersten Frost
Streckenlänge: 14,4 km
Einkehr: Waldgasthof „Sängerwiese", Wartburg, Kiosk an der Hohen Sonne
Karte: Blatt 1 „Eisenach und Ruhla" ↗ S. 141
Sehenswertes: wildromantische Drachenschlucht, Elfengrotte, Eliashöhle, Blidenstatt, Wartburg, Eselstation, Metilstein, Felsnadeln: Mönch und Nonne

Bevor wir von der **Hohen Sonne** aus starten, nehmen wir schon einmal die berühmte Wartburg in Augenschein. Genau in Richtung unseres geplanten Weges durch die Drachenschlucht thront sie majestätisch am Horizont und liefert gleich ein tolles Fotomotiv. Wir steigen ab ins **Annatal** und sind bereits inmitten des Naturschutzgebietes Wartburg-Hohe Sonne, einem zusammenhängenden Waldgebiet, in dem überwiegend Buchen und Eichen wachsen. Sie liefern im Herbst ein farbenfrohes Bild. Allmählich verengt sich das Tal zu der berühmten wildromantischen **Drachenschlucht**. Der folgende Streckenabschnitt gleicht einem mustergültigen Naturlehrpfad für geologischen und botanischen Anschauungsunterricht. Im spektakulärsten Teil der Drachenschlucht wandern wir eingezwängt zwischen teilweise überhängenden, 10 Meter hohen Felswänden aus Rotliegendem. Über die feuchten Wände ergießen sich kleine Wasserfälle. In großen Polstern haben sich vor allem Moose, Farne und Flechten angesiedelt. Wenn wir Glück haben, können wir eine Wasseramsel auf ihrer Nahrungssuche beobachten. Auch Zaunkönige, Kleiber, Feuersalamander und seltene Schmetterlinge, wie der Kaisermantel und der Schillerfalter, sind hier heimisch. Der stark duftende Bärlauch und das Kleine Springkraut sind typische Pflanzen, die an beiden Seiten des Pfades wachsen.
Nun wird es enger und enger: An

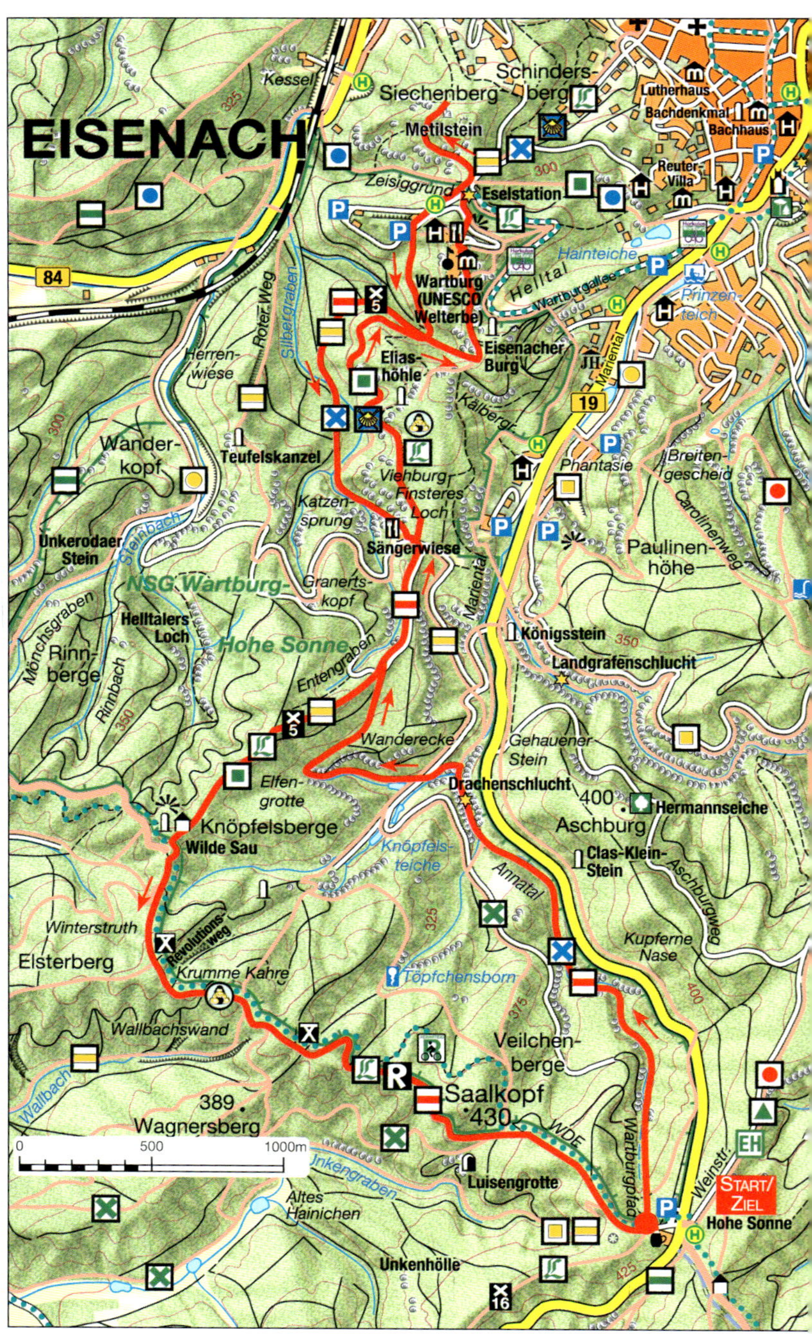
EISENACH
Kessel
Siechenberg
Schindersberg
Lutherhaus
Bachdenkmal
Bachhaus
Metilstein
Reuter-Villa
Zeisiggrund
Eselstation
Hainteiche
Wartburg (UNESCO Welterbe)
Helltal
Wartburgallee
Prinzenteich
Eliashöhle
Eisenacher Burg
Mariental
Kälbergr.
Herrenwiese
Roter Weg
Silbergraben
Teufelskanzel
Wanderkopf
Phantasie
Breitengescheid
Viehburg
Finsteres Loch
Katzensprung
Sängerwiese
Carolinenweg
Paulinenhöhe
Unkerodaer Stein
Steinbach
NSG Wartburg-Hohe Sonne
Granertskopf
Helltalers Loch
Mönchsgraben
Rinnberge
Rinnbach
Königsstein
Landgrafenschlucht
Entengraben
Wanderecke
Gehauener Stein
Drachenschlucht
400
Hermannseiche
Aschburg
Elfengrotte
Knöpfelsberge
Wilde Sau
Clas-Klein-Stein
Knöpfelsteiche
Annatal
Aschburgweg
Winterstruth
Revolutionsweg
Elsterberg
Kupferne Nase
Krumme Kahre
Töpfchensborn
Wallbachswand
Veilchenberge
Saalkopf 430
389 Wagnersberg
WDE
Wartburgpfad
Wallbach
Unkengraben
Luisengrotte
Weinstr.
START/ZIEL
Hohe Sonne
Altes Hainichen
Unkenhölle
84
19
0 500 1000m

der schmalsten Stelle ist die Klamm sogar nur ca. 70 Zentimeter breit – bei „Gegenverkehr“ etwas problematisch. Unter den Gitterplatten aus Kunststoff schießt gurgelnd das Wasser des Steinbachs talwärts. Er überwindet in der Schlucht mehr als 100 Höhenmeter.

Die weithin bekannte **Drachenschlucht** mit ihrer einzigartigen Klamm entstand über Jahrtausende durch die andauernde nagende Kraft des Wassers. Sie wurde 1832 auf Anregung und unter Leitung von Oberforstmeister Gottlob König, dem Leiter der Eisenacher Forstschule, für die Öffentlichkeit zugänglich gemacht. Die Großherzogin Maria Pawlowna leistete dabei finanzielle Unterstützung. Zum Dank wurde das benachbarte Mariental nach ihr benannt. Das Annatal erhielt den Namen ihrer Schwester, der späteren Königin der Niederlande. Mit einem in den Fels eingemeißelten großen A hat man sie verewigt. Die Drachenschlucht ist seit 1977 als geologisches Naturdenkmal geschützt.

Nach dem A nehmen wir den ersten nach links aufsteigenden Weg in Richtung Elfengrotte. Vorbei an den **Knöpfelsteichen** gelangen wir in ein sich zunehmend verengendes, tief eingeschnittenes Tal. Unvermittelt stehen wir schließlich vor mehreren mächtigen, aneinander geschmiegten Felsen einer unüberwindbaren Steilstufe - der **Elfengrotte**.
Davor lädt eine Bank ein, die absolute Ruhe in einem stimmungsvollen, märchenhaften Ambiente zu genießen. Weiter führt uns danach der Pfad über die felsige Flanke aus dem engen Tal heraus auf einen Wirtschaftsweg. Er führt zum **Waldgasthof „Sängerwiese“**, wo wir eine Rast einlegen.

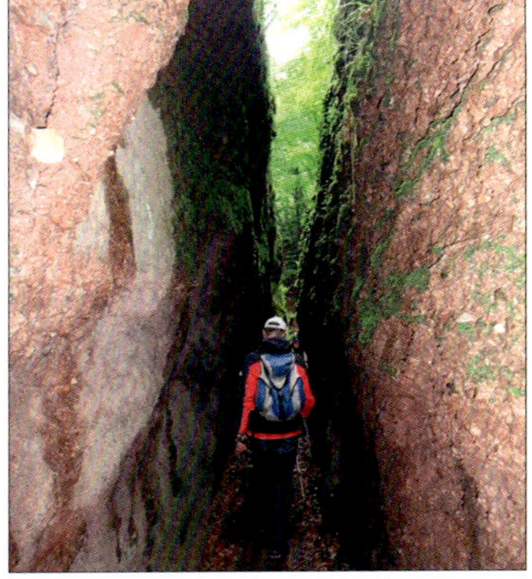

In der engen Drachenschlucht

Verlängerung zur Wartburg und zu Mönch und Nonne:
Wir laufen ca. 250 Meter in Richtung der Wartburg und erreichen an der Wegkreuzung den Rand des neun Hektar großen Totalreservats **Viehburg**. Eine Tafel informiert darüber, dass sich der Wald hier seit 1959 völlig unbeeinflusst von menschlicher Bewirtschaftung entwickelt. Wir wenden uns nach links und stoßen gleich darauf auf einen zunächst steil absteigenden, durch Stufen gesicherten Pfad, der zwischen Felsen hindurchführt. Im Winter ist dieses Stück nicht ganz ungefährlich! Danach wird der mit dem grünen Viereck markierte Weg leichter. Als schmaler Pfad windet er sich durch eine spektakuläre Felsszenerie inmitten des für diese Region typischen Laubwaldbestandes aus Buchen und Eichen. An einem Felssporn stoßen wir auf eine ca. 200 Jahre alte Buche. Dahinter wird rechts des Weges eine ca. zwei Meter hohe und kaum 50 Zentimeter breite Klufthöhle, die **Eliashöhle** sichtbar. Sie ist nicht ausgeschildert. Vor dem Felssporn liegt hangseitig eine ähnliche, aber kleinere Klufthöhle. An der folgenden Abzweigung halten wir uns rechts. Links von uns können wir durch die Bäume hindurch schon die Wartburg sehen. Der Weg steigt nun an und mündet schließlich wieder auf den meistbegangenen, di-

rekten Weg von der Sängerwiese zur Wartburg. Jetzt halten wir uns links der Wartburg zu. Bald erreichen wir die **Blidenstatt**. Von hier sollen während des hessisch-thüringischen Erbfolgekriegs im 13. Jahrhundert Angriffe mit einer Wurfmaschine auf die Wartburg stattgefunden haben. In westlicher Richtung liegt die Wartburg zum Greifen nahe, dazwischen eine tiefe Schlucht. Wir umgehen sie auf einem bequemen Hangweg, vorbei an den Resten der **Eisenacher Burg**.

Wir steigen zur **Wartburg** hinauf. Über die Zugbrücke und das Eingangstor gelangen wir in die Burghöfe, gönnen uns den grandiosen Ausblick auf Thüringer Wald, Eisenach und Hörselberge. Auch ohne eine Besichtigung der prächtigen Innenräume fühlen wir uns zurückversetzt in die Zeit der heiligen Elisabeth und des Sängerkrieges.

Nicht weit unterhalb liegt die **Eselstation**. An ihr vorbei, links haltend, gelangen wir zum **Metilstein** (Mädelstein), einem Konglomeratfelsen mit einer atemberaubenden Aussicht auf die Wartburg und das Umland.

Der Metilstein trug früher ebenfalls eine Burg, die Mittelburg. Die Reste von Grundmauer und Kellergewölbe sind noch auf der Bergkuppe zu sehen. Etwas unterhalb der Ruinen finden wir eine interessante Felsgruppe: **Mönch und Nonne**. Selbst Goethe fand viel Gefallen an den beiden markanten Felstürmen und hielt sie in einer Zeichnung fest.

Wir gehen auf gleichem Weg zurück zur **Eselstation**, weiter ein kurzes Stück der Fahrstraße aufwärts folgend in die **Wartburgschleife**. Gleich hinter dem Parkplatz biegen wir in einen schattigen Waldweg ein mit der Markierung ■. Er bringt uns durch das **Finstere Loch** zurück zur **Sängerwiese** – wieder eine Gelegenheit zum Rasten.

Nun folgen wir dem gut markierten Weg zum Rennsteig, vorbei an mächtigen alten Eichen und kommen direkt zur **„Wilden Sau“**.

Das alte **Steindenkmal** aus dem Jahre 1483 berichtet mit seinem Relief vermutlich von einem Jagdunfall, bei dem ein Jäger von einem Wildschwein unterlaufen wird und dabei auf ihm zu sitzen kommt. Ein Jagdgefährte versucht das Schwein mit dem Spieß zu erlegen und verletzt dabei den Gefährten tödlich. Möglicherweise handelt es sich aber auch um ein Sühnekreuz, das der Täter nach einem Eifersuchtsdrama errichtet hat.

Wir sind jetzt auf dem Rennsteig. In der **Schutzhütte** an der **Krummen Kahre** legen wir eine letzte kleine Pause ein. Nun ist es nicht mehr weit bis zur **Hohen Sonne**, dem Ausgangspunkt unserer märchen- und sagenumwobenen Wanderung.

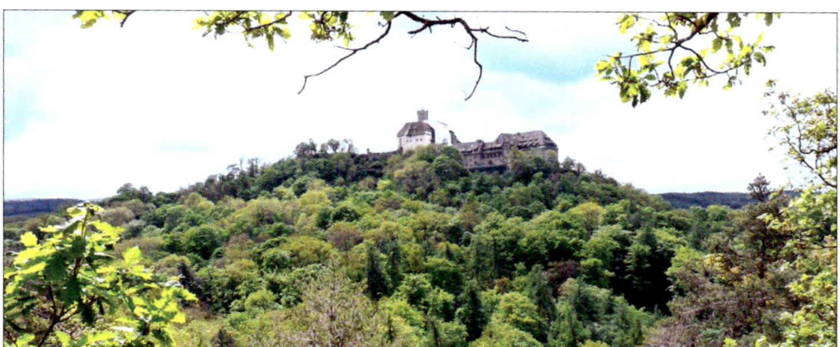

Blick vom Metilstein zur Wartburg

2. Landgrafenschlucht, Burschenschaftsdenkmal

Im goldenen Herbst eine Traumtour, sehr erlebnisreich, die malerische Landgrafenschlucht als Hauptattraktion, mehrere großartige Panoramablicke, viele Spuren der Thüringer Geschichte, überwiegend schattige Wirtschaftswege, teilweise Fußpfade und Treppen

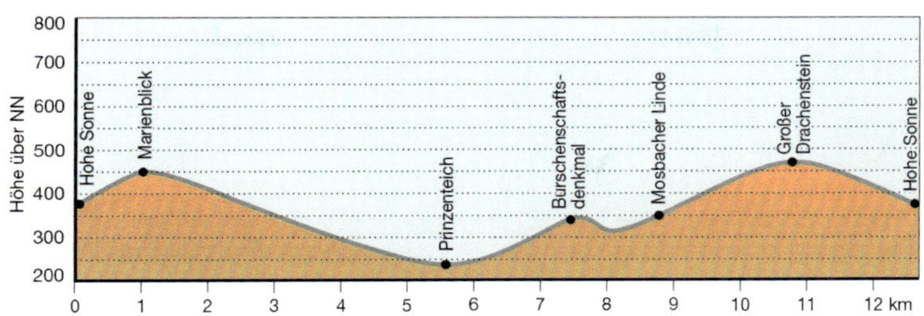

Anreise/Start/Ziel: mit den Buslinien L-11, L-31 und L-135 von Eisenach aus gut erreichbar; mit Pkw aus Richtung Eisenach oder Meiningen auf der B19 zur Hohen Sonne
Parken: Parkplatz Hohe Sonne, Kreuzung Rennsteig-B19
Anforderungen: mittel; 435 Höhenmeter; für Familien mit Kindern geeignet; Königstein evtl. bei nassem Wetter auslassen wegen Rutschgefahr; beste Jahreszeit: Frühling bis Herbst, im Winter schwieriger
Streckenlänge: 12,7 km
Einkehr: Kiosk an der Hohen Sonne, Café am Prinzenteich, Berghotel am Burschenschaftsdenkmal
Karte: Blatt 1 „Eisenach und Ruhla" ↗ S. 141
Sehenswertes: Marienblick am Kleinen Drachenstein, wilde, unberührte Natur in der Landgrafenschlucht, Königstein, majestätisches Burschenschaftsdenkmal, 250-jährige Mosbacher Linde

Nicht ganz so spektakulär eng wie die Drachenschlucht, aber nicht minder romantisch ist die **Landgrafenschlucht** – quasi auf der anderen Seite der B19 südlich von Eisenach gelegen. Mit ihren fast 2 km zieht sich die Erosionsklamm gemächlich durch die Felsen – angenehm kühl im heißen Sommer und ein Eispalast im strengen Winter.

Vom **Parkplatz** aus überqueren wir die B19 und folgen der **Weinstraße**, ein bereits 1321 als „ultra strata" bezeichneter Handelsweg zwischen Franken und Thüringen. Man muss keine Bedenken haben. Die „Autobahn des Mittelalters" ist nicht asphaltiert, sondern ein breiter, angenehmer und viel begangener Wanderweg, auf beiden Seiten mit Buchen gesäumt.

Gemächlich ansteigend kommen wir zum **Marienblick**. Hier liegt das erste Mal die Wartburg vor uns. Wir werden sie heute noch oft zu sehen bekommen. Wieder leicht bergab wandern wir am **Kleinen Drachenstein** vorbei, biegen dem Wegweiser folgend vor dem **Großen Drachenstein** scharf links ab - hinunter in die malerische **Landgrafenschlucht**. Rechts von uns befindet sich das **Landgrafenloch** mit engen, steilen Flanken. Alte, zum Teil umgebrochene Laubbäume und bemooste Konglomeratfelsen

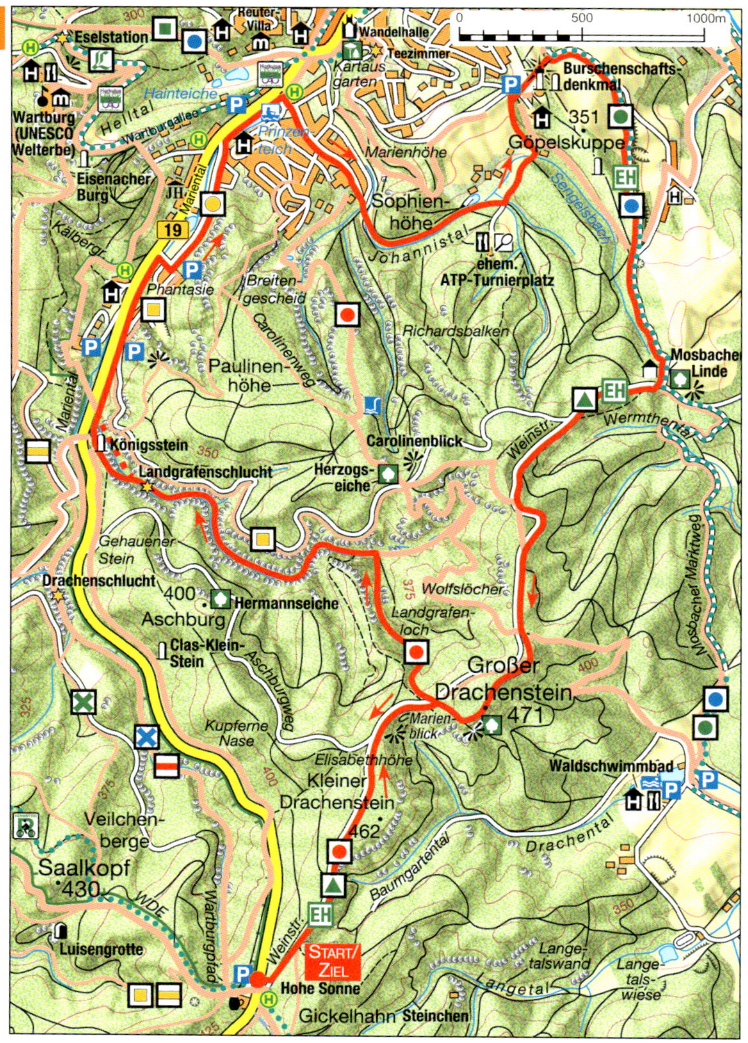

prägen das Bild. Gemächlich führt der Pfad ca. 2 km abwärts durch die Schlucht, mal rechts und mal links am Bach vorbei, mal auf der Talsohle und mal oberhalb auf einer Felsbank entlang. Von den Felsen rieselt Wasser. Man wähnt sich in unberührter, wilder Natur.

Einer **Sage** von Ludwig Bechstein nach soll sich im Jahr 1306 Friedrich der Gebissene mit 15 Gefolgsleuten in der Schlucht versteckt haben, um später von hier aus unbemerkt die Wartburg zu erklimmen und gegen seinen eigenen Vater, Landgraf Albrecht den Entarteten, auf der Wartburg vorzugehen, da dieser ihm die Erbfolge streitig machte.

Sicher ist, dass es Friedrich im Jahr 1307 gelang, seinen Vater derart unter Druck zu setzen, dass dieser ihm die Landgrafschaft Thüringen übertragen musste.

Allmählich weitet sich die Schlucht.

Abstecher, nicht ganz gefahrlos bei feuchtem Wetter:
Kurz vor Ende der Schlucht steigen wir über hölzerne Treppenstufen nach links hinauf in die Wand zum **Königstein**.
An der Spitze des schmalen Bergrückens rasten wir an einer **Sitzgruppe** – unter uns das Mariental und der Ausgang der Landgrafenschlucht, hinter den Bäumen die Wartburg. Der **Abstieg** erfolgt auf einem felsigen, serpentinenartigen Pfad. Bei feuchtem Wetter sollte man auf diesen kleinen Abstecher verzichten und in der Schlucht weiter bis zum Ausgang gehen. Auf halber Höhe fällt eine große, am Fels angebrachte Platte aus dem Jahr 1850 ins Auge. Mit goldenen Lettern wurde hier **Gottlob König** ein Denkmal gesetzt.

Oberforstrat **Gottlob König** (1779-1849), ein Schüler und Schwager Heinrich Cottas, war einer der bedeutendsten Forstwirtschaftler und Forstwissenschaftler des 19. Jahrhunderts in Deutschland. Unter seiner Leitung wurden die durch Köhlerei, Bau- und Brennholzgewinnung stark gelichteten Wälder um Eisenach und Ruhla maßgeblich gestaltet. Die touristische Erschließung der Drachenschlucht und der Landgrafenschlucht ist vor allem ihm zu verdanken.

Wieder unten angekommen, haben wir an der überdachten **Sitzgruppe** und dem kleinen **Teich**, einer ehemaligen Viehtränke, den Ausgang der Schlucht erreicht. Wir nehmen die parallel zur B 19 verlaufende **Wichmann-Promenade** ☐ zum **Prinzenteich**. Hier sind wir am tiefsten Punkt unserer Tour (235 Meter). Unmittelbar nach dem Teich schwenken wir nach rechts über die **Kapellenstraße** ins **Johannistal**.

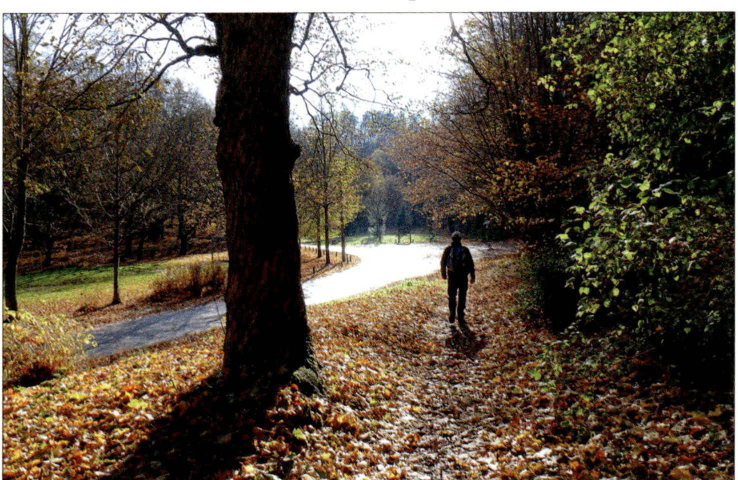

Im Johannistal auf dem Weg zum Burschenschaftsdenkmal.

Um die Sophienhöhe herum, an **Waldschenke** und **Tennisanlage** vorbei, ist es nicht weit zu dem berühmten **Burschenschaftsdenkmal**. Majestätisch thront es auf der Göpelskuppe. Hier liegt uns Eisenach zu Füßen, gegenüber die Zinnen der Wartburg. Wir schauen uns die Ausstellung im Innern an und steigen über die enge Wendeltreppe auf den Balkon des Denkmals und werden mit einem herrlichen Panoramablick auf den westlichen Thüringer Wald, die Hörselberge, auf Eisenach und die Wartburg belohnt.

Das 33 m hohe **Burschenschaftsdenkmal** wurde im Jahr 1902 als Ehrenmal für die im Deutsch-Französischen Krieg 1870/71 gefallenen Burschenschafter errichtet. Zugleich sollte es Nationaldenkmal der deutschen Burschenschaft zur Erinnerung an die Reichseinigung sein. Es ist ein Rundtempel aus Muschelkalk, der sich vor einer breiten Terrasse erhebt. Das Denkmal, zu DDR-Zeiten erheblich verfallen, wurde nach der Wende aufwändig restauriert und im Jahr 2007 neu eingeweiht. Neben der Geschichte der Burschenschaften erzählt die Ausstellung über den Weg zur gesamtdeutschen Verfassung.

Wir setzen die Wanderung hinter dem Burschenschaftsdenkmal auf dem schmalen Zechsteinrücken der Göpelskuppe fort. Das grüne EH auf weißem Grund (Markierung des Weges Eisenach-Eisenacher Haus) wird uns nun bis zum Ende der Tour geleiten.

Bald erreichen wir das Naturdenkmal **„Mosbacher Linde“**. Ein prächtiger, ca. 250 Jahre alter Baum am Waldrand mit einer Bank um den dicken Stamm, dahinter eine **Schutzhütte** sind ein willkommener Platz zum Ausruhen.

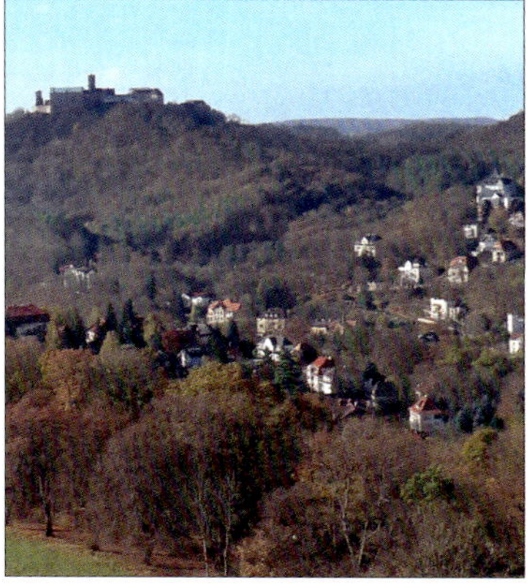

Blick vom Burschenschaftsdenkmal auf Eisenach und die Wartburg.

Die sagenumwobenen Hörselberge liegen vor uns; am Horizont ist der Hainich zu sehen. Hier gabeln sich zwei im Mittelalter bedeutungsvolle „Straßen“: die Weinstraße als wichtige Reisestraße über den Thüringer Wald und der Marktweg zwischen Eisenach und Mosbach.

Auf der nach rechts abbiegenden und stetig ansteigenden **Weinstraße** führt unser Weg weiter. An einigen Stellen gehen wir über Reste des historischen Pflasters.

Etwa zwei Kilometer sind es bis zum **Großen Drachenstein** – erneut ein markanter, etwas linker Hand, abseits liegender Aussichtsberg.

Wir sind am höchsten Punkt unserer Tour angelangt, setzen uns auf die Bank unter der uralten **Eiche** und schauen ins Thüringer Land.

Der Blick reicht von den Hörselbergen über das Örtchen Mosbach, die Wartberge, den Großen Inselsberg bis zum Ringberg mit dem Carl-Alexander-Turm im Südosten.

Die Route führt nun wieder bergab auf die eigentliche **Weinstraße** zurück, vorbei an der Abzweigung zur Landgrafenschlucht, der wir zu Beginn unserer Wanderung gefolgt sind. Wir bleiben auf dem historischen Handelsweg und erreichen bald wieder die **Hohe Sonne**.

Panoramawanderung auf meist gut begehbaren Waldwegen, viele prächtige Ausblicke in enge Kerbtäler. Die Bergstadt Ruhla, eingebettet in das enge Erbstromtal mit ihren Seitentälern, ist umgeben von steilen Hängen, auf deren Wanderwegen sich immer wieder prächtige Talblicke bieten.

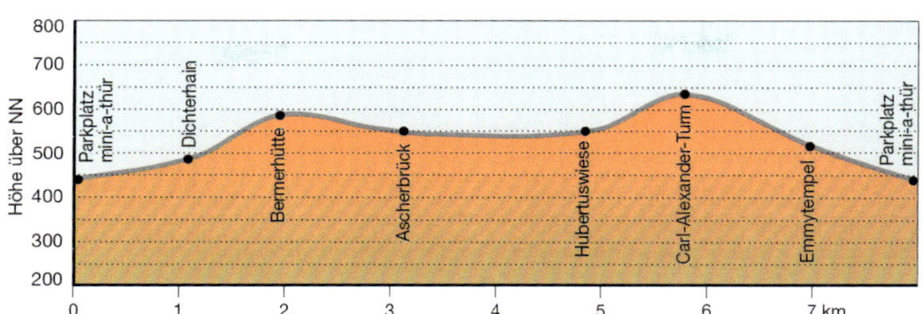

Anreise/Start/Ziel: aus Richtung Eisenach über die L2119, von Süden auf der B19, dann über die L1027 und Bad Liebenstein nach Ruhla; in Ruhla dem Wegweiser „min-a-thür" folgen
Parken: Thüringer Miniaturenpark „mini-a-thür"
Anforderungen: mittel; 330 Höhenmeter; für Familien mit Kindern geeignet; beste Jahreszeit Mai bis Oktober
Streckenlänge: 8,1 km
Einkehr: Bermer Hütte, geöffnet am Wochenende von Mai bis Oktober; Waldgasthof & Rennsteighotel „Hubertushaus" Ascherbrück
Karte: Blatt 1 „Eisenach und Ruhla" ↗ S.141
Sehenswertes: Dichterhain, Carl-Alexander-Turm, Emmytempel, Modellpark mini-a-thür, Sommerrodelbahn, Tabakpfeifenmuseum & Museum für Stadtgeschichte, Barockkirche St. Concordia (seltene Winkelkirche), Uhrenmuseum

Wir wählen als **Ausgangspunkt** unserer Wanderung den **Parkplatz** am **Miniaturpark „mini-a-thür"**. Dessen Besuch heben wir uns bis zum Abschluss unserer Wanderung auf. Stattdessen nehmen wir den mit weißem Quadrat und grünem Schrägstrich gekennzeichneten **Bermbergweg** in Richtung des gleichnamigen Tales - angenehm, ohne Steigungen und mit häufigen Panoramablicken auf die Stadt. Nach 1 km führt uns der Wegweiser auf einen nach rechts ansteigenden Pfad. Kurz darauf stehen wir vor den drei **Friedenseichen**. Auf einer Tafel ist zu lesen, dass sie im Jahr 1872 zur Erinnerung an den Deutsch-Französischen Krieg 1870/71 gepflanzt und geweiht wurden. Die nächste Gedenkstätte kommt bereits nach wenigen Gehminuten: der **Dichterhain**.

Der **Dichterhain** wurde im Jahr 1863 zu Ehren Ruhlaer Bürger angelegt. Sie hatten sich auf kulturellem Gebiet einen Namen gemacht haben und waren weit über die Grenzen Thüringens bekannt, wie zum Beispiel der Reiseschriftsteller Alexander Ziegler.

Die [gelber Punkt] weist uns den Weg zur Bermerhütte. Wir nehmen uns Zeit, schließlich sind ca. 110 Höhenmeter zu meistern - von 490 m NHN auf 600 m. Wir umgehen den 601 m hohen Gipfel der Carolinenhöhe und

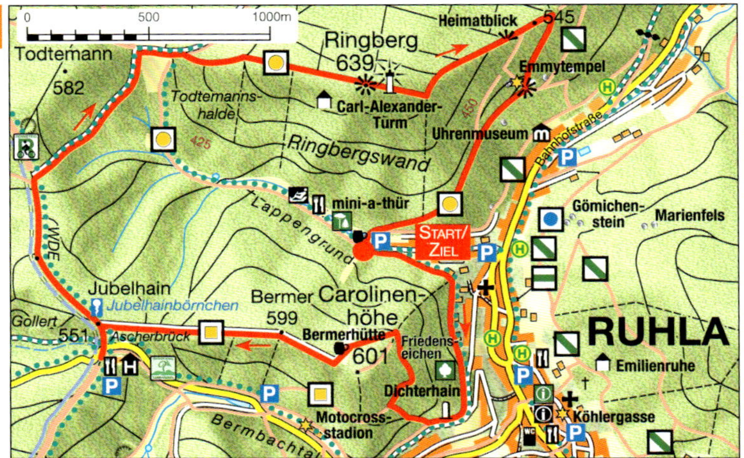

erreichen die **Bermerhütte**. Sie ist das Vereinshaus des Wintersportclubs WSC-07 Ruhla. In den Monaten Mai bis Oktober wird sie zur Freude der Wanderer an den Wochenenden bewirtschaftet. Mehrere **Sitzgruppen** auf dem Plateau vor der Hütte laden zum Rasten ein.

Der Lohn des Aufstieges ist ein weitreichender Blick nach Nordosten in Richtung Wutha-Farnroda und in die Hörselberge. Direkt vor uns liegt der Lappengrund mit der Sommerrodelbahn.

Gut erholt, steuern wir nun den Rennsteig an. Nur wenige Höhenmeter benötigen wir zum 599 m hohen Gipfel des **Bermer**, dann geht es fast schnurgeradeaus und zunächst wieder absteigend zum **Ascherbrück**. Dort haben wir ihn erreicht – den Höhenweg des Thüringer Waldes. Info-Tafeln weisen auf nahe Wanderziele hin. Nur wenige Meter entfernt überquert die schmale Straße von Etterwinden nach Ruhla den **Rennsteig**. Unweit steht das **Hubertushaus**. Ursprünglich wurde es als kleines Forsthaus Ende des 19. Jahrhunderts erbaut. Inzwischen hat es sich zu einem ansehnlichen Waldgasthof mit zahlreichen Sitzmöglichkeiten im Freien gemausert. Wir folgen nun dem Rennsteig Richtung Hohe Sonne. Linkerhand liegt der Gipfel des Gollertskopfs und rechts von uns der **Jubelhain**.

Der Name **Jubelhain** stammt wohl aus einer Anpflanzung von jungen Eichen, Birken und Fichten in Form der Buchstaben CA. Anlass dafür das 50-jährige Regierungsjubiläum des weimarischen Großherzogs Carl August.

Vor einem **Wasserhochbehälter** weist uns eine Tafel darauf hin, dass von hier ehemals das gute Quellwasser der Ruhlaer Granitlandschaft bis zur Wartburg geleitet wurde.

Weiter geht es auf dem **Rennsteig** bis zur nächsten Kreuzung. Hier biegen wir nach rechts ab auf den **Bierweg** und folgen der Markierung in Richtung der **Hubertuswiese**. Der Weg verläuft nahezu eben und nach etwa 800 m erreichen wir die Wiese, auf der von 1905 bis 1968 das auch zeitweilig bewirtschaftete Jagd- und Forsthäuschen „Hubertushaus" stand. Rechts und links des Weges stehen einige prächtige Kastanienbäume. Nun erwartet uns der steile Aufstieg zum Alexanderturm. Ab hier folgen wir dem weißen Quadrat mit gelbem Kreis. Auf einer Strecke von 1 km geht es etwa 100 Höhenmeter hinauf auf den 639 m hohen Ringberg. Aber der Aufstieg lohnt sich unbedingt. Schon aus einiger Entfernung sehen wir den **Carl-Alexander-Turm**, den einzigen Aussichtsturm im nordwestlichen Thüringer Wald.

Der **Carl-Alexander-Turm** wurde 1867 zunächst als Holzturm errichtet und nach dem Großherzog von Sachsen-Weimar-Eisenach in Würdigung seiner Verdienste benannt. Der an dessen Stelle im Jahr 1897 errichtete Stahlturm mit seinen luftigen Leitern ist 21 m hoch. Sitzgruppe, Schutzhütte und eine Informationstafel laden zum Verweilen ein. Erklimmt man die 111 Stufen steht man auf der Aussichtsplattform, die sogar 250 Meter höher als die Wartburg ist, auf die man in nordwestlicher Richtung hinunterschaut. Es eröffnet sich ein grandioser Rundblick über den Thüringer Wald mit dem Inselsberg, die Thüringische Rhön, den Hohen Meißner, den Hainich und natürlich auf die Stadt Ruhla mit seinem Kerbtal.

Wir folgen dem Weg etwa 1 km weiter bis zu einer **Wegekreuzung**. Dort biegen wir dem Wegweiser zum Emmytempel folgend scharf rechts ab. Von nun an wandern wir auf dem Rundwanderweg und erreichen nach etwa 300 m am **Ringbergstein** den **Emmytempel**. Wieder erwartet uns ein prächtiger Talblick auf die Stadt Ruhla.

Den **Emmytempel** ließ im Jahr 1878 ein langjähriger Ruhlaer Kurgast als achteckigen gusseisernen Aussichtspunkt errichten und nach dem Namen seiner Frau benennen. Später wurde der Tempel zerstört, aber im Jahr 1989 an dessen Stelle ein hölzernes Häuschen errichtet.

Nach etwa einem Kilometer Abstieg erreichen wir mit dem **Parkplatz** von mini-a-thür wieder den Ausgangspunkt unserer erlebnisreichen Panoramawanderung.

Hinweise:
Nach Abschluss der Wanderung bietet sich ein Besuch des **Modellparks mini-a-thür** an. Auf einer Fläche von ca. 18.000 m² werden bedeutende kulturhistorische Bauten Thüringens im detailgetreuen Maßstab 1:25 ausgestellt. Gleich nebenan lädt die Sommerrodelbahn zu einer rasanten Talfahrt ein.

Sehenswert ist das **Ruhlaer Tabakpfeifenmuseum & Museum für Stadtgeschichte** in der Ortsmitte. Eines der schönsten und ältesten Fachwerkhäuser bietet eine interessante Schau zur Regionalgeschichte und eine einzigartige Sammlung von Meerschaumpfeifen.

Ebenfalls zu empfehlen sind das **Uhrenmuseum**, in dem mehr als 1.000 Uhren, Maschinen und Automaten einen Einblick in die langjährige Geschichte der Uhrenstadt Ruhla vermitteln sowie die Barockkirche St. Concordia von 1661, eine von nur dreien in ganz Deutschland, deren beide Schiffe einen rechten Winkel bilden.

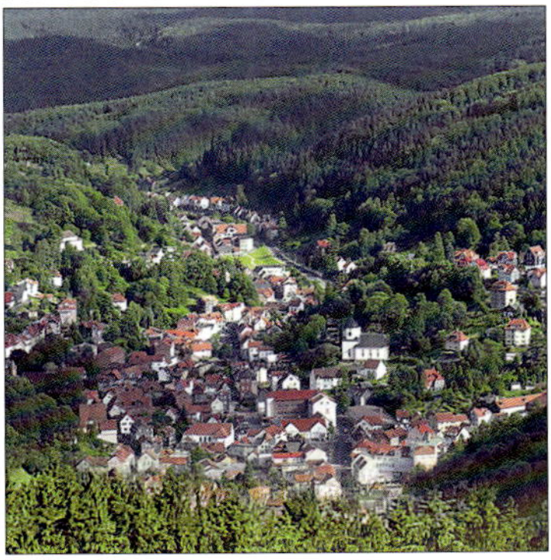

Blick vom Alexanderturm auf Ruhla.

4. Silbergrund, Glöckner und Lutherdenkmal

Tagestour durch unberührte Talbiotope; bizarre Felsformationen und abwechslungsreiche Mischwälder am Rennsteig; Alpenidylle am Luisenthaler Wasserfall; fast ausschließlich naturbelassene Waldwege; meist schattig

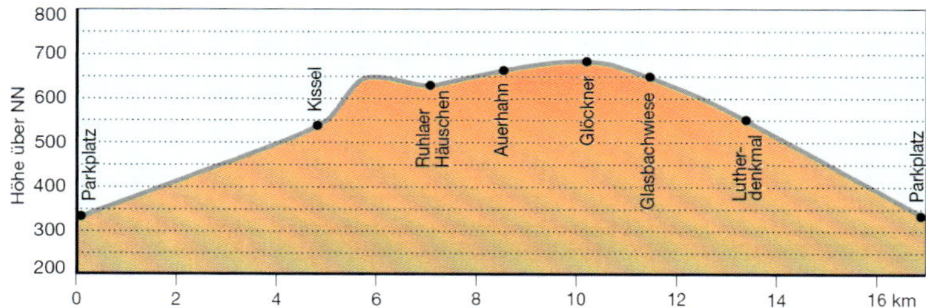

Anreise/Start/Ziel: aus Richtung Meiningen oder Eisenach auf der B19 in Barchfeld nach Bad Liebenstein abzweigen; von A4 Ausfahrt Sättelstädt über Wutha-Farnroda, Ruhla nach Bad Liebenstein; dann in den Ortsteil Schweina, den Hinweisschildern zum Waldschwimmbad folgen
Parken: Nähe Sportplatz und Waldschwimmbad
Anforderungen: mittel; 500 Höhenmeter; für Familien mit Kindern bedingt geeignet
Streckenlänge: 17 km
Einkehr: Waldgaststätte „Am Kissel", Bergwachthütte Auerhahn (am Wochenende ehrenamtlich bewirtschaftet)
Karte: Blatt 2 „Trusetal, Bad Liebenstein, Bad Salzungen", Blatt 3 „Friedrichroda, Brotterode, Tabarz, Finsterbergen" ↗ S. 141
Sehenswertes: Naturidylle im Schweinaer Grund und im Silbergrund, herzogliches Jagdhaus am Kissel, Obelisk am Ruhlaer Häuschen, Ehrenmal am Glöckner, Lutherdenkmal, Luisenthaler Wasserfall

Als Start- und Zielpunkt unserer Wanderung haben wir den Ort **Schweina** gewählt. Vom **Parkplatz** am Sportplatz aus folgen wir der Markierung ▭. Sie steht für den **Triniusweg** und wird uns entlang des gesamten ersten Abschnitts bis zum Rennsteig führen.

Schweina ist Stadtteil von Bad Liebenstein und untrennbar verbunden mit Friedrich Fröbel, der hier 1850 im Schloss Marienthal die weltweit erste Schule für Kindergärtnerinnen gründete. Sehenswert ist das spätbarocke Schloss Glücksbrunn mit dem dazugehörigen Park.

Gleich am Ortsausgang passieren wir rechts den **Hexenberg**. Der heute bewaldete Berg war im Mittelalter baumfrei und diente als Hinrichtungsstätte. In dem Zeitraum von 1628 bis 1690 wurden hier 18 Frauen bei lebendigem Leib verbrannt.

Prächtige, auffällig große Laubbäume stehen zu beiden Seiten des Weges im **Schweinaer Grund**. Besonders im Frühling erfreut das frische Grün der Kastanien, Buchen, Kirschen und Ahorne uns Wanderer, während der Herbst die Allee vergoldet.

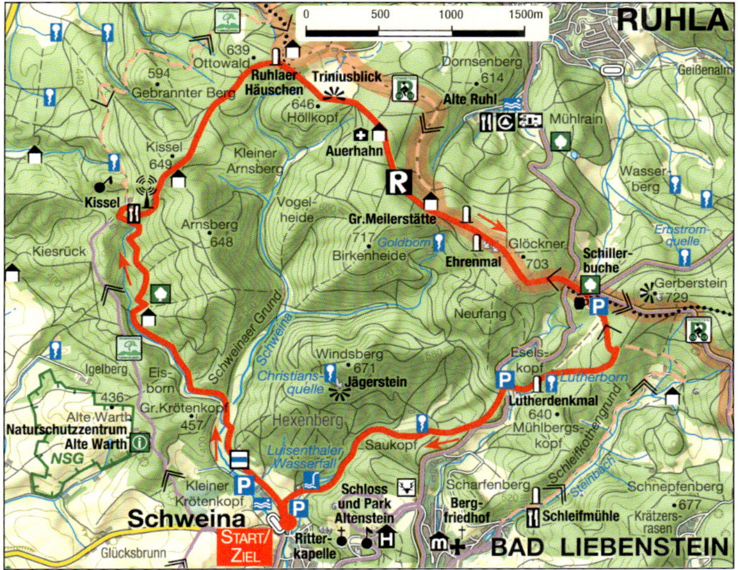

Der **Schweinaer Grund** zählt zu den schönsten naturbelassenen Auenlandschaften im nordwestlichen Thüringer Wald. Die Schweina als rechter Nebenfluss der Werra entspringt in zwei Quellbächen in unmittelbarer Nähe des Rennsteigs und fließt fünf Kilometer ohne jeglichen Eingriff des Menschen teilweise mäandernd durch intakte Natur. Die Auenwiesen, Erlenbäume und Feuchtbiotope begleiten den Bach fast bis zur Ortsmitte.

Allmählich steigt der Weg an. Rechts erhebt sich der markante **Windsberg**, der Hausberg der Schweinaer, mit seinem geschlossenen Waldgebiet. Er gilt als Wetterprophet für die Einheimischen. Sprichwörtlich heißt es: „Hat der Windsberg eine Mütze, gibt es eine große Pfütze".

Die **Allee** geht schließlich in den Hochwald über. Eine aus Zechsteinstücken errichtete **Bank** lädt zum Verweilen ein. Früher befand sich an dieser Stelle das Heinzentor – zu Herzogs Zeiten eine Öffnung im Wildgatterzaun. Der Weg führt allmählich nach rechts. Gleich hinter der Kurve queren wir links abbiegend den Schweinaer Grund und erreichen so den Eingang zum **Silbergrund** mit dem Bach gleichen Namens.

Als Zufluss zur Schweina gelten für den **Silbergrund** dieselben anspruchsvollen Qualitätsparameter. Beide Bäche sind außerordentlich sauber, recht sauerstoffreich und bieten Bachforelle, Westgroppe und Bachneunauge ein gedeihliches Zuhause. Die schmalen Feuchtwiesen im Silbergrund sind mit Pestwurzstauden bewachsen. Trollblumen, Mädesüß, Wiesenknöterich und sogar das seltene Breitblättrige Knabenkraut schmücken die freien Flächen mit ihren Blüten. Im angrenzenden Wald liegt auffällig viel Totholz – willkommene Nahrung für Pilze und Wohnung für unzählige Insekten.

An der **Schutzhütte „Silbergrund"** machen wir die erste Rast. Unweit dahinter am Rande einer Waldlichtung bewundern wir eine mächtige Buche und lernen vom Text einer Hinweistafel, wie man das Alter der Bäume bestimmt.

Stetig führt der Weg bergauf zum **Jagdhaus Kissel**. Auf einer Freifläche steht in starkem Kontrast zu einem großen Gaststättengebäude aus den 1980er-Jahren das auffällige, reich verzierte Blockhaus im Schweizer Stil.

Als passionierter Jäger ließ der als Theaterherzog bekannt gewordene Herzog Georg II. von Sachsen-Meiningen 1868/69 am **Kissel** das **Jagdhaus** in rustikalem Baustil errichten. Das auf einem gemauerten Sockel erbaute zweigeschossige Holzhaus entsprach dem damals typischen Bild einer alpinen Jagdhütte. Zahlreiche Jagdtrophäen und Schnitzereien zierten die Fassade. Oft weilte der Herzog mit Gemahlin und Jagdgästen in dieser Waldabgeschiedenheit. 1919 wurde das Gebäude Staatseigentum. Im Laufe der Jahrzehnte erlebte es sehr wechselvolle Nutzungsverhältnisse. Der gegenwärtige Erhaltungszustand des denkmalgeschützten, immer noch attraktiven Gebäudes ist sehr bedenklich – schade!

Nach einer Stärkung im **Gasthof** setzen wir unsere Wanderung Richtung Rennsteig fort. Oberhalb der Gaststätte führt ein steiler Weg aufwärts zum **Kisselbänkchen** – eigentlich aber nur eine Kreuzung. Hier empfiehlt ein nach links zeigender Wegweiser in 400 Metern einen Wartburgblick, der aber nur bei günstiger Wetterlage lohnenswert ist. Wir steigen weiter auf. An der **Schutzhütte** vorbei umgehen wir den Kisselgipfel auf seiner östlichen Seite und stoßen auf den **Sallmannshäuser Rennsteig**.
Ihm folgen wir bis zum **Ruhlaer Häuschen**, eigentlich nur einer Kreuzung, an welcher der historische Weg von Ruhla nach Salzungen den Rennsteig überquert. Im 17. und 18. Jahrhundert sollen hier Jagdhäuschen für die sächsischen Kurfürsten und Herzöge gestanden haben. **Schutzhütte** und Sitzgelegenheiten laden zum Rasten ein. Auffällig und mitten auf dem Platz steht eine ca. zwei Meter hohe **Granitsäule** aus dem Jahre 1890, fast ein Obelisk, als Wegweiser mit eingemeißelten Angaben zu einigen Wanderzielen.
Vom Ruhlaer Häuschen wandern wir jetzt auf dem legendären **Rennsteig** Richtung Großer Inselsberg. Allmählich wird der Fichtenwald offener und ermöglicht uns so herrliche Ausblicke in das nördliche Vorland des Thüringer Waldes. Vorbei an den **Schlauchtalwiesen** erreichen wir die **Triniusrast**, eine schön gelegene Sitzgruppe am Wiesenrand neben einer großen Buche. Der berühmte Wanderschriftsteller August Trinius weilte zu Lebzeiten oft an dieser Stelle.

August Trinius (1851–1919) war zu seiner Zeit der berühmteste deutsche Wanderschriftsteller. Er schrieb nach seinen zahlreichen Wanderungen mehr als 30 Werke über den Thüringer Wald, den Rennsteig und andere Naturschönheiten Thüringens. Der Ausspruch „Thüringen – das grüne Herz Deutschlands" stammt von ihm. Unzähligen Menschen hat er so unsere Heimat näher gebracht. Für die Wanderbewegung in Deutschland hat er zweifellos das Fundament gelegt. Noch heute kann man sein Grab in Waltershausen aufsuchen.

Weiter geht es auf dem Rennsteig zum **„Auerhahn"**, einer **Hütte** der Ruhlaer Bergwacht. Am Wochenende wird sie ehrenamtlich bewirt-

schaftet. Davor fällt uns ein aufwändig geschnitztes Rennsteigsymbol auf, eines der wenigen, das die Souvenirsammelwut „eifriger Rennsteigwanderer“ überstanden hat.
Wir kommen zur **Großen Meilerstätte**, früher ein Ort der Holzkohleherstellung in dem ursprünglich dort vorherrschenden Buchenwald. In der **Schutzhütte** lassen wir uns zur Brotzeit nieder.

Frisch gestärkt erreichen wir bald den **Glöckner**, mit 702,5 m der höchste Punkt unserer Wanderung und eine unter geschichtsbewussten Rennsteigwanderern recht bekannte Felsgruppe aus Granit.

Die Felspartie **Glöckner** wurde als natürliches Ehrenmal für die im Ersten Weltkrieg gefallenen Mitglieder des Rennsteigvereins geweiht. In den 1920er-Jahren begann am Glöckner der 100km-Rennsteig-Ski-Staffellauf, der bis zum Kriegerehrenmal bei Ernstthal führte. Mehrere eingemeißelte Inschriften erinnern an den Gründer der Ruhlaer Forstlehranstalt Gottlob König und an eine Versuchspflanzung aus dem Jahre 1813, an den Pädagogen Friedrich Fröbel, an den „Vater des Rennsteigvereins“ Ludwig Hertel und an die Rennsteigforscherin Elisabeth Streller. Jährlich veranstaltet der Rennsteigverein am Glöckner eine Gedenkfeier.

Abwärts führt uns der Weg zur **Glasbachwiese**, gelegen an der Straßenverbindung Bad Liebenstein–Ruhla, früher ein bedeutsames Gebiet der Eisenerzgewinnung, heute ein **Parkplatz** mit **Imbiss**. Mitten auf der Kreuzung liegt ein gewaltiger Granitbrocken. Ursprünglich war er für ein Denkmal im herzoglichen Meiningen vorgesehen, aber dessen Transportfahrzeug war der Aufgabe wohl nicht gewachsen. Wir verlassen jetzt den Rennsteig, gehen dem Luther-L nach. Prächtiger Buchenwald begleitet uns abwärts in einen Wiesengrund. Bald stehen wir vor dem **Lutherdenkmal**.

Der acht Meter hohe neugotische **Obelisk** aus Seeberger Sandstein erinnert an die vorgetäuschte Gefangennahme des mit Reichsacht belegten Martin Luther. Am 4. Mai 1521 befand er sich auf dem Rückweg vom Reichstag zu Worms nach Wittenberg, als ihn Soldaten des sächsischen Kurfürsten Friedrich des Weisen zum Schein gefangen nahmen und auf die Wartburg brachten. Hier übersetzte er als Junker Jörg die Bibel in die deutsche Sprache. Das Denkmal ließ der Meininger Herzog Bernhard II. im Jahr 1857 errichten. Neben dem von einem schmiedeeisernen Zaun umgebenen Denkmal entspringt der Lutherborn.

Wenige Meter danach überqueren wir die Straße und folgen dort dem Schild „Luisenthaler Wasserfall“. Weiter abwärts durch den Buchenwald – jetzt im **Altensteiner Park** – kommen wir zu einem Teich, von dem aus Herzog Georg I. einen Kanal anlegen ließ. Entlang dieses Kunstgrabens erreichen wir nach wenigen Minuten die herzogliche Alpenlandschaft mit der **Sennhütte** und dem **Wasserfall** – noch einmal ein schönes Fotomotiv. Von hier aus ist es nicht mehr weit bis zum **Parkplatz** am Ortsrand von Schweina.

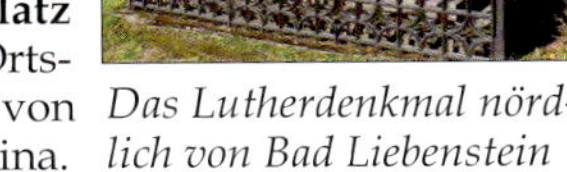

Das Lutherdenkmal nördlich von Bad Liebenstein

5. Wo früher ein tropisches Meer war

Eine der abwechslungsreichsten Rundtouren auf einem jahrmillionenalten Zechsteingürtel mit Höhlen, Erdfällen und Riffen in einem der schönsten und größten Landschaftsparks Deutschlands, der vor 200 Jahren geschaffene Altensteiner Park; ehemalige Sommerresidenz der Meininger Herzöge; kulturhistorisch, botanisch und geologisch sehr interessant; gut begehbare Wege

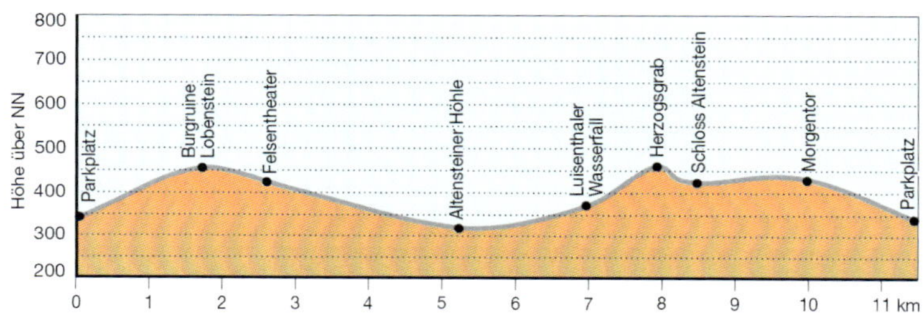

Anreise/Start/Ziel: aus Richtung Meiningen und Eisenach auf der B19 in Barchfeld nach Bad Liebenstein abzweigen; von der A4-Ausfahrt Sättelstädt über Wutha-Farnroda, Ruhla nach Bad Liebenstein
Parken: am Sportplatz in Bad Liebenstein
Anforderungen: mittel; 480 Höhenmeter; besondere Trittsicherheit nicht erforderlich; für Familien mit Kindern geeignet
Streckenlänge: 12 km
Einkehr: Gaststätte „Altenstein" (nur am Wochenende geöffnet), Kiosk an der Altensteiner Höhle
Karte: Blatt 2 „Trusetal, Bad Liebenstein, Bad Salzungen" ↗ S. 141
Sehenswertes: Burgruine Liebenstein, Altensteiner Höhle, Altensteiner Park, Schloss Altenstein

Die Wanderung beginnt in **Bad Liebenstein** auf dem **Parkplatz** bei den Sportanlagen an der **Ruhlaer Straße**. Über die **Grumbachbrücke** gehen wir durch den **Elisabethpark**. Ein uraltes **Wasserrad** liefert gleich das erste Fotomotiv. Zahlreiche Schwäne und Enten fühlen sich auf dem Teich und an dessen Ufer sichtlich wohl. In dem klaren Wasser verfolgen wir mit unseren Blicken mehrere große Karpfen.

Wir biegen links ab, folgen dem Hinweisschild „Burgruine Liebenstein" hoch zum Burghügel. Es führt uns zunächst zum **Ludwig-Bechstein-Platz**. Eine Informationstafel gibt Auskunft über das Schaffen des Märchenerzählers und Heimatdichters, der dem Platz seinen Namen gab.

Willkommene Gelegenheit zum Verschnaufen unterwegs bietet das **Ida-Denkmal** aus dem Jahre 1854. Herzog Bernhard II. von Sachsen-Meiningen, der Theaterherzog, ließ es als Zeichen der Dankbarkeit seiner älteren Schwester Ida gegenüber im Stil dieser Zeit errichten. Ida, die Herzogin von Sachsen-Weimar-Eisenach, Mutter von 6 Kindern, weilte oft in Liebenstein und war wegen ihrer Volkstümlichkeit und Großzügigkeit bei der Bevölkerung recht beliebt.
Noch 500 m bergauf und wir stehen vor der altehrwürdigen **Burgruine**.

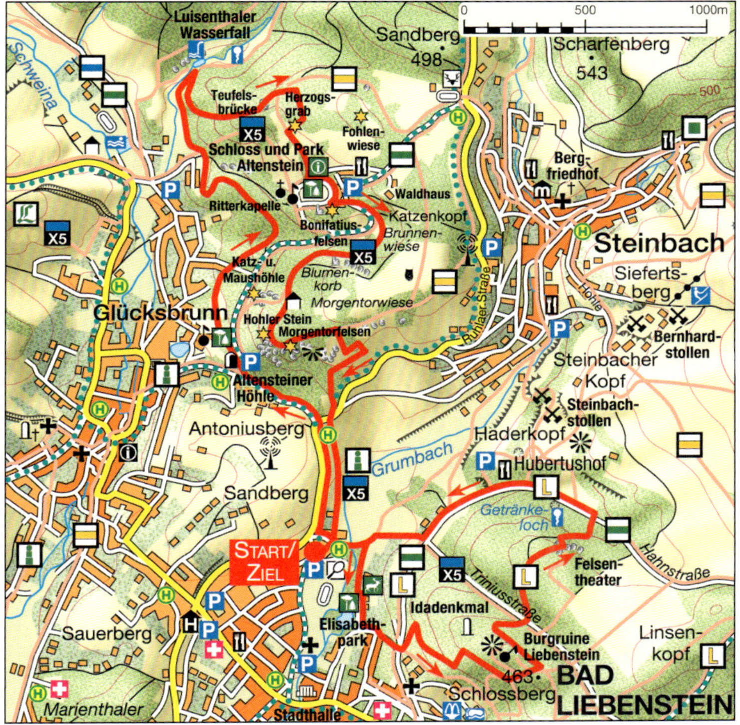

Gesicherte Aussagen über den Bau der **Burg Liebenstein** existieren nicht. Vermutlich war die Anlage bereits seit dem 12. Jahrhundert befestigt. Unter Wetzel II. vom Stein wurde sie ab 1360 zur Wohnung ausgebaut und von ihm bezogen. Die Burg war bis 1676 bewohnt. 1673 fiel mit dem Aussterben der Liebensteiner der Besitz an Herzog Ernst den Frommen von Sachsen-Gotha. 1680/81 übernahm das Herzogshaus Sachsen-Meiningen die Burg. Herzog Georg I. ließ um 1800 Sanierungsarbeiten an der Ruine durchführen. Über eine steinerne Brücke gelangt man ins Burginnere, weiter die Treppe hinauf in den Westflügel und auf den Aussichtsturm. Von hier lockt der Ausblick über das Altensteiner Oberland, ins Werratal und in die Vorderrhön.

Das Flächennaturdenkmal „**Felsentheater**" ist unser nächstes Ziel. Die gute Wegmarkierung geleitet uns sicher zu dem am Nordhang des Burgberges gelegenen Zechsteinriff mit seinen interessanten treppenartigen Aufgängen und Höhlen. Der Theaterherzog ließ es um 1860 als Theater herrichten, in dem auch tatsächlich Stücke aufgeführt wurden.

Wir bleiben auf dem **Waldweg** bis zur nächsten **Wegkreuzung**, biegen nach links ab und stehen nach ca. 200 m am **Getränksloch**, einer Karstquelle, die nur zeitweise mit Wasser gefüllt ist. An der **Grumbachbrücke** beenden wir die erste Schleife unserer Wanderung. Nun wenden wir uns dem Altensteiner Park zu, der mit seiner Größe von

160 Hektar einer der bedeutendsten und schönsten Landschaftsparks in Deutschland ist. Dazu folgen wir der Markierung X5. Sie führt uns zur **Altensteiner Höhle**, der ältesten Schauhöhle Thüringens.

Die **Karsthöhle** wurde 1799 bei Straßenbauarbeiten zufällig entdeckt. Bereits kurze Zeit später wurde sie für den öffentlichen Besucherverkehr freigegeben. Schon bei der Entdeckung fand man zahlreiche Skelettreste von Höhlenbären. Von insgesamt 1,7 km Ganglänge können derzeit 330 m besichtigt werden. Sie geben einen Einblick in den Aufbau des Altensteiner Riffkalks. Besondere Highlights sind der Höhlensee sowie der Dom als größter Raum, in dem auch kulturelle Veranstaltungen stattfinden.

Nach einer Rast am **Kiosk** nehmen wir den parallel zur **Altensteiner Straße** verlaufenden, blau markierten Pfad zum **Rondell**. Neben einer Bank aus Zechstein beginnt der schattige **Luisenweg**. Er führt uns recht bequem unterhalb der Schlossanlage entlang zum **Luisenthaler Wasserfall**.

Der Meininger Herzog Georg I. ließ hier in Erinnerung an seine Alpenreisen ein Stück Alpenlandschaft entstehen. Neben der im Schweizer Stil errichteten Sennhütte entstand durch Umleitung des Luisenbachs ein 10 m hoher **Wasserfall,** der sich in den romantisch angelegten Waldteich ergießt.

Unser Weg führt nun bergan in Richtung Teufelsbrücke, vorbei an einigen wuchtigen Granitfelsen im sonst vorherrschenden Zechsteinkalk. Ein Wegweiser geleitet uns zur **Liebesgrotte**, einer Naturhöhle, in deren überwölbtem Teil eine Sitzbank in den Fels eingearbeitet wurde. Von hier aus sind es nur 100 Meter bis zur **Teufelsbrücke**. Zwischen zwei Felsnadeln wurde im Jahr 1800 eine frei schwingende Hängebrücke gebaut. Im Jahr 2009 wieder errichtet, ermöglicht sie uns einen wunderbaren Blick auf das Schloss und den zentralen Teil des Parks. Wir verlassen die Teufelsbrücke nicht ohne die darunter

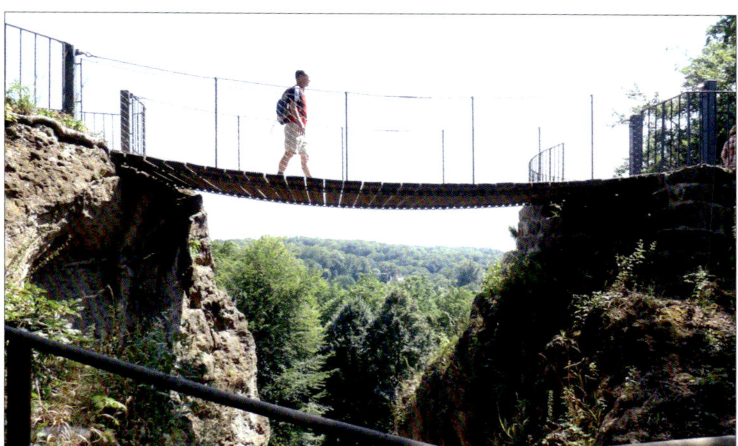

Zwischen zwei Felsnadeln die frei schwingende Teufelsbrücke – eine Attraktion.

befindliche Höhle in Augenschein genommen zu haben.

Wieder auf dem **Hauptweg** folgen wir dem Hinweisschild zum **Herzogsgrab**. In den beiden wuchtigen Sarkophagen ruhen Bernhard III. und seine Frau Charlotte, das letzte Herzogspaar, das von 1914–1918 regierte. Ein schmiedeeiserner Zaun umschließt die Grabanlage mit den Sarkophagen und dem großen Granitkreuz.
Auf dem Weg durch die blumenreiche **Fohlenwiese** kommen wir zur eigentlichen Attraktion der Parkanlage, dem wunderschönen **Schloss Altenstein**.

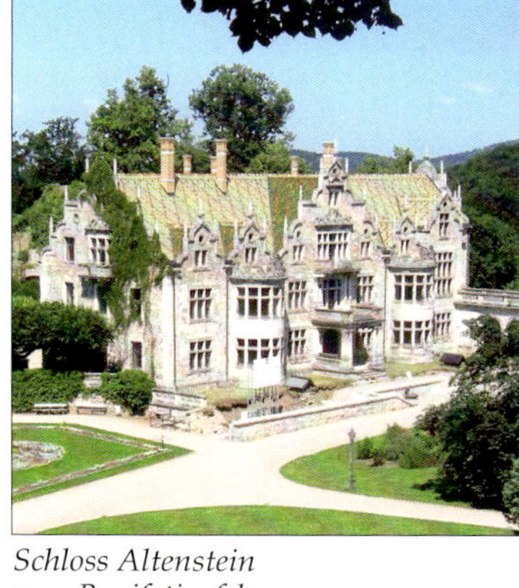

Schloss Altenstein vom Bonifatiusfelsen aus.

Schloss Altenstein wurde im Jahr 1736 errichtet, zu Ende des 19. Jahrhunderts im englischen Stil der Spätrenaissance umgebaut und wird zurzeit umfassend restauriert. Im Jahr 1982 war es bei einem Brand im Innern erheblich beschädigt worden. Ein besonderer Blickfang sind die bunten Rabatten- und Zopfbeete um das Schloss herum. In dem Areal kann man neben den einheimischen Gehölzen auch einige botanische Raritäten bewundern, darunter der vermutlich älteste Riesenmammutbaum Deutschlands. Der Bonifatiusfelsen bietet uns einen prächtigen Rundblick auf Schloss und Park.

Wir verlassen den inneren Teil des Parks durch den Eingang am ehemaligen **Marstall**, gehen ca. 100 Meter auf der **Straße** Richtung Schweina, biegen dann gleich links ab auf den von alten Buchen umsäumten Wanderweg und kommen zum **Blumenkorb**. Wir stehen vor einer zu Herzogs Zeiten aus dem Riffkalk gemeißelten Felsnische, davor eine bogenförmige, steinerne Bank. Früher stand hier eine Marmorbüste der Herzogin Charlotte Amalie von Sachsen-Meiningen umgeben von reichem Blumenschmuck.
Nur wenige Minuten sind es bis zum **Hohlen Stein** mit dem Chinesischen Teehäuschen. Herzog Georg I. ließ es auf dem Zechsteinriff errichten. Wegen Baufälligkeit musste es 1923 abgerissen werden. Seit 2011 thront es zur Freude der Parkbesucher wieder auf dem Felsen. Natürlich steigen wir zu diesem exotischen Kleinod hinauf – auch der faszinierenden Aussicht wegen.
Weiter führt uns der Weg zum **Morgentorplateau**, dem sicherlich schönsten Aussichtsfelsen im Altensteiner Gebiet. Noch einmal blicken wir auf die Ruine Liebenstein, die Kurstadt Bad Liebenstein mit dem Stadtteil Schweina. Am Horizont sehen wir die südwestlichen Ausläufer des Thüringer Waldes, das Werratal und die Berge der Vorderrhön. Unter uns liegt versteckt die **Altensteiner Höhle**. Zurück von dem herrlichen Aussichtsplateau steigen wir auf dem **Helenenweg** über die Morgentorwiese hinab zur **Altensteiner Straße**. Der daneben verlaufende Fußweg bringt uns wieder zum Ausgangspunkt der abwechslungsreichen Tour am **Elisabethpark**.

6. Bergleute, Messerschmiede und Klingenschleifer

Idyllischer Wiesengrund, überwiegend schattige Waldwege, teilweise naturbelassen, bizarre Felsformationen, geologisch, botanisch und historisch bedeutend

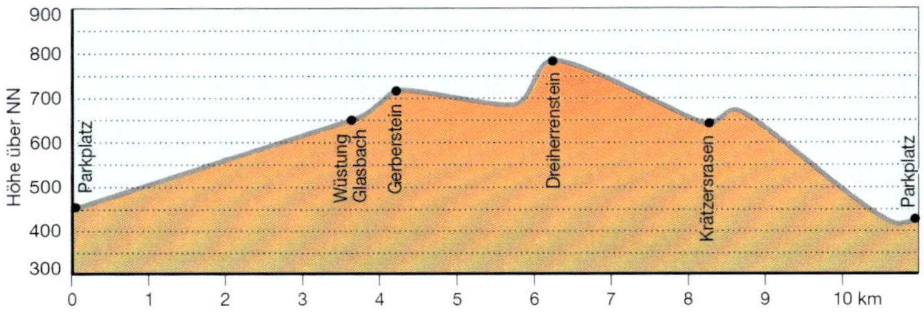

Anreise/Start/Ziel: über Bad Liebenstein in den Stadtteil Steinbach
Parken: Sprungschanzen im Schleifkothengrund
Anforderungen: mittel, für Familien mit Kindern geeignet
Streckenlänge: 11,2 Kilometer
Einkehr: Imbiss am Glasbach, Waldschenke „Dreiherrenstein" am Großen Weißenberg
Karte: Blatt 2 „Trusetal, Bad Liebenstein, Bad Salzungen" ↗ S. 141
Sehenswertes: Skisprungschanzen im Schleifkothengrund, Reste der Wallfahrtskapelle am Glasbach, Gerberstein, Dreiherrenstein, Bommelhauck

Das Bergdorf **Steinbach**, Ortsteil von Bad Liebenstein, mit seinen engen, verschachtelten Straßen und verschieferten Fachwerkhäusern, liegt am Zusammenfluss der Bäche Kallenbach und Steinbach und schmiegt sich nur vier Kilometer vom Rennsteig entfernt eng an den Westhang des Thüringer Waldes. Bergbau, Köhlerei und Metallverarbeitung prägten die Entwicklung des Ortes. Insbesondere waren es die Messerschmiede und Klingenschleifer, die über Jahrhunderte häufig in Einmannbetrieben ihr täglich Brot verdienten. Der Flurname Schleifkothengrund verweist auf zahlreiche Kothen (Katen), in denen die Messerschleifer, die Kraft des wasserreichen, relativ steilen Flüsschens Steinbach ausnutzend, unter unsäglichen Bedingungen das schwere Handwerk ausübten. Häufig litten sie unter Lungenkrankheiten und Rheuma.

Im **Schleifkothengrund** beginnt unsere Wanderung.

An der **ehemaligen Sprungschanze** am Ortsrand entnehmen wir aus einer Gedenktafel, dass auf dieser Schanze bis in die fünfziger Jahre des vergangenen Jahrhunderts weltberühmte Skispringer ihre Kräfte gemessen haben. Den Schanzenrekord hält noch immer die Steinbach-Hallenberger Skisprunglegende Helmut Recknagel mit 79 Metern – wohl ein Rekord für die Ewigkeit.

Nicht umsonst heißt der erste Abschnitt **Messerweg**. Die letzten Reste einer Schleifkothe hinter uns lassend folgen wir seiner Beschilderung. Allmählich steigt der Weg entlang des rauschenden Steinbachs

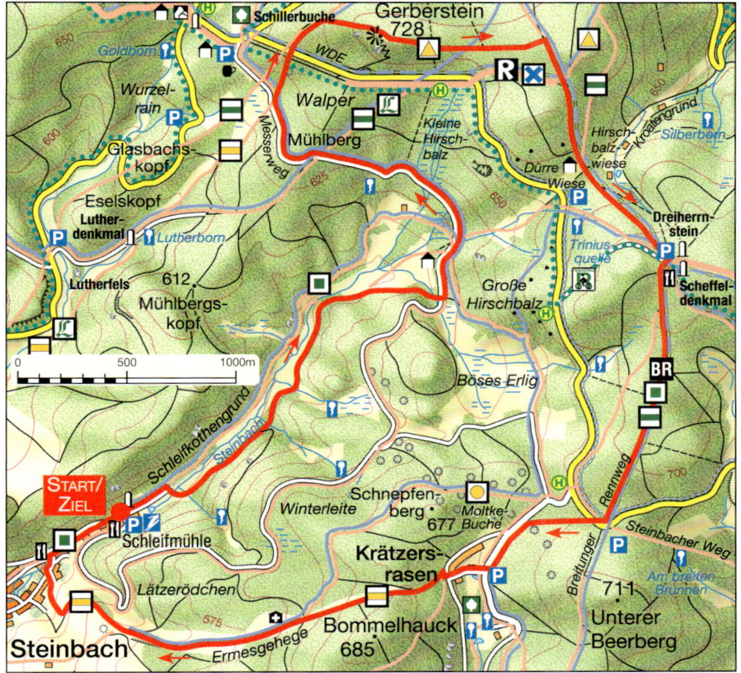

an. Auf dem schmalen Wiesenstreifen zu beiden Seiten des gefällestarken Bachlaufs finden wir die dafür typische Flora: Lungenkraut, gelbes Buschwindröschen, Türkenbundlilie, Goldnessel, Akelei und Hohler Lerchensporn, Eschen und Erlen. Nach ca. zwei Kilometern weitet sich das Tal etwas. An der Kreuzung halten wir uns links in Richtung Glasbach, noch immer dem Messerweg folgend.

Zu beiden Seiten des Waldweges liegen auffällige **Gesteinsbrocken** aus Steinbacher Augengneis mit ihren glitzernden Feldspateinschlüssen. Hier verläuft der Ruhla-Brotteroder Kristallinkomplex, bestehend aus Steinbacher Augengneis, Liebensteiner Gneis und Ruhlaer Granit.

Den **Parkplatz Glasbach** mit seinem Imbissstand bereits in Sichtweite, halten wir am Rand einer **Waldwiese** inne. Eine Schautafel informiert über die **Wallfahrtskapelle**, die sich nur 200 Meter von hier befand. Neugierig geworden, verlassen wir den Messerweg und wenden uns den etwas im Wald versteckt liegenden Grabungsresten aus dem 12. Jahrhundert zu.

Nach Untersuchungen gehörte die **Kapelle** zu einem von Bergleuten, Köhlern und Waldschmieden bewohnten Dorf. Dessen Existenz ist bis in das 15. Jahrhundert nachweislich belegt. Später wurde das Dorf offensichtlich verlassen. Als deutliche Siedlungsanzeiger wachsen großflächig Brennnesseln und Immergrün an der ehemaligen Wallfahrtskapelle. In der Umgebung weisen zahlreiche Pingenzüge auf einen regen Bergbau hin.

Wir verlassen die Wüstung Glasbach, überqueren die Straße Brotterode-Ruhla und wenden uns dem 728,5 Meter hohen **Gerberstein** zu. Von seiner Felskanzel, die aus Ruhlaer Granit besteht, haben wir einen schönen Ausblick ins Werratal, in die Rhön und auf den Altenstein.

Der **Gerberstein** ist der erste urkundlich erwähnte Berg des Thüringer Waldes. Er wurde bereits in einer Grenzbeschreibung der Mark Breitungen aus dem Jahre 933 als Gervuenestein erwähnt. Möglicherweise stand auf dem Berg eine Burg. Reste einer Befestigung sind jedoch nicht nachgewiesen worden. Bereits seit dem Jahr 1940 ist der Gerberstein als Flächennaturdenkmal geschützt.

Ein Pfad in östlicher Richtung führt uns über den Kamm durch eine wildromantische Landschaft mit bizarren, mystisch anmutenden Felsen und alten Grenzsteinen zurück auf den **Rennsteig**. Der Weg verläuft leicht ansteigend an der **Hirschbalzwiese** vorbei zum **Großen Weißenberg**. Wir stehen vor einem der neun noch vorhandenen historischen **Dreiherrensteine** am Rennsteig.

Dieser **Dreiherrenstein** markierte bis 1920 die Grenzen der Herzogtümer Sachsen-Meiningen, Sachsen-Gotha und Kurhessen mit der Herrschaft Schmalkalden. Die eingemeißelten Buchstaben SG, SM und KH zeugen davon.

Die **Sitzbänke** vor der 1911 erbauten Waldgaststätte „Dreiherrenstein" laden zum Rasten ein – ein schönes Ambiente am höchsten Punkt unserer Wanderung trotz der zuweilen vorbeifahrenden Pkw.

Auffällig und mitten auf dem Platz steht das 1913 eingeweihte **Denkmal** für den Schriftsteller und Dichter **Victor von Scheffel** (1826–1886), gefertigt aus Ruhlaer Granitblöcken mit einem gusseisernen Reliefporträt. Der Nachromantiker widmete dem alten Kammweg sein Rennsteiggedicht, in dem es unter anderem heißt: „Der Rennsteig ist's: die alte Landesscheide, die von der Werra bis zur Saale rennt und Sitte, Wildbann und Gejaide von dem der Franken trennt."

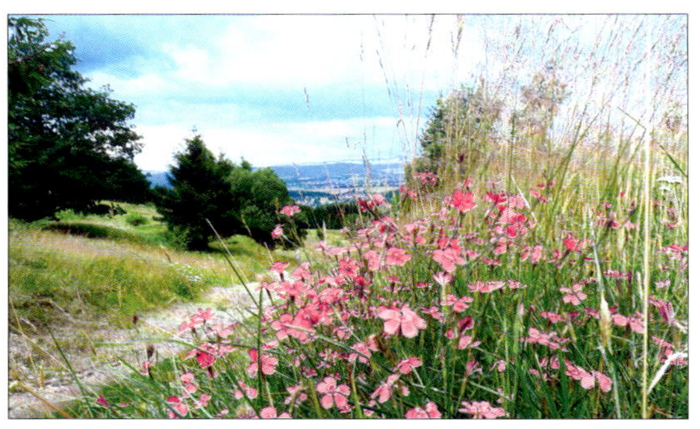

Geschütze Steinnelken am Wegesrand – am Horizont die Vorderrhön.

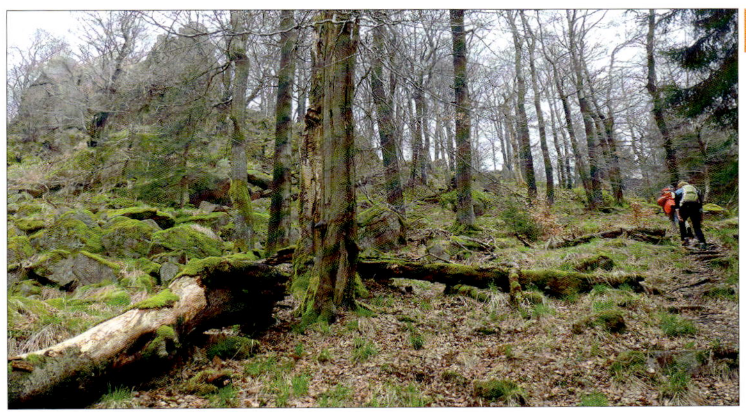

Steiler aber lohnenswerter Aufstieg auf den Gerberstein.

Gut gestärkt ist es Zeit, die Wanderung fortzusetzen. Ab jetzt nehmen wir in südlicher Richtung den hier beginnenden, mit einem weißen B bezeichneten **Breitunger** (Brücknerschen) **Rennsteig**. Dieser 16 km lange Zweigweg des eigentlichen Rennsteigs markiert die Grenze zwischen dem Herzogtum Sachsen-Meiningen und der Herrschaft Schmalkalden. Er endet in Breitungen an der Werra.
Nach 1,2 Kilometern überqueren wir die Fahrstraße. Danach verlassen wir den Breitunger Rennsteig und biegen rechts ab zum **Krätzersrasen**, einer 4 Hektar großen Waldwiese. Zu DDR-Zeiten befanden sich hier ein Betriebsferienlager und eine Gaststätte als beliebtes Ausflugsziel. Geblieben ist eine leider ungenutzte Feriensiedlung. Wir nehmen den Weg in westliche Richtung, umgehen dazu den Gebäudekomplex und folgen dem gelb markierten Weg zum **Bommelhauck**.

Bequem wandern wir am eigentlichen Gipfel des 685 Meter hohen Bergs rechts vorbei. Der Weg führt nun ständig bergab durch eine breiter werdende Bergwiese. Überwältigend ist der Ausblick auf die Rhönberge, das Werratal und das Altensteiner Oberland. Da kommt eine **Sitzgruppe** gerade recht zum Verweilen und Schauen. Weiter geht es bergab durch die bunt blühende Wiese, auf der besonders der Storchschnabel, das Habichtskraut und die Heidenelke auszumachen sind – dankbare Fotomotive!

Vorbei an der **Bergwachthütte am Ermesgehege** kommen wir zu einer Schutzhütte, vor der eine Ruhebank steht. Hier gönnen wir uns noch eine kleine Pause. Unter uns liegen schon die Häuser des Schleifkothengrundes. In der Umgebung bemerken wir auffällig viele trichter- und grabenförmige Bodenvertiefungen, offensichtliche Spuren eines früheren Bergbaus in geringer Tiefe. Wir nehmen dann den Pfad nach rechts am Waldrand entlang, steigen weiter ab, vorbei an einigen Gartenhäusern und erreichen so im **Schleifkothengrund** den Ortsrand von Steinbach. Nun ist es nicht mehr weit bis zu unserem **Parkplatz** an den Sprungschanzen.

Unbedingt empfehlenswert sind zum Abschluss eine Besichtigung der **Barockkirche** aus dem Jahr 1736 mit dem angrenzenden, sehr steilen Bergfriedhof sowie das liebevoll gestaltete Heimatmuseum in der alten Schule.

7. Wo die Hund von Wenkheim jagten

Gut geeignet als Halbtagestour; fast ausschließlich Wald- und Feldwege; viele historische Bezüge; geologisch mannigfaltige Bodenstruktur; prächtige Fernsichten ins Werratal und in die Vorderrhön

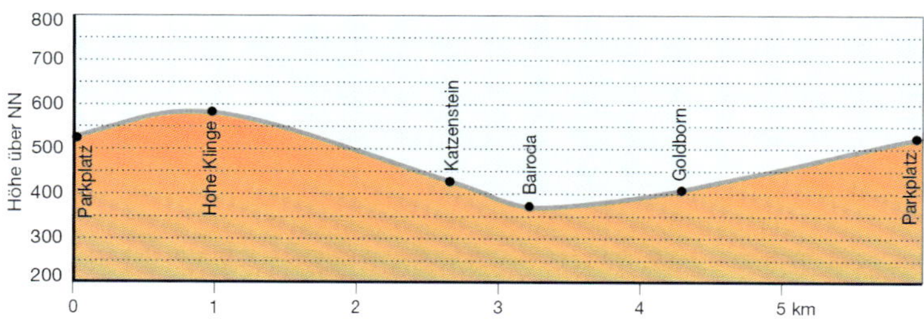

Anreise/Start/Ziel: aus dem Werratal (B19) nach Trusetal abbiegen, in den Ortsteil Laudenbach, dann zur Gaststätte „Hohe Klinge"; aus Richtung Tabarz über Brotterode, nach dem Wasserfall rechts abbiegen nach Laudenbach
Parken: Parkplatz unterhalb der Gaststätte „Hohe Klinge"
Anforderungen: leichte Rundwanderung; 270 Höhenmeter; im Winter am Katzenstein evtl. rutschig; für Familien mit Kindern gut geeignet
Streckenlänge: 6,1 km
Einkehr: Gaststätte „Hohe Klinge" oberhalb von Trusetal/Laudenbach
Karte: Blatt 2 „Trusetal, Bad Liebenstein, Bad Salzungen" ↗ S. 141
Sehenswertes: Klinger Stollen Ost Mundloch, Bergbaugebiet Hohe Klinge, Breitunger Landwehr, historische Grenzsteine, kleine Venetianerhöhle

Vom **Parkplatz** aus gehen wir zunächst in Richtung der **Gaststätte**. Davor fällt unser Blick auf das nachgestellte **Mundloch** des ehemaligen Klinger Stollens Ost. Bereits hier erhalten wir einen ersten Eindruck vom Bergbau an der Hohen Klinge. Das weckt unser Interesse und so orientieren wir uns an dem Bergmannszeichen „Schlägel und Eisen" und folgen damit dem **Bergbaulehrpfad**. Unter uns liegen inmitten der weitläufigen Wiese die Gaststätte, daneben einige Ferienhäuser. Laudenbach, eines der ältesten Bergarbeiterdörfer im Thüringer Wald, der Spittelsberg und die Bairöder Aue schließen sich an. Die drei Höhnberge können wir deutlich erkennen. In der Ferne grüßen die Gleichberge, der Dolmar, die Hohe Geba und weitere Berge der Vorderrhön. Das Gelände oberhalb des Weges ist in Folge des ehemaligen Bergbaus teilweise auffällig zerfurcht und jetzt mit Bäumen bewachsen.

Wir erreichen die **Hohe Klinge** mit der überdachten **Sitzgruppe** – eine willkommene Gelegenheit sich auszuruhen und zu schauen. Vor uns liegen das Dorngehege, im Nordwesten Steinbach und das markante Morgentorplateau.

Die **Hohe Klinge** ist ein traditionelles Bergbaugebiet. Bereits im Mittelalter wurde Eisenerz abgebaut, in jüngerer Zeit aber ausschließlich Schwerspat und Flussspat. Pingen, die graben- und trichterförmigen Bodenvertiefungen als Überreste des mittelalterlichen Bergbaus, künden vom schweren

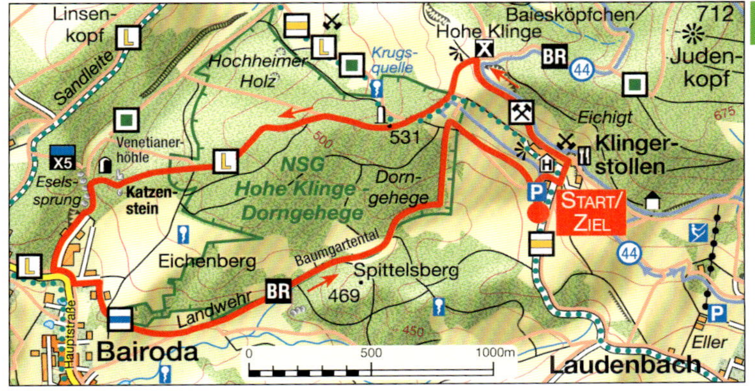

Broterwerb. Noch heute kann man Glasköpfe, Erz in rundlicher Form mit glänzender Oberfläche, am Weg finden. Ehemalige Meilerstätten und in Rennfeuern gewonnene, schlackehaltige Eisenbrocken (Luppen) sind hier nachgewiesen worden. Sie deuten darauf hin, dass das geförderte manganhaltige Erz an Ort und Stelle mittels Holzkohle verhüttet wurde.

Der Wegweiser zeigt an, dass wir am **Breitunger Rennweg** sind. Dieser trennte früher die Herzogtümer Kurhessen und Sachsen-Meiningen. Und noch einen Ausflug in die Geschichte unternehmen wir an dieser Stelle:

Die **Breitunger Landwehr**, eine Grenzwallanlage aus dem Mittelalter, die vom Judenkopf bis nach Kaltenlengsfeld reichte, führt hier vorbei. Früher bestand sie aus einem tief ausgefurchten Graben und einem undurchdringlichen Gehölzstreifen, mit wehrhaften Dornenhecken bepflanzt. Zu deren Unterhaltung hatte die Bevölkerung Frondienste zu leisten. Gleich unterhalb der Sitzgruppe sind die Reste der Landwehr besonders gut erhalten. Eine Hinweistafel informiert umfassend darüber.

Der Markierung ▣ folgend gehen wir bergab. Vorbei an mehreren historischen **Grenzsteinen** kommen wir zum **Dorngehege**. Gemeinsam mit dem Hochheimer Holz und der Hohen Klinge steht dieser 101 Hektar große Wald- und Wiesenkomplex seit 1961 unter Naturschutz. Bemerkenswert ist seine geologische Vielfalt. Hinzu kommt, dass sich die Südhanglage günstig auf das Wachstum wärme- und kalkliebender Pflanzen auswirkt.
Buchen, Eichen und andere Laubbäume säumen unseren Weg durch den Mischwald. Wir folgen dem Wegweiser „**Naturlehrpfad**“, gekennzeichnet mit einem gelben L. Bald stehen wir vor einem markanten, uralten **Stein**.

Der **Stein** zeigte das Jagdrecht auf Niederwild an, wie es dem Adelsgeschlecht „Hund von Wenkheim“ gegeben war. Somit hatten die Wenkheimer das Recht, Hasen, Rehe und Federwild zu erlegen. Die Jagd auf wehrhaftes Wild blieb allein dem Hochadel vorbehalten. Der Wenkheimer „Burckardt

Hund, Ambtmann zu Gota vnd Rentmeister" war übrigens mitbeteiligt bei der Scheinentführung Martin Luthers auf die Wartburg am 4. Mai 1521.

Auf dem weiteren Weg durch den prächtigen Buchenwald mit Ausblick ins Thüringer Tal erreichen wir das **Hochheimer Holz**, ein altes Wüstungsgelände. An einer Felsgruppe aus Granit informieren wir uns über die sogenannte **Wollsackverwitterung**. In Folge von Regen, Frost und Hitze entstanden über Jahrtausende teils übereinander gestapelte, abgerundete Gesteinsblöcke, die mit ein wenig Phantasie an mit Wolle gefüllte Säcke erinnern.

Weiter dem L folgend, wandern wir auf einem Weg, den bereits die Meininger Herzöge im 19. Jahrhundert anlegen ließen und der an beiden Seiten mit **Granitsteinen** gesäumt ist. Auf dem schmaler werdenden Bergrücken gelangen wir unvermittelt zu einer **Sitzbank.** Umrahmt von prächtigen Buchen und Granitfelsen blicken wir ins Werratal, erkennen am Horizont die Hohe Geba mit der daneben liegenden

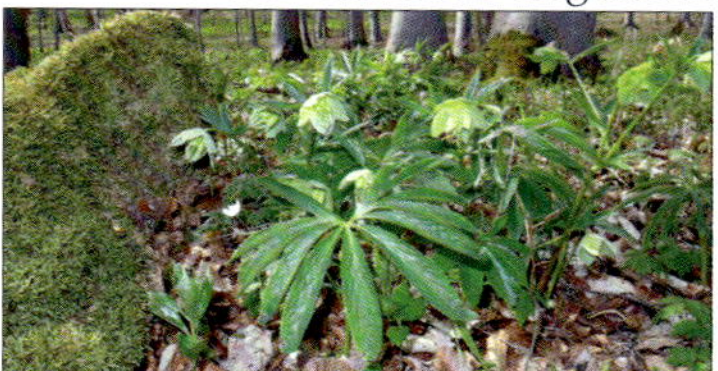

Im Baumgartental – Grüne Nieswurz.

Diesburg. Hier können wir in aller Ruhe die Fernsicht genießen.

Serpentinenartig windet sich der Weg über **Treppenstufen** hinab ins Tal. Beim Abstieg lenken wir einen Blick in die kleine **Venetianerhöhle**, der einzigen Höhle Thüringens im Urgestein, und dann stehen wir bald in der engen **Eingangspforte** zum **Thüringer Tal**, eingerahmt durch die steilen Hänge des Katzensteins zur Linken und des Eselsprungs zur Rechten.

Wir gehen in Richtung der Gemeinde Bairoda, kommen an einem ehemaligen **Steinbruch** vorbei und sehen die Straße, die den Ort mit Bad Liebenstein verbindet. Hier verlassen wir den Lehrpfad, biegen nach wenigen Metern **Straße** gleich wieder links ab und folgen dem blauen Balken in Richtung Trusetaler Wasserfall. An einigen Häusern vorbei sind wir bald wieder auf dem **Breitunger Rennweg**, der gut an dem weißen B erkennbar ist. Auf dem leicht ansteigenden Weg fallen immer wieder die historischen **Grenzsteine** ins Auge – Zeugen einer längst überholten Trennung der Kreisherrschaft Schmalkalden vom Herzogtum Sachsen-Meiningen.

Wir wandern durch das **Baumgartental**, eine üppige Auenlandschaft.

Mehrere wertvolle Quellen wurden hier am Goldborn gefasst und versorgen umliegende Orte mit Trinkwasser. Im Frühling ist das **Baumgartental** übersät mit unzähligen Frühblühern, wie Lerchensporn, Goldstern, Märzenbecher, Bärlauch, Schlüsselblumen und Maiglöckchen. Später werden sie abgelöst durch Türkenbundlilien und Orchideen. Besonders wertvoll sind die Vorkommen der Grünen Nieswurz, einer Verwandten der Christrose. Im Herbst sind es die Herbstzeitlosen und die Pfaffenhütchen mit ihren leuchtend roten Scheinblüten, die unsere Bewunderung erregen.

Zwischen **Dorngehege** und **Spittelsberg**, dabei immer dem B folgend, nähern wir uns wieder der Hohen Klinge. Unterhalb der Ferienhäuser nehmen wir den Weg durch die **Wiese**. Noch einmal schweift der Blick ins Werratal und in die Vorderrhön, bevor wir wieder am **Parkplatz** angelangt sind.

Abwechslungsreiche Rundwanderung rechts und links des Trusetals, meist schattige Waldwege durch offene Mischwälder, großartige Panoramablicke

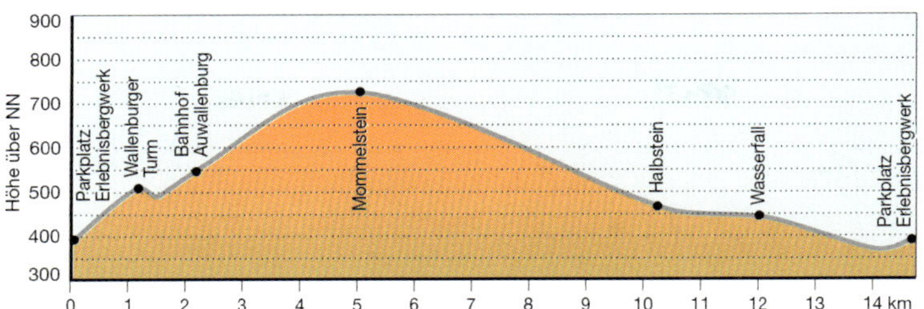

Anreise/Start/Ziel: von der A4 Abfahrt Waltershausen über Tabarz; aus dem Werratal über die B19 Abfahrt Fambach/Ölmühle nach Trusetal
Parken: unterhalb des Erlebnisbergwerks Hühn
Anforderungen: mittel; 590 Höhenmeter; für Familien mit größeren Kindern geeignet, Höhenmeter beachten
Streckenlänge: 14,7 km
Einkehr: Gaststätte „Turmklause", Waldgaststätte „Turmbaude" (nur am Wochenende geöffnet), Bergrestaurant „Zum Fuchsbau" am Mommelstein, Imbiss am Wasserfall
Karte: Blatt 2 „Trusetal, Bad Liebenstein, Bad Salzungen" ↗ S. 141
Sehenswertes: Kräutergarten, Mommelstein, NSG Seimbergswald, Halbstein, Wasserfallsgraben, Teufelskanzel, Trusetaler Wasserfall, Zwergenpark, Erlebnisbergwerk Hühn, Tourismus GmbH Brotterode-Trusetal ↗ S. 141

Wer kennt ihn nicht – den allseits bekannten Trusetaler Wasserfall? Der Ort **Trusetal** (seit Dezember 2011 Stadt Brotterode-Trusetal), staatlich anerkannter Erholungsort, hat aber weit mehr zu bieten als nur sein Wahrzeichen. Nördlich von Schmalkalden unterhalb des Inselsberges im Tal der Truse gelegen, lädt die waldreiche Umgebung zu reizvollen Wanderungen ein.

Vom **Parkplatz** am Erlebnisbergwerk Hühn wandern wir zunächst auf dem **Bergbaulehrpfad**. Das Erlebnisbergwerk wollen wir zum Abschluss der Rundwanderung besuchen.
Gleich zu Beginn lockt uns ein hölzernes Tor zu einem kleinen Rundgang durch den liebevoll gestalteten **Kräutergarten**. Anschaulich gestaltete Beete mit einer Vielzahl einheimischer Gewürz- und Heilpflanzen belohnen uns für den Abstecher!

Zurück auf dem Bergbaulehrpfad steigen wir auf zum **Wallenburger Turm** auf dem Hühnberg. An der Turmklause halten wir uns dazu rechts. Nach wenigen Metern stehen wir bereits vor dem Turm. Über eine Wendeltreppe erreichen wir die Aussichtsplattform. Von hier aus reicht unser Blick bis ins Werratal und in die Vorderrhön. Die 100 Höhenmeter haben sich gelohnt – im wahrsten Sinne ein Höhepunkt auf unserer Tour!

Der **Wallenburger Turm** ist das Überbleibsel der aus dem 13. Jahrhundert stammenden Wallenburg. Errichtet zum Schutz der umliegenden Berg-

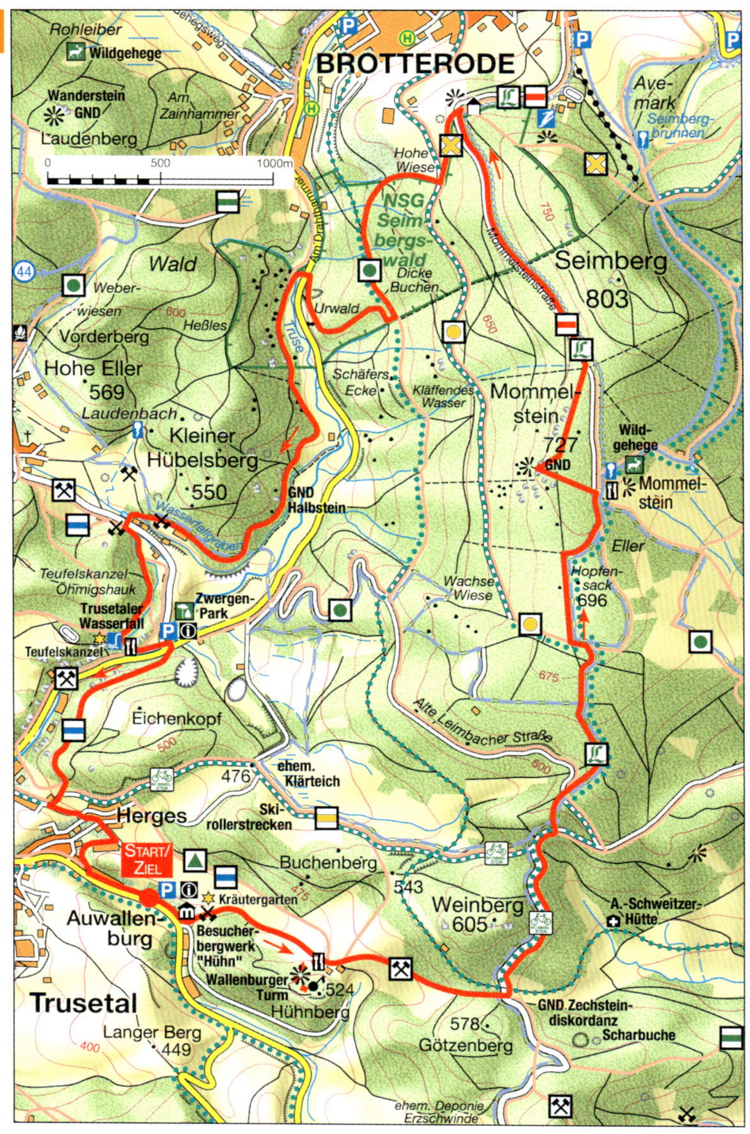

werke und des Passes über den Rennsteig, erfuhr sie in den Wirren des Bauernkrieges und des Dreißigjährigen Krieges schwere Zerstörungen. Die zerfallenden Gemäuer wurden beim Bau des Schlosses Wilhelmsburg in Schmalkalden genutzt. Unbeschadet erhalten blieb lediglich der Bergfried. 1964/65 wurde er im Inneren rekonstruiert. Seitdem können Besucher von hier aus die herrliche Aussicht genießen.

Wir gehen zurück Richtung **Turmklause** und folgen weiter dem Bergbaulehrpfad. Er bringt uns nach ca. 800 Meter zum **Bahnhof Auwallenburg**.

Der ehemalige **Verladebahnhof** für Erz, das per Seilbahn von der Aufbereitungsanlage im Trusetaler Ortsteil Laudenbach herangeschafft wurde, war bis 1968 eine Haltestelle der Deutschen Reichsbahn für den Personenverkehr. Diese Strecke zwischen Brotterode und Schmalkalden stellte eine der schönsten Gebirgsbahnstrecken des Thüringer Waldes dar. 2001/02 wurde diese demontiert und dafür der Mommelstein-Radweg gebaut. Eine Tafel informiert über die wechselvolle Geschichte des Bahnhofs.

Wir verlassen den Bergbaulehrpfad und folgen dem gut ausgeschilderten Weg weiter aufsteigend dem Mommelstein als höchsten Punkt der Wanderung zu.
Nach 2,9 Kilometern stehen wir vor dem **Bergrestaurant „Zum Fuchsbau"**. Bereits vom Parkplatz aus erfreuen wir uns an der schönen Aussicht nach Osten auf die Höhenberge und den Thüringer Wald in Richtung Oberhof. Wir gönnen uns eine erholsame Rast im Biergarten der traditionsreichen Gaststätte, bevor wir den eigentlichen **Mommelstein** aufsuchen.

Der **Mommelstein** ist ein ca. 12 Meter hoher Aussichtsfelsen und seit 1936 als Naturdenkmal geschützt. Er liegt etwas versteckt im Wald und ist über einen Pfad 250 Meter von der Gaststätte entfernt gut zu erreichen. Weit reicht der Blick von dem Aussichtsfelsen über das Trusetal hinaus ins Werratal bis in die Vorderrhön. Deutlich können wir am Horizont Baier, Öchsen und Dietrichsberg ausmachen.

Zurück in Richtung Berggasthaus nehmen wir den ersten Pfad in nördlicher Richtung. Er mündet auf den **Wirtschaftsweg** nach Brotterode. Ihm folgen wir bis zu einer **Schutzhütte** am Waldrand. In nordöstlicher Richtung liegen die Häuser von Brotterode und am Horizont der Inselsberg vor uns. Scharf nach links schwenken wir nun taleinwärts auf den **Panoramaweg**. Zunächst geht es ein Stück am Waldrand entlang, dann dem grünen Punkt folgend in den **Seimbergswald** hinein.

Dank seines urwaldartigen Charakters wurde der **Seimbergswald** bereits 1961 als Naturschutzgebiet ausgewiesen. Den Baumbestand machen vor allem Buchen, Ulmen und Eschen aus. Dieses Waldstück ist sehr wasserreich und Heimat vieler botanischer Kostbarkeiten, wie Fichtenspargel, Türkenbundlilie und Geflecktes Knabenkraut.

Am **Wegweiser** zum Trusetaler Wasserfall halten wir uns rechts immer weiter taleinwärts. Wir überqueren Straße und **Brücke** über der **Truse**. Nun, auf der anderen Talseite, folgen wir dem Lauf der Truse, vorbei an einem Gehöft, das ursprünglich mit einer Turbine zur Stromerzeugung ausgestattet war – eines von mehreren Kleinstkraftwerken zu früheren Zeiten an der Truse. Unweit des Hauses zweigt der **Kunstgraben** ab, der einen Teil des Wassers zu dem spektakulären, über 50 Meter hohen Trusetaler Wasserfall leitet.
Es geht weiter durch schattigen Mischwald bis zum **Halbstein**, ei-

ner Felsrippe aus hartem Urgestein, die früher auch als Gemarkungsgrenze zwischen Brotterode und Trusetal diente. Wir folgen dem Wasserfallsgraben und laufen zum Seitental Richtung Laudenbach in einem Bogen um einen ehemaligen Betriebsteil der Fluss- und Schwerspatbergwerke. Interessant ist, dass in dem Bogen das Trusewasser unterirdisch durch das Tal geleitet wird. Wir queren noch die Straße und erreichen nach wenigen Metern wieder unseren zuvor plötzlich verschwundenen Wassergraben. Der daneben verlaufende Waldpfad führt uns am **Öhmigshauk** vorbei bis zur **Teufelskanzel**. Von dem Steinplateau aus blicken wir über den steilen Hang in das tief unter uns liegende Tal der Truse. Nur wenige Meter sind es bis zu dem Ort, wo das Wasser wild schäumend und mit lautem Getöse in die Tiefe stürzt. Es trifft auf mehrere Felsen, zerstäubt und fließt in vielen kleinen Rinnsalen wieder in die Truse. Wir steigen über die parallel zum **Wasserfall** verlaufende **Steintreppe** ins Tal ab, unmittelbar neben uns die schäumende Gischt - ein Hauch von Abenteuer. Wem das als zu gefährlich erscheint, dem sei der etwas längere Weg über die **Laudenbacher Straße** empfohlen.

Der **Trusetaler Wasserfall** wurde 1865 unter der Leitung des Schmalkalder Regierungsrates Specht angelegt. Man zweigte das Wasser an der Gemarkungsgrenze Trusetal/Brotterode von der Truse ab und leitete es über den Kunstgraben zu dem Granitfelsen. Die Kosten damals: 1.400 Taler. Seitdem lockt der mit 58 Metern höchste Wasserfall Thüringens jährlich tausende Besucher an. Im Winterhalbjahr wird zur Vermeidung von Frostschäden am Fels der Wasserzufluss abgestellt.

Für Familien mit Kindern unbedingt empfehlenswert ist gleich nebenan der Besuch des **Zwergenparks**.

In der liebevoll angelegten Gartenanlage können mehr als 1.500 Zwerge bewundert werden. Schönes, Witziges und Kurioses ist dabei. Das **Zwergenland** kann mit der Bimmelbahn durchfahren werden und ein imposanter Kletterfelsen lädt die Kinder zum alpinen Klettern ein.

Wir überschreiten die Straße, wechseln somit erneut die Talseite und nehmen den nach rechts führenden, leicht ansteigenden Waldweg in Richtung Wallenburger Turm und Besucherbergwerk. Noch einmal blicken wir auf die schäumende, spritzende Gischt des Wasserfalls. Zu beiden Seiten des Weges kommen wir vorbei an kleineren und größeren Felsen, die durch Wollsackverwitterung ihre typische Form erhielten. Den Wald hinter uns lassend und vorbei an einem **Wasserbehälter** führen uns die Wegweiser durch den Ortsteil **Herges**. Und schon bald erreichen wir unser Tagesziel den **Parkplatz** am **Erlebnisbergwerk Hühn**.

Zum Abschluss fahren wir, ausgerüstet mit Helm, Lampe und Schutzmantel, mit der Grubenbahn in das **Erlebnisbergwerk** ein. Ab Mitte des 19. Jahrhunderts bis zum Jahr 1990 wurde am Hühn Fluss- und Schwerspat gefördert. Man erfährt mittels einer spannenden und lehrreichen Zeitreise etwas über das harte Leben der Bergleute unter Tage.

Überwiegend gut begehbare, schattige Waldwege; ca. 1,5 Kilometer asphaltiert; grandiose Rundumsicht auf dem Inselsberg; 2,7 Kilometer naturbelassener Rennsteig

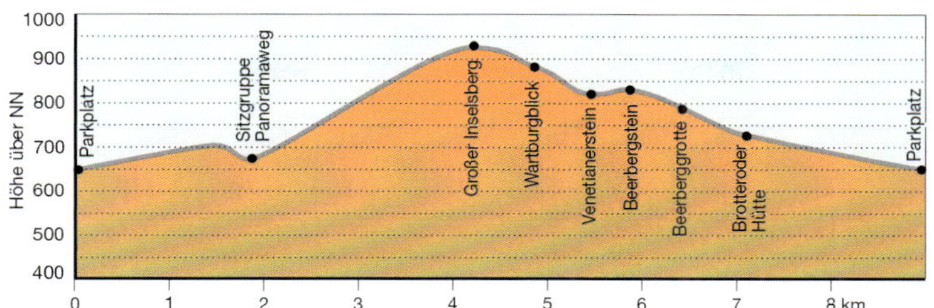

Anreise/Start/Ziel: in Brotterode abbiegen auf die L1127 in Richtung Ruhla; ca. 1,0 km nach dem Gewerbegebiet zum Parkplatz Axdorf
Parken: Parkplatz Axdorf an der L1127 (Hütte mit Sitzgelegenheiten)
Anforderungen: mittel; 350 Höhenmeter; für Familien mit Kindern geeignet; beste Jahreszeit Frühjahr bis Herbst
Streckenlänge: 9 km
Einkehr: Berggasthof Stöhr auf dem Inselsberg
Karte: Blatt 3 „Friedrichroda, Brotterode, Tabarz, Finsterbergen" ↗ S. 141
Sehenswertes: Antennen auf dem Inselsbergplateau, Gedenksteine für Carl Friedrich Gauß und Karl Volkmar Stoy, herrlicher Wartburgblick, Venetianerstein und Beerbergstein, Beerberggrotte, mehrere historische Grenzsteine

Er ist nicht der höchste, wohl aber der bekannteste und beliebteste Ausflugsberg Thüringens – der **Große Inselsberg.** Unübersehbar ragt die „Insel" mit der gewaltigen Antenne und den beiden Türmen über den Gebirgskamm hinaus. Fahrstraße, Gasthäuser, Jugendherberge, Skilift und vor allem die phänomenale Rundumsicht sorgten und sorgen für wahre Völkerwanderungen auf den viel besuchten Ausflugsberg. Dabei liegt er mit seinen 916 Metern erst auf Rang zehn der Thüringer-Wald-Höhenrangliste.

Von seiner südwestlichen Flanke her wollen wir ihn besteigen und starten dazu am **Parkplatz Axdorf**, etwa ein Kilometer außerhalb von Brotterode an der L1127 nach Ruhla gelegen. Wir überqueren die Straße. Nahezu eben führt der mit dem gelben Kreuz gekennzeichnete **Panoramaweg** durch die Bergwiesen. Rechts von uns sind die Häuser von Brotterode zu sehen, vor uns der Inselsberg. Wir erreichen den Waldrand am Fuße des Unterbergs (auch Unterer Beerberg genannt), schwenken dort nach rechts, weiter dem gelben Kreuz folgend. Ab und zu geht unser Blick durch die Bäume hindurch auf die üppigen Bergwiesen der Pfingstweide und nach **Brotterode**. Bald erreichen wir eine Wegkreuzung – gleich unterhalb davon am Waldrand befinden sich eine **Schutzhütte** und Ruhebänke zum Ausspannen und Genießen. Auf dem nächsten Wegstück folgen wir dem roten Querstrich auf dem Thüringer-Wald-Weg bergauf Richtung Inselsberggipfel. 320 Höhenmeter liegen jetzt vor uns. Wir nehmen uns Zeit zum Aufstieg in dem lichten Buchenwald, der von einigen Ebereschen aufgelockert wird

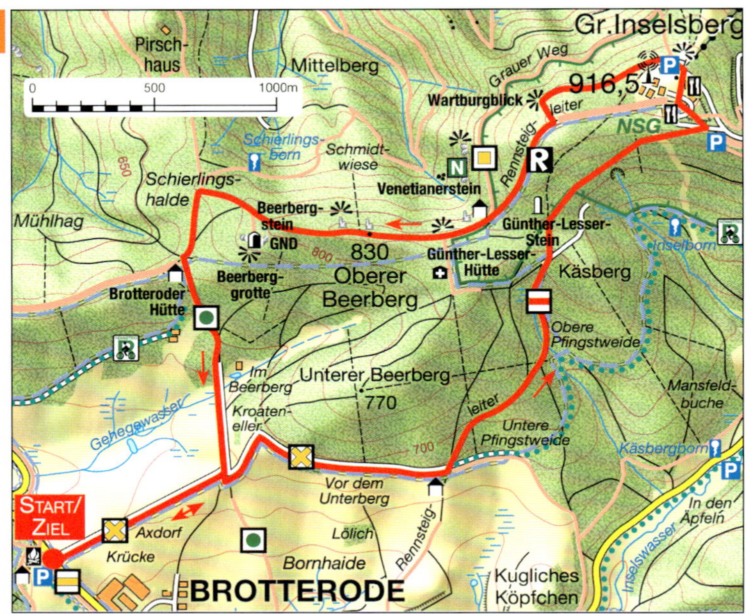

und im Herbst ein farbenprächtiges Bild bietet. An der folgenden **Wegkreuzung** erreichen wir den Rand des Naturschutzgebietes Großer Inselsberg. Es umfasst mit 148 Hektar das Bergmassiv, den unmittelbaren Gipfelbereich ausgenommen. Eine Tafel informiert uns über Details. Wir verlassen den markierten Weg, gehen auf dem geradeaus ansteigenden Pfad, dem Brotteroder Botenfrauen-Weg, weiter. Der **Wegweiser** zeigt noch 1,2 Kilometer bis zum Gipfel an.

Fast oben stimmt uns ein metallenes **Kreuz** am Wegrand nachdenklich. 1943 fand hier die Besatzung einer JU 88 der Deutschen Wehrmacht beim Absturz ihrer Maschine den Tod.

Nun noch ein paar hölzerne Stufen, die letzten Meter auf der Straße, die Treppe zur Terrasse am **Berggasthof Stöhr** und dann stehen wir endlich oben – diese Aussicht! Von hier blicken wir vor allem in Richtung Süden und Osten. Unter uns liegt der Kessel von Brotterode vor der Schanzenanlage am Seimberg, die Horizontlinie reicht von Wasserkuppe und Milseburg im Südwesten über Dolmar und Gleichberge im Süden bis zu Schneekopf und Kickelhahn im Südosten.

Sehr gut können wir es bei diesem Ausblick dem wohl berühmtesten Thüringer Wandersmann **August Trinius** (1851–1919) aus Waltershausen nachfühlen, der in seinem um 1900 erschienenen Buch „Frohe Wanderfahrten" schrieb: „Es ist etwas unsagbar Herzwarmes um das Thüringer Land…".

Über den Gipfel verläuft der Rennsteig und damit bis 1920 auch eine Landesgrenze zwischen Sachsen–Gotha und Preußen. So gab es zwei rivalisierende Gasthöfe – den preußischen und den gothaischen – jeder mit hauseigenem Aussichtsturm. Heute wird das Gipfelbild geprägt von der riesigen Antenne und den zwei Tür-

men, den Gasthöfen und der ehemaligen Jugendherberge. Letztere ist das originale Wartburggasthaus, das 1911 in Einzelteile zerlegt, mit Fuhrwerken zum **Großen Inselsberg** gebracht und dort wieder aufgebaut wurde. Bereits 1937 begannen Mitarbeiter der Deutschen Reichspost mit Fernseh- und UKW-Versuchssendungen. Der erste Funkturm wurde 1939 errichtet. Nach dem Krieg diente dieser zunächst als Aussichtsturm, später wieder als Sender. Bis 1989 trug die „Thermosflasche" sogar eine 50 m hohe Antenne. Jetzt stehen auf seiner Spitze nur noch kleine Antennen für den Mobilfunk. An seiner Außenfläche dient eine Solaranlage zur Energiegewinnung. Heute wird nur noch der 1974 erbaute, 127 Meter hohe Stahlturm als Sendeantenne für UKW und digitales Fernsehen genutzt. Der alte, quadratische Turm war ehemals Standort einer Wetterwarte und Richtfunkstation. Er wurde kürzlich umgebaut und steht seit Februar 2015 den Besuchern als Aussichtsturm zur Verfügung. Von hier oben eröffnet sich dem Wanderer ein phänomenaler Rundblick über ca. 5.000 km² Thüringer Land.
Der Inselsberg ist ein Quarzporphyrhärtling, der nach allen Seiten mit steilen Flanken und großen Höhenunterschieden abfällt. Am Nordwesthang, zum Inselsberger Loch, weist er mit ca. 500 Metern einen der größten Höhenunterschiede im Thüringer Wald auf. Durch seine freie und den ganzen westlichen Thüringer Wald dominierende Lage bietet der Inselsberg wahrscheinlich die umfassendste Aussicht im ganzen Thüringer Wald. Der Name des markanten Berges kommt nicht von seiner Insellage, sondern wird auf die Urform Emseberg zurückgeführt (nach dem Bach Emse am Nordhang), die schon 1330 urkundlich im Frankensteiner Kaufbrief erwähnt wird.

Nachdem wir uns im Bergasthof Stöhr gestärkt haben, gehen wir am leider geschlossenen Gasthof „Stadt Gotha" vorbei zum **Parkplatz** oberhalb des Skihangs. Hier eröffnet sich noch einmal ein wunderbarer Ausblick, diesmal besonders in nördlicher Richtung. Der Blick reicht von den Hörselbergen, über den Hainich, den Kyffhäuser bis zum Ettersberg bei Weimar und bei sehr klarem Wetter sogar bis zum über 100 km entfernten Brocken.

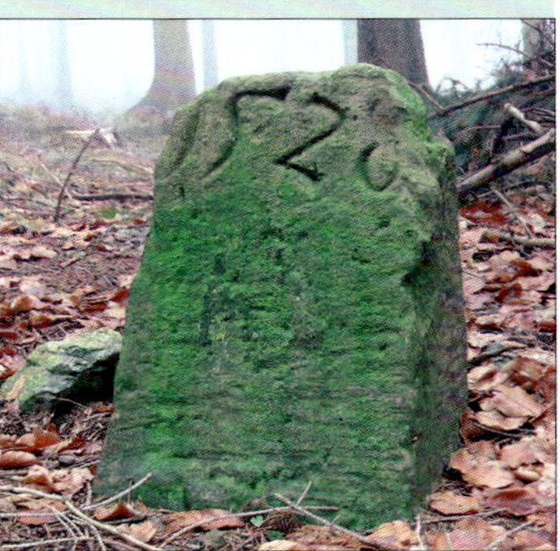

Einer der ältesten Zeitzeugen am Rennsteig aus dem Jahr 1528.

In unmittelbarer Nähe der Sendetürme stehen zwei **Gedenksteine** aus Granit. Einer erinnert an den genialen Mathematiker Carl Friedrich Gauß, der in den Jahren 1818–1826 den Inselsberg als Fixpunkt für die Landvermessung per Triangulation wählte. Insbesondere vermaß er sehr genau das Dreieck Hoher Hagen (bei Göttingen)–Brocken–Inselsberg. Der zweite Gedenkstein ist dem Jenaer Pädagogen Karl Volkmar Stoy gewidmet, der im August 1853 mit seiner Schulgemeinde von Jena bis zum Inselsberg wanderte. Auf ihn geht die Einführung des **Schulwandertages** zurück.

Wir verlassen das Gipfelplateau wenige Meter hinter dem **Skihang**. Dazu steigen wir zunächst ein paar Meter auf einem unscheinbaren Pfad ab, dann verläuft dieser gemütlich in südwestlicher Richtung

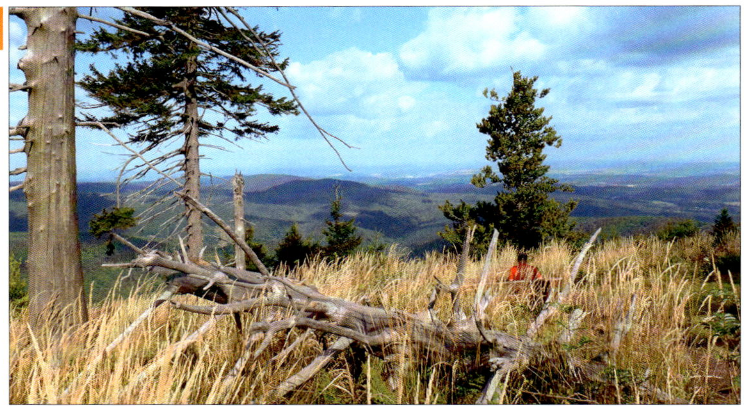

Schöne Aussicht vom Wartburgblick in nordwestlicher Richtung.

parallel zum Rennsteig. Nach etwa 700 Metern ist der **Wartburgblick** erreicht. Von der Ruhebank aus können wir gleich Thüringens berühmteste Burg in nordwestlicher Richtung entdecken, unter uns liegen der nach beiden Seiten steil abfallende Scharfenberg, links davon der markante Drehberg und die Ruhlaer Skihütte.

Nur ein kurzes Wegstück ist es bis zum **Rennsteig**. Ihm folgen wir bergab in westlicher Richtung. Alte **Grenzsteine** begleiten uns – behauen nach Süden mit dem H oder KH für Hessen, nach Norden mit dem G oder SG für Gotha.

Nach etwa 600 Metern kommen wir zum **Venetianerstein**. Wir blicken in den Emsegrund und den Fuchshüttengrund, links sieht man den steilen Kegel des Drehberges mit dem Pirschhaus auf der Spitze, rechts den Scharfenbergrücken.

Um den **Venetianerstein** ranken sich viele Sagen und Geschichten, in deren Mittelpunkt einerseits Venetianer als rätselhafte Südländer und andererseits Wichtelmänner mit ihrem segensreichen Wirken stehen. Die Venetianer, die als verschwiegen, geheimnisvoll und unsichtbar galten, wurden als Schatzsucher und Goldgräber angesehen. Wahrscheinlich ist, dass sie nach seltenen Mineralien zur Farbgebung ihres berühmten venezianischen Glases geschürft haben. Die Geheimhaltung der Rezepturen hat sicher ihren Mythos des Geheimnisumwitterten begründet.

Bereits wenig später stehen wir wieder an einem Quarzporphyrfelsen, dem Oberen Beerbergstein, gelegen am 831 Meter hohen **Oberen Beerberg**. Von da blicken wir in die tief eingekerbte Wintersteiner Gegend, zu den beiden Hörselbergen und den Wartbergen, rechts zum Kleinen Inselsberg.

Steil bergab wandern wir dem R folgend zur **Brotteroder Hütte**. Unmittelbar davor fällt am Wegrand einer der ältesten Grenzsteine dieser Region auf. Die Zahl 1528 kann man noch erkennen.

An der Brotteroder Hütte legen wir noch einmal eine kleine Rast ein, ehe wir den Rennsteig nach Süden verlassen und dem grünen Punkt folgen. Bald erreichen wir wieder das weitläufige Wiesengelände und den **Panoramaweg**. Auf ihm gehen wir zurück zum Parkplatz **Axdorf**.

10. Im wildromantischen Naturparadies Lauchagrund

Eine unvergessliche Tour und viel Auf und Ab durch ein wahrhaftes Paradies für Naturliebhaber, Wanderer und Kletterer; einer der kostbarsten Naturschätze des Thüringer Waldes; überwiegend schattige Waldwege, teilweise Pfade und Treppen

Empfehlung: Wer nach der Tour noch Spaß und Abenteuer haben möchte, kann das gleich nebenan im 1000 Meter langen Edelstahlkanal der **Sommerrodelbahn** oder in dem neuen Wie-Flyer Pilotenfeeling ausleben. Oder Fahrt zum Gipfel des 917 Meter hohen Inselsbergs.

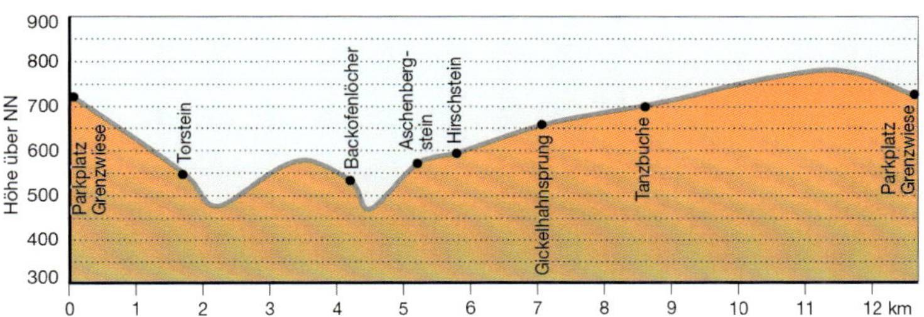

Anreise/Start/Ziel: von Tabarz oder Brotterode auf der L1024 bis zur Grenzwiese unterhalb des Inselsbergs (Kreuzung mit Rennsteig)
Parken: Parkplatz Grenzwiese unterhalb des Inselsbergs
Anforderungen: noch mittelschwer; 585 Höhenmeter; Trittsicherheit unbedingt erforderlich; beste Jahreszeit spätes Frühjahr bis Herbst; im Winter nicht zu empfehlen; für Familien mit Kindern nur bedingt geeignet
Streckenlänge: 12,7 km
Einkehr: Hotel und Berggasthof „Tanzbuche", Gaststätten „Kleiner Inselsberg" und „Reitstein" an der Grenzwiese
Karte: Blatt 3 „Friedrichroda, Brotterode, Tabarz, Finsterbergen" ↗ S. 141
Sehenswertes: Torstein, Backofenlöcher, Aschenbergstein, Roter Turm, Hirschstein, Gickelhahnsprung

Der unter Wanderern und Kletterern berühmte **Lauchagrund** an der Nordflanke des Inselsberges gehört zu den kostbarsten Naturschätzen, die der Thüringer Wald zu bieten hat. Bizarre und bis zu 60 m hohe Felswände aus Porphyr an steilen, bewaldeten Hängen geben der Landschaft ihren wilden, ursprünglichen Charakter – eine phantastische Gebirgswelt, ein Paradies für Naturliebhaber und Wanderer. Solche Flurnamen wie Hexenbank, Bärenbruchgraben, Backofenloch, Roter Turm und Gickelhahnsprung verleihen dem Lauchagrund noch zusätzlich einen gewissen Hauch von Mystik. Zum anderen ist es die Mischbewaldung, die besonders im Frühling und im Herbst die Färbung dieser wildromantischen Natur bestimmt. Unglaublich sind die vielen Grün-Nuancen im Frühling und erst recht die ganze bunte Farbpalette im Herbst: Fichten, Lärchen, Birken, Buchen, Eichen, Ebereschen und Weißtannen – sie alle leuchten in ihren typischen Tönen.

Ausgangspunkt unserer Wanderung ist der **Parkplatz Grenzwiese** unterhalb des Großen Inselsberges. Hinter dem Kassenhäuschen des Parkplatzes beginnt der Abstieg in den **Wilden Graben**. Dazu folgen

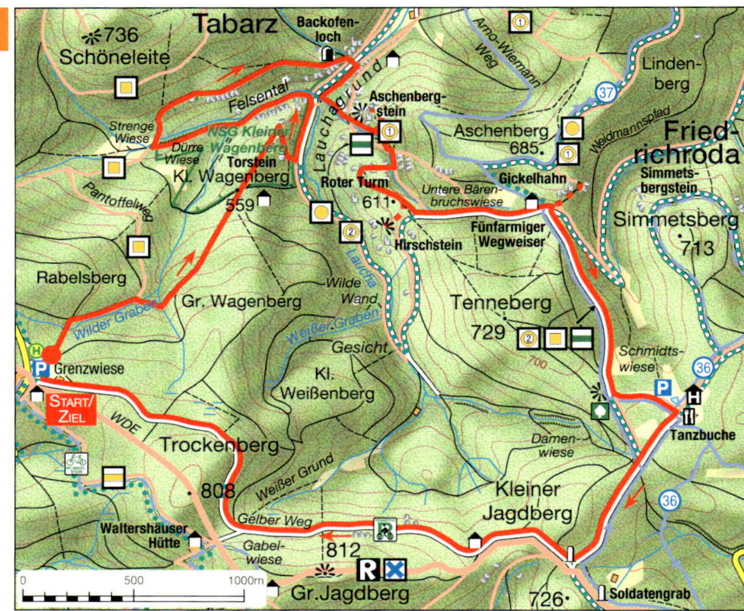

wir der Markierung ① auf dem **Pantoffelweg**. An der markierten Weggabelung halten wir uns rechts Richtung **Torstein** und kommen in das **Naturschutzgebiet** auf dem **Kleinen Wagenberg**.
Auf dem nach beiden Seiten steil abfallenden Bergsporn stehen wir vor den gut erkennbaren Resten einer Wallanlage, die zu einer frühkeltischen Volksburg gehörte.

Gleich dahinter sieht man den Torstein, ein aus dem sehr harten Rhyolith bestehender Felsen, der seinem Namen alle Ehre macht. Durch dieses Tor zu gehen, ist ein Höhepunkt auf unserer Tour und wird natürlich im Bild festgehalten.
Der Pfad führt hinunter in den **Lauchagrund**. Weiter geht es bergab bis zur **Wegekreuzung Tempelchen** am Zusammenfluss von Strenge und Bärenbruchgraben.

Wir zweigen nach links ab ins malerische Felsental. Der rauschende Bach, die senkrechten Felswände und die uralten Fichten bilden ein idyllisches Naturambiente, das weit und breit seinesgleichen sucht. Einst wurde hier der Märchenfilm „Das kalte Herz" gedreht. Wir folgen dem Wegweiser „Backofenloch Rundweg", schwenken dazu an der **Strenge Wiese** nach rechts, vorbei an einer Wildfütterung und kommen zu einigen Porphyrfelsen. Sie laden zum Sitzen und Schauen ins **Felsental** ein.

Mit etwas Glück können wir am gegenüberliegenden **Aschenbergstein** die Kletterer beobachten. Weiter geht unsere Wanderung abwärts, teilweise über Holzstufen zu drei nebeneinander liegenden kleinen Höhlen im harten Porphyr, den **Backofenlöchern**.

Mit den **Backofenlöchern** verbindet sich ein Märchen, wonach ein alter Waldriese ständig ein hübsches Waldnixlein verfolgte und es unbedingt zur

Hochzeit zwingen wollte. Er ließ dafür bereits in den drei Backofenlöchern Brot, Brötchen und Hochzeitstorte backen. Das Nixlein entkam dem Riesen nur mit Mühe, sprang aus Verzweiflung in die Tiefe und wurde in einen silberhell sprudelnden Bach verzaubert, während der böse Riese für immer als ein Fels neben seinem Reich stehen muss.

Im Talgrund angekommen, wenden wir uns nach rechts und gehen an der idyllischen **Laucha** entlang zurück zum **Tempelchen**. Dort schwenken wir nach links in den wildromantischen **Bärenbruchgraben**. Über Stufen und Eisentreppen gelangen wir erneut zu einer Abzweigung, die uns linker Hand nach etwa 200 m zum **Aschenbergstein** bringt.

Der markante, durch Geländer gesicherte Porphyrfelsen **Aschenbergstein** mit seinem Gipfelkreuz ist der absolute Höhepunkt unserer Wanderung – vom Felsplateau hat man die schönste Aussicht weit und breit! Tief unter uns liegen der Lauchagrund und das Felsental. Am Horizont überragt der Inselsberg mit Turm und Antenne alle anderen Erhebungen. Immerhin liegen rund 500 Höhenmeter zwischen Talsohle und Inselsberggipfel. Zwischen all den verschiedenen Baumarten erkennen wir sogar einige große Weißtannen. Sie erreichen hier ihre nördliche Verbreitungsgrenze. Mit etwas Glück kann man Wanderfalken beobachten, die in versteckten Felsnischen brüten.

Noch ein letzter Blick und dann geht es auf dem gleichen Wegstück zurück bis zu der Abzweigung. Wir halten uns talaufwärts halbrechts, nehmen den nicht markierten Pfad zum **Roten Turm**, einem beliebten Kletterfelsen für absolute Könner. In seinem Umfeld stehen noch einige kleinere Felsen, an denen das Bouldern, das freie Klettern in geringer Höhe, praktiziert wird.

Wir setzen unsere Wanderung fort und gelangen zur **Lauchagrundstraße**. Ein Pfad führt uns nach rechts zum **Hirschstein**. Von der Bank auf seinem Gipfel genießen wir erneut den Blick in den Lauchagrund.

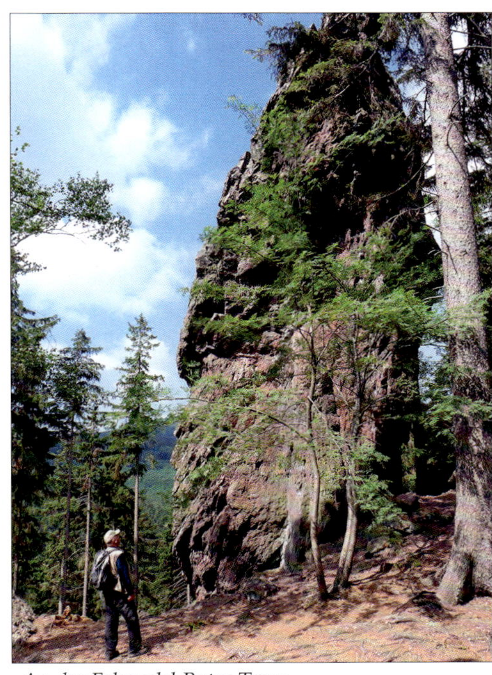

An der Felsnadel Roter Turm.

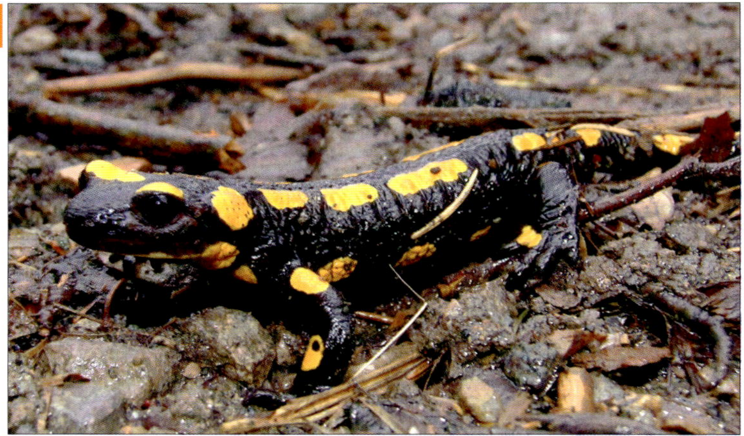

Im Bärenbruchgraben entdeckt – Feuersalamander.

Wir folgen dem Pfad wieder zurück zum Fahrweg und kommen zur **Unteren Bärenbruchswiese**. Eine Tafel weist darauf hin, dass hier der letzte Bär des Thüringer Waldes erlegt wurde.
Der Weg führt nun aufwärts zum **Fünfarmigen Wegweiser**, einem Wegekreuz mit **Schutzhütte** und großem Gabelwegweiser.

Wir machen einen **Abstecher** zum **Gickelhahnsprung**. Die letzten Meter erklimmen wir über eine Leiter und wieder blicken wir tief hinunter – diesmal in den Ungeheuren Grund.

Einer Legende nach hauste in der Nähe ein Eremit. Seine Klosterbrüder aus Reinhardsbrunn sollten ihm nach langer Krankheit eine Stärkung bringen, u. a. auch zwei lebende Hähne. Durch eine Unachtsamkeit konnte ein Hahn entfliehen, während die Mönche über das Schicksal des bei Steinbach überfallenen Martin Luthers sinnierten. „Dem Luther haben sie sicher das Genick gebrochen, wie der Gickelhahn es sich jetzt gebrochen hat, als er in die Tiefe gestürzt ist“- so ihre Annahme. Aber Minuten später hörten sie das muntere Kikeriki des vermeintlich toten Hahnes als Symbol des lebendigen, kraftvollen agierenden Martin Luther.

Zurück von dem lohnenswerten Abstecher wandern wir weiter bergauf. Wir kommen vorbei an der **Schmidts Wiese**, einem **Gedenkstein** für den berühmten Thüringer Wandersmann August Trinius und einer Jahrhunderte alten **Buche**.

Wir erreichen die **Tanzbuche**.

Die **Tanzbuche** hat ihren Namen noch aus der Zeit, als Heuschnitter abends auf den Bergwiesen blieben, um früh mit dem Mähen zu beginnen. Die Abende blieben so für die Geselligkeit, etwa für das Tanzen unter einer Buche. An deren Stelle steht heute ein Wellnesshotel mit Berggasthof.

Wir stärken uns, nehmen dann den direkten Weg zum **Rennsteig**, gehen weiter auf dem **Gelben Weg** zurück zum Parkplatz **Grenzwiese**, wo wir unsere paradiesische Tour beenden.

11. Rund um die größte Kuhglocke der Welt

Empfehlenswerte, sehr idyllische Halbtagswanderung, teils schattig, teils sonnig, fast ausschließlich gut begehbare Wirtschaftswege

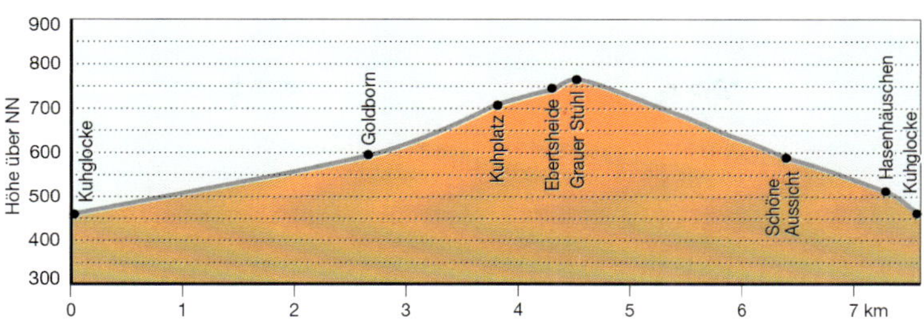

Anreise/Start/Ziel: von Friedrichroda, Tabarz oder Schmalkalden auf der L1026 bis Ortsmitte Kleinschmalkalden, die größte Kuhglocke der Welt als Ausgangs- und Endpunkt
Parken: Parkmöglichkeiten in Ortsmitte von Kleinschmalkalden am Marktplatz, neben dem Feuerwehrgerätehaus, am Dorfgemeinschaftshaus
Anforderungen: leicht bis mittel; 7,6 Kilometer; 345 Höhenmeter; für Familien mit Kindern gut geeignet, aber Höhenmeter beachten; im Winter nicht zu empfehlen
Streckenlänge: 7,6 km
Einkehr: Gaststätte „Schöne Aussicht“ an der Schulzenwiese
Karte: Blatt 3 „Friedrichroda, Brotterode, Tabarz, Finsterbergen“ ↗ S. 141
Sehenswertes: größte Kuhglocke der Welt, idyllisches Ebersbachtal, prächtige Aussicht vom Grauen Stuhl und von der Schulzenwiese, Heimatmuseum

Im engen Kerbtal des Oberlaufs der Schmalkalde mit seinen Seitentälern, nahezu ringsum eingeschlossen von zum Teil steilen Bergen, liegt **Kleinschmalkalden.** Das noch junge Flüsschen teilte über Jahrhunderte den Ort in einen zu Hessen/Henneberg (ab 1866 Preußen) und einen zu Sachsen-Gotha gehörenden Teil. Seit dem Jahr 2006 ist Kleinschmalkalden Ortsteil der Gemeinde Floh-Seligenthal. Seine besondere Lage ermuntert in ganz besonderer Weise zum Erkunden der reizvollen Umgebung.

Unübersehbar an der Hauptstraße im Zentrum des Ortes ist die größte **Kuhglocke** der Welt zu sehen. Mit ihrer Höhe von 3,10 m und ihrer Masse von 920 kg steht sie sogar im Guinness-Buch der Rekorde. Diese Attraktion soll **Ausgangs-** und **Endpunkt** unserer abwechslungsreichen Tour in die umliegenden Berge sein. Nur ein paar Meter sind es bis zum Abzweig ins **Ebersbachtal**. Wir folgen talaufwärts der Markierung ▬ – immer dem Bachlauf nach. Noch stehen Häuser zu beiden Seiten des Baches. Bald schon sind wir allein in der idyllischen Natur, begleitet vom Plätschern des Wassers rechts des Weges.

An der **Weggabelung** nach ca. 1,5 Kilometer halten wir inne und lenken unsere Blicke über zwei kleine Felsblöcke am Wegrand nach rechts. Kann ein Tal noch schöner sein? Es zieht uns förmlich an und so folgen wir dem Bachlauf. Allmählich wird der Wiesenstreifen längs des Weges immer schmaler und wir erreichen den **Rastplatz Goldborn**.

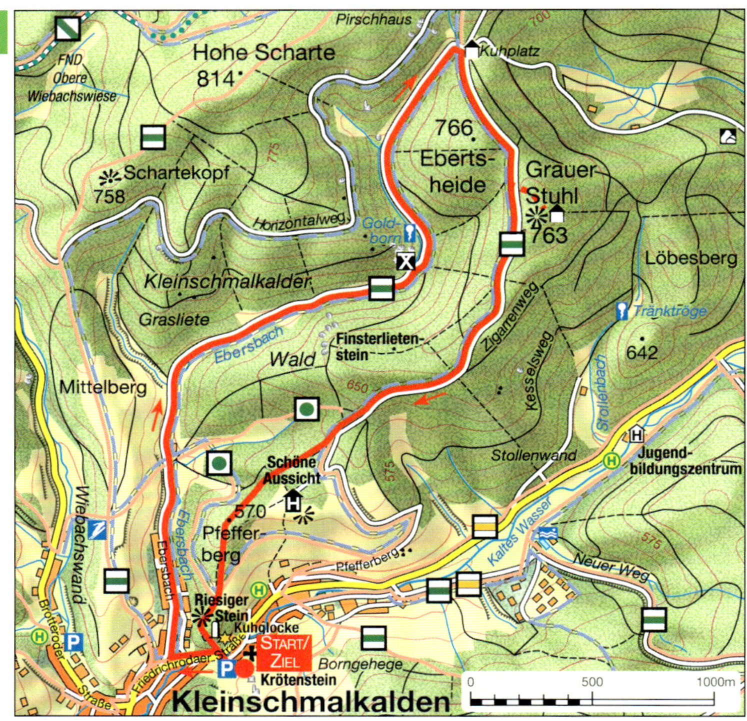

Bereits 1941 stellte Dr. Büttner fest, dass das jodhaltige Wasser des **Goldborns** vorbeugend gegen Kropfbildung wirkt. Der Sage nach wollte ein armer Viehhirte dort Wasser trinken, stellte dabei aber verdutzt fest, dass er in seiner Trinkschale stattdessen einen Feuersalamander geschöpft hatte. Zunächst wollte er ihn verärgert zu Boden schleudern, setzte ihn dann aber doch behutsam zurück auf den Boden. Nach kurzem Schlaf in verdienter Mittagsruhe öffnete er die Augen und stellte ganz verdutzt fest, dass in seiner Trinkschale ein Salamander aus purem Gold lag. Von nun an hatte für ihn und seine Familie die Not ein Ende.

Eine **Sitzgruppe** lädt zur Pause ein, bevor es dann weiter bergauf geht. Das Tal wird zunehmend enger und der Waldweg steigt nun doch merklich an. Ca. 100 Meter oberhalb des Rastplatzes kommen wir zur **Quelle**, dem eigentlichen **Goldborn**. Ein Schild weist die Fläche als Trinkwasserschutzgebiet aus. Weiter geht es am plätschernden **Ebersbach** entlang. Nicht zu übersehen sind die angepflanzten Laubbäume zu beiden Seiten des Weges. Sie bilden einen Kontrast zu der sonst vorherrschenden Fichtenmonokultur. Bald erreichen wir eine teilweise sumpfige Waldwiese mit Quelle, den **Kuhplatz**.

Bereits der Name deutet darauf hin, dass hier früher die im Wald grasenden Kuhherden ihren Ruhe- und Tränkeplatz hatten. Am Wiesenrand entdecken wir Bärwurz, eine Gewürz- und Heilpflanze, die auch oft zur Schnapsherstellung verwendet wird. Oberhalb der Wiese, am

Waldrand steht eine **Schutzhütte**, für uns willkommene Gelegenheit, dort zu rasten. Danach wenden wir uns nach rechts und folgen dem **Wegweiser „Schöne Aussicht“** mit der Markierung . Nach ca. 500 Metern stehen wir wieder an einer Waldwiese, der **Ebertsheide**. Unbedingt empfehlenswert ist von hier aus der kurze Aufstieg linker Hand zum **Grauen Stuhl**, dem Schild mit der Aufschrift **„Ausblick“** nach. Den sollte man nicht verpassen! Oben auf dem mit 763 Meter höchsten Punkt der Route angekommen, eröffnet sich uns eine phantastische Fernsicht bis zu den Gleichbergen und in die Rhön. Die Hohe Geba, sogar der Kreuzberg und die Wasserkuppe sind deutlich sichtbar. Eine **Bank** direkt auf dem Gipfel und eine **Schutzhütte** laden zum ungestörten Genießen ein.

Wieder zurück an der **Ebertsheide**, folgen wir jetzt dem Weg hinab zur **Schulzenwiese** mit der **Gaststätte „Schöne Aussicht“**. Sie hat ihren Namen zu Recht verdient! Von der Terrasse blicken wir ins Tal mit dem Ort und auf die gegenüberliegenden Berge. Auffällig sind die Felsengruppe, deren oberer Teil seinem Aussehen nach Krötenstein heißt, und das „Henkeltöpfchen“ auf der Hohen Warte. Das ist eine künstliche Ruine, die im Jahr 1905 erbaut wurde.

Nun verlassen wir die Markierung und folgen dem Schild „Riesiger Stein“. Dazu queren wir die Wiese, nehmen den Waldweg und erreichen nach ca. 900 Meter einen

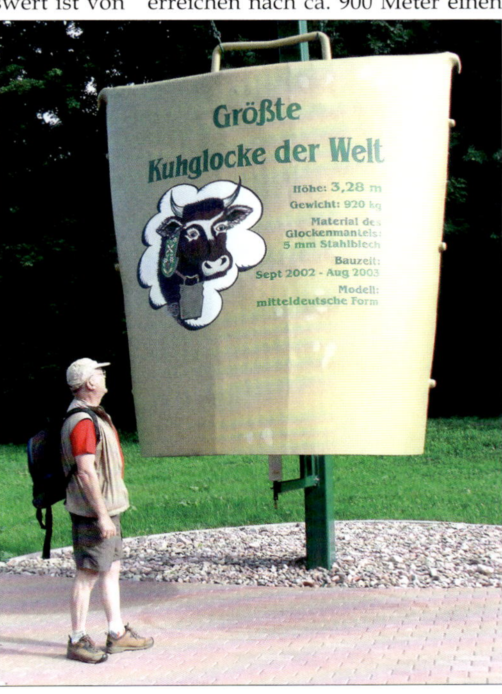

Die größte Kuhglocke in Kleinschmalkalden.

nach dem Ort zu steil abfallenden felsigen Berg, den **Riesigen Stein**. Ein **Aussichtstempel**, im Volksmund **Hasenhäuschen** genannt, bietet uns noch einmal ein schönes Panorama auf die Häuser von Kleinschmalkalden.

Das **Hasenhäuschen** in seiner jetzigen Form wurde im Jahr 2002 neu errichtet. Der Vorgängerbau stammt etwa aus dem Jahr 1875 und geht auf die Initiative des damaligen Verschönerungsvereins zurück.

Nun laufen wir den serpentinenartigen Pfad hinunter in den Ort, ein paar Treppenstufen und wir stehen wieder an der größten **Kuhglocke** der Welt.

12. Auf den Spuren des Asbacher Bergbaus

Äußerst abwechslungsreiche und mit vielen Zeugnissen der früheren Erzgewinnung und -verarbeitung gespickte Rundwanderung; für geologisch Interessierte sehr spannend; überwiegend breite Wege; meist schattig

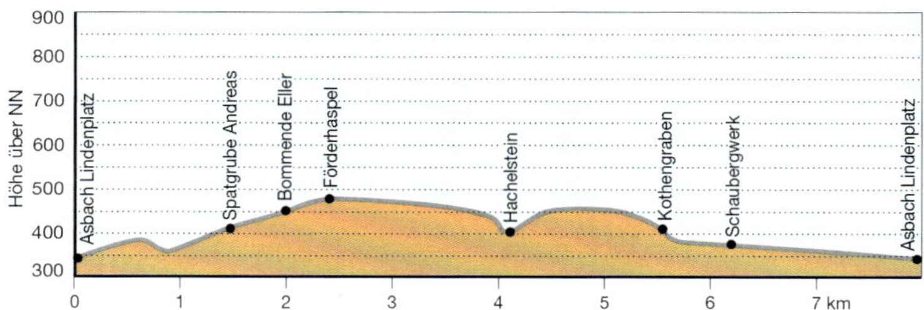

Anreise/Start/Ziel: von Schmalkalden kommend Abzweigung nach Asbach; von Tambach-Dietharz kommend in Schnellbach links abbiegen über Struth-Helmershof nach Asbach
Parken: Schmalkalden/Asbach Ortsmitte, Nähe Kirche und Lindenplatz
Anforderungen: leicht bis mittel; keine besonderen Anforderungen; für Familien mit Kindern sehr gut geeignet
Streckenlänge: 8 km
An- und Abstiege: 320 Höhenmeter
Einkehr: Café Endter, Talstraße 111–113 in Asbach
Karte: Blatt 5 „Schmalkalden, Steinbach-Hallenberg" ↗ S. 141
Sehenswertes: Panoramablick vom Tiergarten, Schwerspatgrube „Andreas", Tagebau „Bommende Eller", mittelalterliche Förderhaspel, grandioser Ausblick vom Hachelstein, Mundloch des Kothengrabenstollens, ehemaliges Pochwerk, Schaubergwerk „Finstertal", historische Hämmerschmiede

Die **„Schmalkalder Artikel"**, Werkzeuge und Kleineisenwaren, die man bereits seit dem 14. Jahrhundert in alle Welt exportierte, hätte es wohl nie gegeben ohne die Erzvorkommen in den umliegenden Bergen. Den Namen leitete man übrigens aus Werbegründen von Luthers „Schmalkaldischen Artikeln" ab. Der Abbau von Eisenerz, Manganerz, Kupferschiefer, Kobalt und Schwerspat sowie deren Verarbeitung prägten über Jahrhunderte auch den Ort Asbach. Das ist Grund genug, die noch vorhandenen Spuren in einen interessanten und geschichtsträchtigen acht Kilometer langen Rundwanderweg zusammenzuführen. Er ist durchgängig mit dem Symbol des niedergelegten Bergbaus ausgeschildert (gekreuzte, nach unten zeigende Hammer und Schlägel).

In unmittelbarer Nähe der Asbacher Kirche informieren wir uns zunächst an der Tafel über den Verlauf des Altbergwerk-Rundwanderweges, nehmen dann den kurzen, ansteigenden Fußweg zum Friedhof. Bereits hier liegt uns der Ort zu Füßen; wir blicken auf den Mühlberg, den Kohlberg und auf die markante Felsnase des Hachelsteins. Den Friedhof lassen wir rechts liegen und erreichen nach wenigen Minuten den Tiergarten, heute eine gepflegte Gartenanlage mit Bungalows. Am Gabelwegweiser und der Ruhebank halten wir

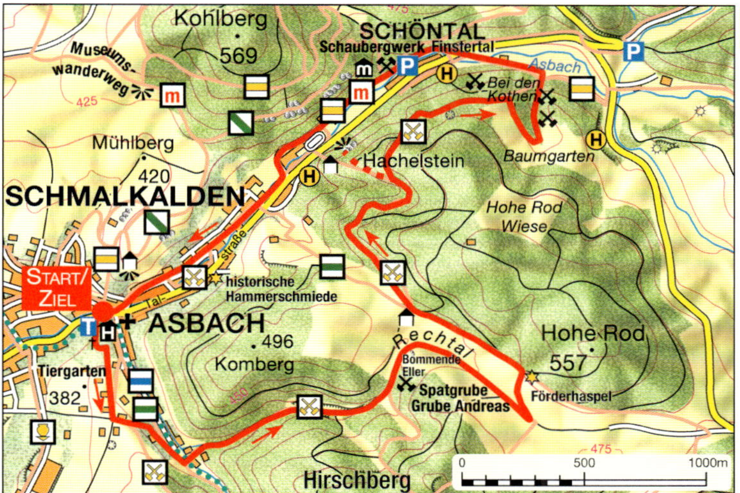

inne und genießen den Rundblick. Die Queste, das im Tal eingebettete Schmalkalden, die Berge der Vorderrhön, sogar der Inselsberg lassen grüßen. Weiter führt der Weg Richtung Ringberg, links unter uns die Wohnhäuser im Käbachtal. An der nächsten Weggabelung wählen wir entgegen der ursprünglichen Wegführung den direkten Abstieg ins Käbach. Nach dem kurzen Abstieg halten wir an der Wegkreuzung inne. Spuren eines ehemaligen Erzgangs sind deutlich am Wiesenhang unter dem Ringberg zu erkennen. Im Jahr 1994 hat man in der Nähe bei Tiefbaubauarbeiten einen großen Erzstein freigelegt, der hier als Symbol des ehemaligen Bergbaus ausgestellt ist.

Der Markierung folgend queren wir das Tal, lassen die letzten Häuser des Käbachs hinter uns, nehmen den „Krummen Fahrweg" Richtung Rechtal. Steile, mit Buchen bewachsene Hänge auf beiden Seiten säumen den Weg, links der Komberg, rechts der Hirschberg.

Es ist nicht weit zur **Spatgrube „Andreas"**. Bis zum Jahr 1924 wurde hier unter Tage Schwerspat abgebaut. Das Mundloch hat man zugemauert; nur die Fledermäuse haben noch ungehinderten Zugang in den Stollen. Die große Abraumhalde davor lässt erkennen, welche gewaltigen Gesteinsmengen in mühevoller Handarbeit aus dem ausgedehnten Stollensystem gefördert wurden. Zur Freude der Wanderer hat man das im Stollen austretende Wasser gefasst und über eine Rohrleitung dem Spatbrunnen zugeleitet.

Wir gönnen uns eine Rast im Nachbau der Frühstückskaue, dabei in Gedanken erahnend, wie unsäglich schwer die Arbeit der Asbacher Bergleute gewesen sein muss.

Kurz bevor wir aus dem Wald treten, gilt unsere Aufmerksamkeit rechts am Weg einer fast kreisrunden Grube.

Die **„Bommende Eller"** ist ein ehemaliger Tagebau mit einem Durchmesser von ca. 30 m. Die Tafel weist uns darauf hin, dass hier Kalk abgebaut wurde, ein Zuschlagstoff für die Verhüttung des Eisenerzes. Typisch für den Kalkboden ist, dass man im Mai und Juni am Wegrand die wunderschönen Blüten einheimischer Orchideen bewundern kann.

Wir erreichen die ausgedehnte, durch Rodung entstandene Rechtalswiese. Links blicken wir auf das Hohe Rod, in Wegrichtung auf den Heftenberg, rechts von uns auf den Hirschberg. Auch hier wurde in früheren Zeiten Erz gefördert. Der Markierung folgend biegen wir links ab. Am Waldrand kommen wir zum überdachten Modell einer mittelalterlichen Förderhaspel. Mit ihr wurde früher das abgebaute Erz aus den Schächten ans Tageslicht gefördert. Wir gönnen uns eine Rast und blicken zurück auf die malerische, von den umliegenden Bergen eingefasste Wiesenfläche, bevor wir am Waldrand dem Weg am Hohen Rod entlang folgen.
An der Schutzhütte verlassen wir die Rechtalswiese, biegen leicht nach rechts ab auf einen schattigen, angenehm zu laufenden Waldweg, der um das Hohe Rod herumführt.

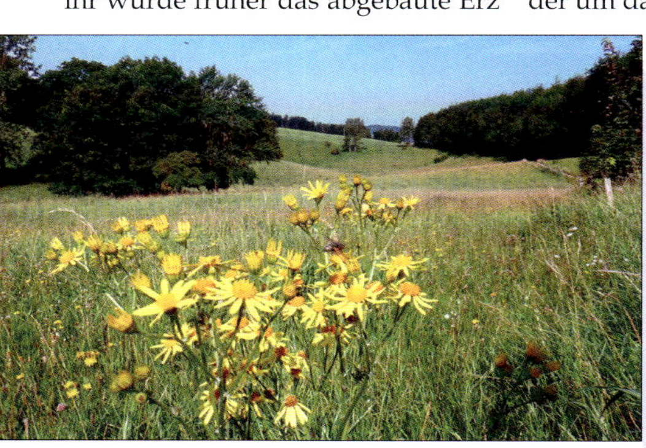

Die blühende Rechtalswiese.

Abstecher:

Das Flächennaturdenkmal **Hachelstein** gehört eigentlich nicht zum Konzept des Bergbauweges, aber seinem Wegweiser sollten wir unbedingt folgen. Es sind nur ca. 200 m auf dem abschüssigen Pfad bis zu dem exponierten Aussichtsfelsen über dem Schöntal.

Wir müssen noch zwei **Felsrinnen** auf einer Brücke überqueren, dann stehen wir oben am **Pavillon** und genießen den faszinierenden Postkartenblick auf das Schöntal und den Ort Asbach – einfach phänomenal und ein Muss!

Noch beeindruckt vom herrlichen Tiefblick gehen wir das kurze Wegstück zurück bis zum Wegweiser und folgen dann weiter der Markierung um das Hohe Rod herum – ein ebener und bequemer Weg immer am steilen Berghang entlang. Selbst hier wurde früher Erz abgebaut; Pingen künden davon. Wir erreichen das Kothenköpfchen und blicken von der Schutzhütte aus auf den Kohlberg und hinab ins Schöntal. Auf einem schmalen Pfad steigen wir in den Kothengraben ab und kommen zum Kothengrabenstollen.

Vor dem ehemaligen Mundloch zeugen rechts und links des abschüssigen Weges zwei große Abraumhalden vom Fleiß der Bergleute. Kobalt und Kupfer wurden hier aus dem Berg geholt. Der ausgestellte Hunt ist sicherlich jüngeren Datums.

Den Weg weiter absteigend, stehen wir nach wenigen Schritten vor den Wiesen im Schöntal. Vorbei am Trinkwasserbehälter sehen wir bereits die Wasch.

Früher wurde an der **Wasch** das Erz mit Wasserkraft zerkleinert (Pochwerk), dann gewaschen und geschmolzen. Eine Tafel informiert uns, dass sie später als eine der ersten Nagelschmieden in der Region diente, jedoch 1848 vor dem Hintergrund der Revolution bis auf die Grundmauern zerstört wurde.

Wir folgen dem Fahrweg, immer am Asbach entlang. Ca. 100 Meter nach der Wasch entdecken wir am Waldrand auf der anderen Bachseite erneut ein altes Mundloch aus der Zeit des Kupfer- und Kobaltabbaus.

Wir überqueren die Straße - ein ausgestellter Hunt weist uns den Weg - und folgen dem schmalen Fußweg hinter den Wohnhäusern entlang bis zum Schaubergwerk „Finstertal", einer bis zum Jahr 1934 betriebenen Roteisenerz- und Braunsteingrube. Dessen Besichtigung sollte man sich nicht entgehen lassen.

Der Weg führt nun weiter am Asbach entlang, vorbei an den Wohngebieten mit den beziehungsreichen Namen Kothenwiese (Kothe = ehemalige ärmliche Behausung) und Hüttenwiese.

In einer **historischen Hammerschmiede** kann man eine kleine Ausstellung zum alten Handwerk besichtigen und sich demonstrieren lassen, wie unsere Vorväter einen Hammer geschmiedet haben.

In der Ortsmitte am Lindenplatz bei der Kirche endet unsere äußerst abwechslungsreiche und mit vielen Zeugnissen der früheren Erzgewinnung und -verarbeitung gespickte Rundwanderung.

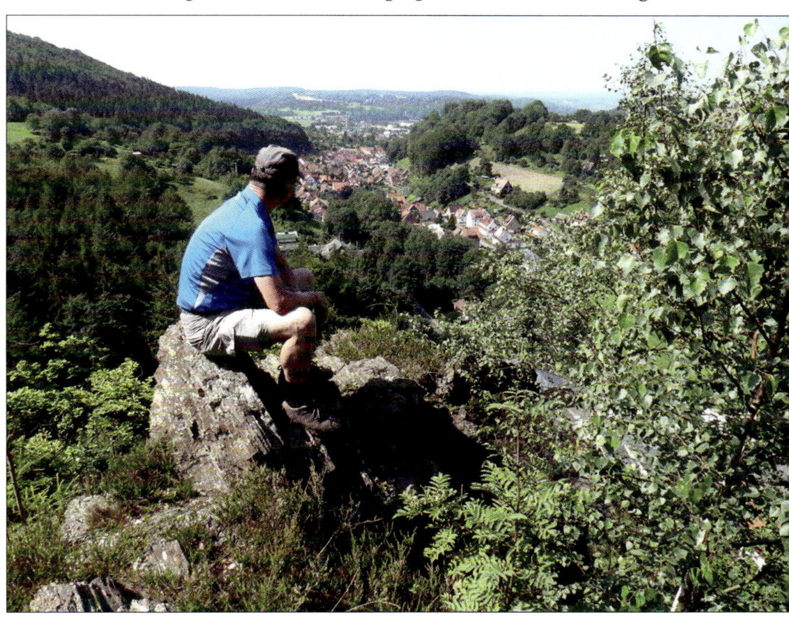

Blick vom Hachelstein auf Asbach.

13. Geschichtsträchtige Pfade mit

Auf Luthers Spuren von Schmalkalden nach Tambach-Dietharz

Kulturhistorisch interessante Route entspricht in Teilen dem Reiseweg des kranken Martin Luther vom berühmten Schmalkalder Konvent 1537 nach Wittenberg; Rennsteigquerung; meist gut begehbare Feld- und Waldwege; zwei Kilometer Pflaster oder Asphalt; schöne Panoramablicke

Hinweis: Man sollte überlegen, ob man Luther entgegengeht, also von Tambach nach Schmalkalden. Dann hat man noch Zeit für eine Stadtbesichtigung. Unbedingt muss man sich vorher über die Busverbindung informieren! Oder man hat ein zweites Auto zur Verfügung oder fährt mit dem Taxi.

Dieser Wanderweg ist ein ausgewählter Abschnitt des mehr als 800 km umfassenden Projektes „Lutherweg Thüringen“. Weitere Informationen unter: www.lutherweg-thueringen.de

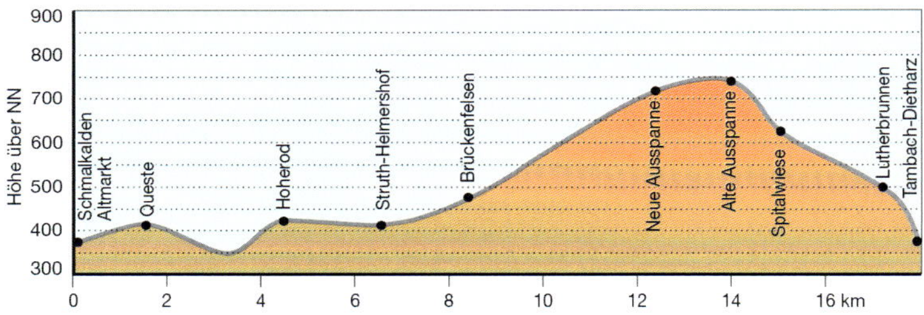

Anreise/Start/Ziel: Schmalkalden Zentrum, Ausgangspunkt auf dem Altmarkt; Ziel: Tambach-Dietharz, Buswendeschleife Schmalkalder Straße
Parken: Parkhaus Kothersgasse;
Anforderungen: mittelschwer; 680 Höhenmeter im Aufstieg; 510 Höhenmeter im Abstieg; für Familien mit Kindern bedingt geeignet; im Winter nicht zu empfehlen
Streckenlänge: 18,2 km
Einkehr: Kiosk am Rennsteig an der Neuen Ausspanne, Gaststätte „Tammichgrund“ in Tambach-Dietharz
Karte: Blatt 5 „Schmalkalden, Steinbach-Hallenberg“ ↗ S. 141
Sehenswertes: Historisches Stadtzentrum in Schmalkalden; Schloss Wilhelmsburg; Grenzstein 57 am Rennsteig (Gerichtsstein); Lutherbrunnen

Bevor wir zur Wanderung auf dem **Schmalkalder Altmarkt** mit seinem mittelalterlichen Flair starten, nehmen wir uns Zeit für einen Rundblick auf historische Fachwerkhäuser, die Todenwarthsche Kemanate mit ihren Treppengiebeln und die wuchtige Stadtkirche St. Georg, in der Martin Luther einst predigte. Schon hier fühlen wir uns in die Zeit der Reformation zurückversetzt. Durch die **Mohrengasse**, über die **Salzbrücke** und durch die enge **Steingasse** führt unser Weg vorbei an der **Rosenapotheke**, in der 1540 Luthers Mitstreiter Philipp Melanchthon wohnte. Wir kommen direkt zum **Lutherplatz.**

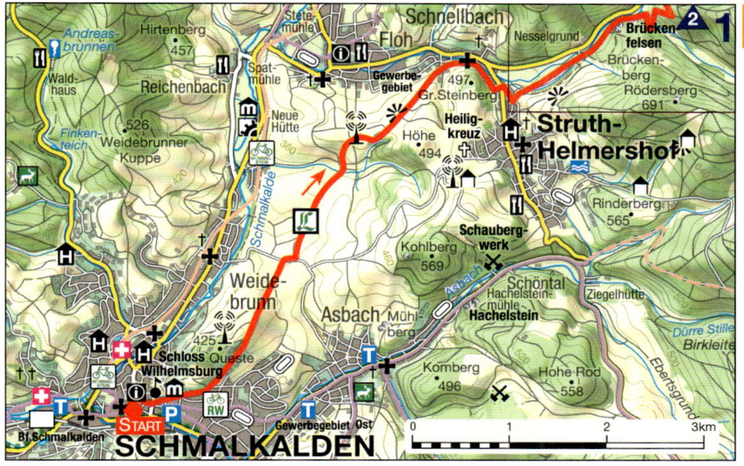

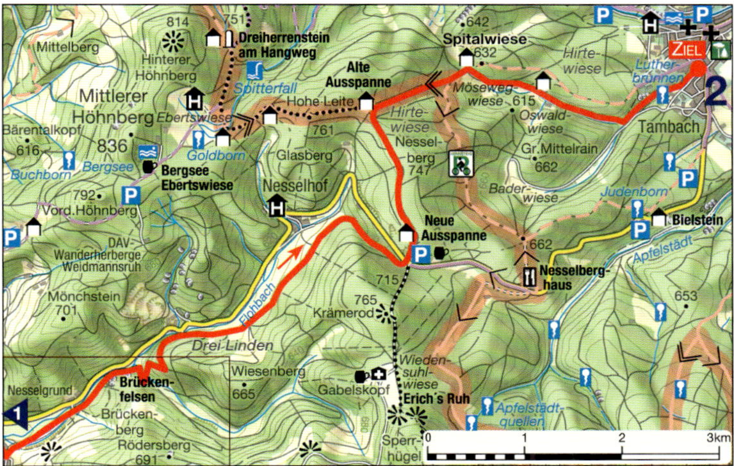

Das aufwändig restaurierte **Lutherhaus**, das eine Buchhandlung beherbergt, fällt gleich ins Auge. Hier logierte **Martin Luther** während der bedeutendsten Tagung des Schmalkaldischen Bundes im Februar 1537 als Gast des hessischen Rentmeisters Balthasar Wilhelm. Eine Stucktafel von 1687 mit Inschrift und dem Schwan als Sinnbild des großen Reformators zeugt davon.

Am **Lutherhaus** vorbei steigen wir hinauf zum **Schloss Wilhelmsburg**.

Als Luther und seine Mitstreiter in Schmalkalden weilten, war vom **Schloss Wilhelmsburg** noch nichts zu ahnen. Die alte Burg Waltaff trotzte Wind und Wetter, bis sie schließlich 1584 abgerissen wurde, um Platz für die bedeutendste und schönste Renaissanceanlage Mitteldeutschlands zu schaffen. Von hier hat man einen fantastischen Blick auf die Stadt. Wer Zeit mitbringt, sollte sich auch die Innenräume mit den Ausstellungen ansehen.

Von der Pfalz und dem Exerzierplatz können wir noch einmal einen Blick auf die historische Altstadt mit ihren vielen Dächern genießen, dann führt unser Weg durch den **Innenhof** des Schlosses, am **Zwinger** vorbei in die **Walrabstraße**, dann in die **Schlossgartenstraße**. Immer dem Luther-L folgend, wandern wir östlich an dem Schmalkalder Hausberg Queste vorbei.

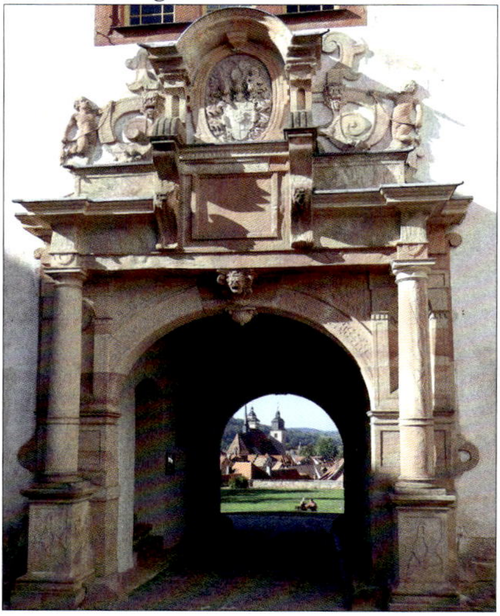

Blick vom Schloss Wilhelmsburg auf die Stadtkirche.

Bereits hier eröffnet sich uns ein herrliches Bergpanorama des Thüringer Waldes, vom Inselsberg im Norden über die Asbacher Berge bis zum Dolmar im Süden. Danach geht's ins freie Feld des **Kleinsteinbach**.

Der Antennenmast auf dem Hoherod ist schon von weitem zu sehen und nicht zu verfehlen. Von dort wie auch vom 435 Meter hohen Stadtberg bieten sich erneut herrliche Ausblicke ins Schmalkaldetal mit seinen Dörfern, zum Thüringer Wald und zur Rhön. **Sitzgruppen** laden zur Rast ein.

Danach wandern wir abwärts am Ortsrand von **Schnellbach** am Fuße des steilen Steinbergs vorbei in Richtung Struth-Helmershof. Hier überqueren wir die Hauptstraße. Die Markierung leitet uns in den **Mühlenweg** und weiter in den **Nesselgrund**. Wir gehen an einem Kunstgraben entlang, der zu früheren Zeiten angelegt wurde, um damals die Struther Mühle zu betreiben. Diesem folgen wir bis zum **Flächennaturdenkmal Brückenfelsen**.

Das **Flächennaturdenkmal Brückenfelsen** ist aus botanischen, geologischen und zoologischen Gründen seit dem 8.3.1989 unter Schutz gestellt und besteht aus Höhnberg-Dolorit, auch Mesodiabas bezeichnet. Der Gesteinsgang ist ca. zehn Kilometer lang und zwei Kilometer breit und reicht von Schnellbach bis Friedrichroda. Das Gestein wird in den Steinbrüchen im Nesselgrund und Spittergrund im großen Umfang abgebaut. Der Brückenfelsen ist von Moosen, Flechten und Kleingetier besiedelt.

Wir wandern ins **Dürre Flohtal** hinein, biegen aber gleich darauf scharf links ab, überqueren den Bach auf einer kleinen Brücke und folgen dem nun schmalen, teilweise serpentinenartigen Pfad am Hang des **Wiesenberges**. Wir erreichen die Wegekreuzung **Drei Linden**.

Nun geht es am Rande des **Nesselgrundes** mit seinen herrlichen Blumenwiesen entlang, immer leicht ansteigend, bis wir auf der anderen Talseite die Häuser vom **Nesselhof** sehen. Der Markierung folgend, verlassen wir den Nesselgrund und steigen allmählich auf zur **Neuen Ausspanne**. Hier überquert eine in den Jahren 1828–1830 geschaffene Kunststraße den Rennsteig. Wir können dort rasten und uns am Kiosk stärken. Nun verläuft der Lutherweg auf dem **Rennsteig** in Richtung Ebertswiese. Nach einem kurzen Anstieg kommen wir zum **Grenzstein 57**, dem Gerichtsstein. Eine Tafel informiert, dass an jener Stelle Martin Luther den Rennsteig überquert haben soll. Bequem und nahezu eben geht es weiter über den 747 Meter hohen **Nesselberg**, den höchsten Punkt unserer Wanderung, zur **Alten Ausspanne**.

Ein Blick auf den steilen Weg in Richtung Nesselgrund lässt erahnen, wie beschwerlich die Auffahrt der Fuhrwerke von dort aus auf die Passhöhe gewesen sein muss. Eine kleine **Schutzhütte** lädt zur Pause ein, bevor wir nach **Tambach-Dietharz** absteigen.

Vorbei am **Rosengarten** erreichen wir nach ca. einem Kilometer die **Hirtewiese**, wo der kräftig-deftig riechende Bärwurz großflächig wächst. Auch die streng geschützte Arnika mit ihren dottergelben Blüten können die Wanderer hier bewundern, aber bitte nicht die Wiese zertrampeln!

Auf einigen Wegabschnitten läuft man über Pflaster aus dem Mittelalter, weshalb der Weg auch heute noch im Volksmund Alte Straße oder einfach Pflaster heißt. Das weist auf die große Bedeutung dieses Weges als mittelalterliche Pass- und Handelsstraße „magna strata" zwischen den Handelsregionen Frankfurt a. M./Würzburg und Leipzig hin.
An der **Spitalwiese** gleich nach der Schutzhütte biegen wir in das **Rechte Tammich** (Tambach) ab. Möglicherweise stand hier früher ein Spital, eine (Not-)Unterkunft für Fuhrleute sowie Vorspanndienste und deren Versorgung. Immer talwärts, vorbei an den Resten eines ehemaligen **Schieferbruchs**, der erstmals bereits im Jahr 1786 erwähnt wurde, und einigen Konglomeratfelsen erreichen wir schließlich den **Zusammenfluss** von Rechtem und Linkem Tammich. Dort wird Wasser angestaut und ein kleiner artesischer Springbrunnen ist angelegt worden.

In dem malerischen Tal folgen wir weiter dem Luther-L und kommen linkerhand an einem **Kneippbecken** vorbei. Unmittelbar vor den ersten Häusern zeigt der Wegweiser auf einen rechts ansteigenden Pfad. Nach wenigen Metern stehen wir bereits vor dem bekannten **Lutherbrunnen**.

An ihm ist eine Tafel aus dem Jahre 1717 angebracht mit der Inschrift „Tambach est mea Phanuel, ibi apparuit mihi dominus". Ein Trunk aus dem Dambachsborn, so auch der Name des **Lutherbrunnens**, befreite Luther angeblich von seinen Schmerzen durch Nierensteine. Wahrscheinlicher ist, dass das Rütteln des Wagens die Steine löste. Wie dem auch sei – Luther schrieb am nächsten Tag einen Brief an den in Schmalkalden weilenden Melanchthon mit dem obigen Text (sinngemäß: Tambach ist der Ort, an dem mir Gott erschien).

Vorbei an eng an den Bach gebauten Häusern ist es nun nicht mehr weit bis in die Ortslage von **Tambach-Dietharz**, wo die Wanderung endet.

14. Über den majestätischen Dolmar

Eine Streckenwanderung über einen der markantesten Berge im Werratal mit seiner wechselvollen Geschichte; grandiose Rundumsicht auf dem Dolmarplateau; geologisch und botanisch sehr interessant; überwiegend breite Forst- und Wirtschaftswege; 2,5 Kilometer asphaltiert

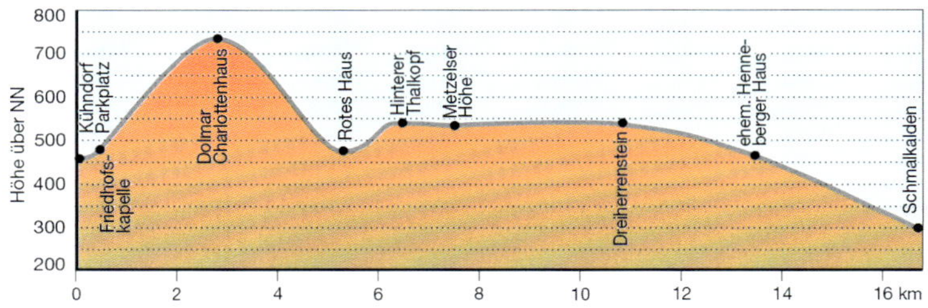

Anreise: mit Bus aus Richtung Zella-Mehlis/Suhl oder Meiningen; mit Pkw über A71 Ausfahrt Meiningen Nord, Richtung Meiningen, dann Kühndorf
Parken/Start/Ziel (mit 2 Autos): Kühndorf Nähe Johanniterburg; Endpunkt der Wanderung in Schmalkalden
Anforderungen: mittel; 450 Höhenmeter im Aufstieg; 610 Höhenmeter im Abstieg; Aufstieg auf den Dolmar etwas kräftezehrend; mit Besichtigungen lange Tagestour; beste Jahreszeit Frühjahr bis Herbst; im Winter recht anstrengend
Streckenlänge: 16,8 km
Einkehr: Berggasthof „Charlottenhaus" auf dem Dolmarplateau; Aktiv & Vital Hotel Thüringen (ehem. Henneberger Haus)
Karte: Blatt 8 „Der Dolmar und Meiningen", Blatt 5 „Schmalkalden, Steinbach-Hallenberg" ↗ S. 141
Sehenswertes: Johanniterburg Kühndorf, Friedhofskapelle Kühndorf mit Museum, Ausstellung zur Geschichte der Segelfliegerei im Charlottenhaus

Majestätisch und erhaben liegt er da mit seinen 739 Metern – nicht so ganz zum Thüringer Wald gehörig und schon gar nicht zur Rhön, aber als deren Bindeglied seit Generationen, eines der beliebtesten Wanderziele in Südthüringen – der **Dolmar**. Und so machen auch wir keinen Bogen um den „Rigi Thüringens", wie er schon bezeichnet wurde. Wir starten zu unserer Streckenwanderung in dem am Fuße gelegenen **Kühndorf**, einem Ort mit wechselvoller Geschichte. Zur **Anreise** haben wir den Bus genutzt.
Zunächst lenken wir unsere Schritte zum Wahrzeichen des Ortes, der **Johanniterburg**.

Schon der Anblick imponiert: eine trutzige, die umliegenden Häuser überragende Anlage mit einer steilen, gemauerten Rampe zum Rundbogentor, die beiden Wehrtürme, die Burghöfe mit ihren hölzernen Treppen und Gängen, der Zwinger. Die **Johanniterburg Kühndorf**, auch als Schloss Kühndorf bezeichnet, wurde zwischen 1291 und 1315 vom Johanniterorden auf den Resten einer Vorgängerburg als Kastell aus zwei Breitwohntürmen errichtet. Die Grafen von Henneberg ließen sie ausbauen, eine Zwingeranlage errichten. Sie wurde zu deren Residenz.

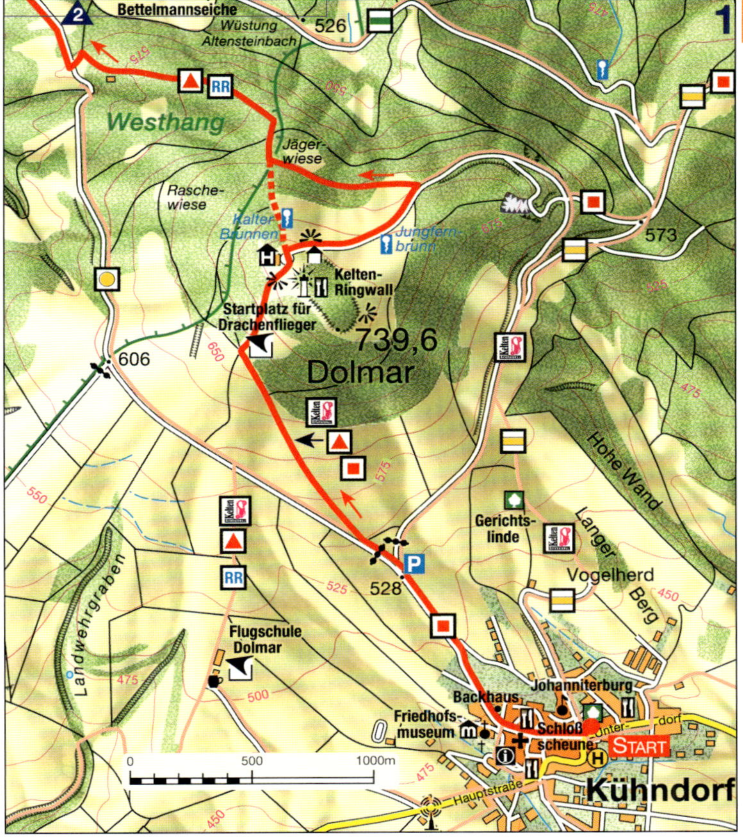

Nicht weit ist es zum **Friedhof** an der Dolmarstraße. Hier weckt die **Friedhofskapelle** mit dem **Friedhofsmuseum** unser Interesse.

Einmalige Zeugnisse der **Trauer- und Begräbniskultur** aus der Region vom 16. bis ins 20. Jahrhundert schauen wir uns an. Dazu gehören neben historischen Grabsteinen und Kreuzen vor allem die in Kühndorf üblichen Gedächtnistafeln und -schreine, Totenkronen und -kränze. Deren Bestand gilt als einzigartig in ganz Thüringen. Wir haben so etwas noch nie gesehen.

Nun beginnt die eigentliche Wanderung. Auf der **Dolmarstraße** verlassen wir den Ort. Vor uns und nicht zu verfehlen liegt das Aufstiegsziel Dolmar. 280 Höhenmeter sind zu bewältigen – etwas anstrengend wird es wohl werden. Bis hinauf zum Charlottenhaus ist die Orientierung ganz einfach: Wir folgen der Markierung ■ für den **Rennsteig-Dolmar-Weg**. Etwa ein Kilometer oberhalb des Ortes vor einer Rechtskurve zweigt der Wanderweg nach links ab, wenig später schwenkt er nach rechts.
Stetig steigend führt uns der Weg am Waldrand entlang. Spürbar vergrößert sich mit jedem Höhenmeter

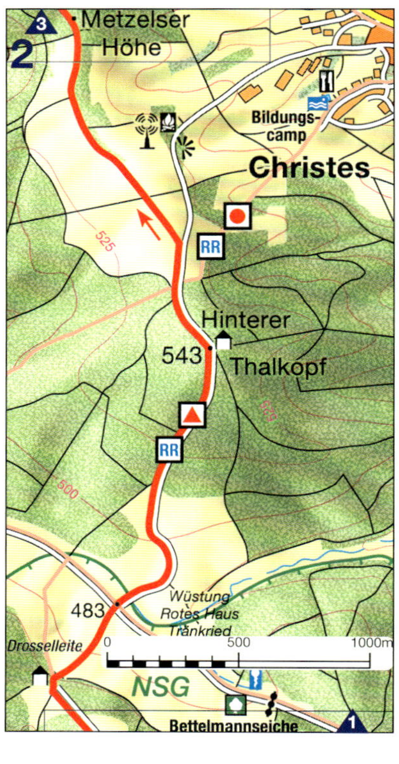

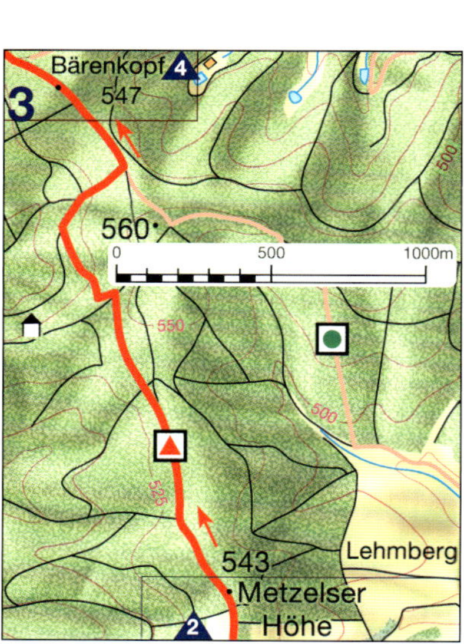

4
Bus-bahnhof
ZIEL
Hinter der Stadt
Stiller Tor
Kasseler Straße
Siechen-teiche
Gras-berg
439
Posteiche
Roßbach-hütte
Notstraße
Alter Postweg
Aktiv & Vital Hotel Thüringen
450
Herren-kuppe
522
Näherstiller Straße
Alte Schmalkalder Str.
Breitenbacher
GRUMBACH
48
0 500 1000m
450
Lindenberg
523
Petersgrund
54
Dreiherrenstein
Bärenkopf
547
3

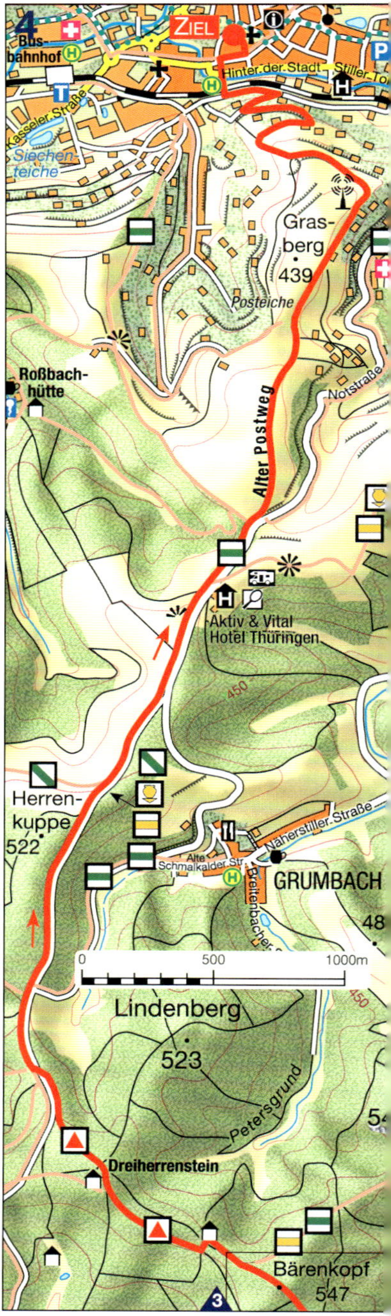

das Blickfeld über das Werratal, die Stadt Meiningen, das Grabfeld und die Rhön. Unter uns liegen das Örtchen Utendorf sowie die Gebäude der Ultraleicht- und Drachenflugschule. Der Schlussanstieg erweist sich als etwas Kräfte zehrend, umso größer sind unser Stolz und die berechtigte Freude, mit ein paar Schweißperlen auf der Stirn den Basaltgipfel bezwungen zu haben.
Wir stehen am **Charlottenhaus.**

Der 739,5 Meter hohe **Dolmar** entstand aus dem Rhönvulkanismus. Unter seiner Basaltkappe liegen Schichten aus Buntsandstein, Muschelkalk und Keuper.
Durch seine exponierte Lage ist er auch aus großer Entfernung gut auszumachen. Am Gipfel sind Reste eines keltischen Ringwalls zu sehen. Eng mit dem Berg verbunden ist die Geschichte des Segelfliegens und der Entwicklung der Benzin-Kettensägen. Die einmalige Rundsicht verschafft eine kleine Runde auf dem Wiesengelände. Von der Veste Coburg, über das Grabfeld, die Hohe Geba, den Kreuzberg, den Heidelstein, die Wasserkuppe, den Hohen Meisner, bis zum Großen Inselsberg reicht die umfangreiche Palette.
Im Jahr 1668 ließ Herzog Moritz von Sachsen-Zeitz auf dem Berg ein Jagdhaus erbauen. Es brannte später ab. Der Thüringerwald-Verein errichtete 1882 das **Charlottenhaus**, benannt nach Charlotte von Preußen, der Gemahlin des Meininger Herzogs, Bernhard III. Zu DDR-Zeiten wurde das Haus als Unterkunft für Flugschüler genutzt. Anfang der 1960er-Jahre übernahm die Sowjetarmee den gesamten Berg und riss das Haus ab. 1999 wurde auf den alten Fundamenten das neue Charlottenhaus errichtet.

Nur ca. 300 Meter sind es bis zum höchsten Punkt des Berges in südöstlicher Richtung. Von hier aus blicken wir auf den Großen Beerberg, den Kleinen Thüringer Wald, die Gleichberge, sogar der Ochsenkopf im Fichtelgebirge ist zu sehen. Das hat sich wahrlich gelohnt!

Und noch ein **Tipp**: Unbedingt sollte man den Turm des Charlottenhauses besteigen. Hier sind interessante Dokumente und Modelle zur Geschichte der Segelfliegerei am Dolmar ausgestellt.

Gut gestärkt nehmen wir den nächsten Wegabschnitt in Angriff und nutzen dafür den **Rhön-Rennsteig-Weg**. Das RR führt uns zunächst über ein Stück der Fahrstraße, zweigt dann nach links ab zur Drosselleite. Bei trockenem Wetter kann man auch den direkten, steilen Abstieg in nordwestlicher Richtung wählen. Aber Vorsicht: Wegen des Keuperbodens ist dieser Abschnitt bei Nässe rutschig und nicht ungefährlich! Nach dem ca. 400 Meter langen Steilstück trifft die Abkürzung wieder auf den RR-Weg. Bald öffnet sich der Wald und wir kommen zu einem breiten **Wirtschaftsweg**, der die Orte Utendorf und Metzels verbindet - rechts und links karge Wiesenflächen mit ihrer für den Muschelkalkboden typischen Flora: von der Küchenschelle im zeitigen Frühjahr, später die Orchideen Knabenkraut, Fliegenragwurz, Sitter, rotes und weißes Waldvöglein, Händelwurz. Der angrenzende Buchenmischwald duftet im Frühjahr würzig nach Bärlauch, Maiglöckchen zeigen ihre weißen Blüten. Türkenbundlilien und zahlreiche Anemonen führen den Blumenreigen weiter. Fransenenzian, Deutschen Enzian und viele Silberdisteln findet man im Spätsommer und im Herbst.
An der **Schutzhütte** vor der Drosselleite steigen wir nach rechts ab in den Wiesengrund. Von der Kreuzung führt ein asphaltiertes Wegstück zum Hinteren Thalkopf.

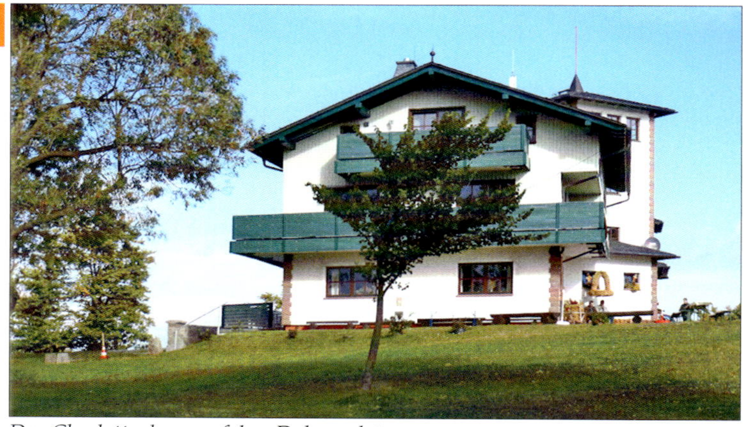

Das Charlottenhaus auf dem Dolmarplateau

Rechts liegt der **Tränkriedteich**, unweit davon die Wüstung Rotes Haus. Leicht steigt der Weg an bis zu einer **Schutzhütte**, von da an geht es nahezu eben weiter. Bald kommen wir zur **Metzelser Höhe**, einem unbewaldeten Buntsandsteinrücken - rechts einige Häuser von Christes und links einige von Metzels. Wir verlassen den RR-Weg, wandern auf dem breiten Bergrücken zwischen Weideflächen und immer dem roten Dreieck folgend. Es wird uns sicher bis nach Schmalkalden führen. Ohne nennenswerte Steigungen geht es am **Bärenkopf** vorbei bis zum **Dreiherrenstein**. An der bereits in den zwanziger Jahren des vorigen Jahrhunderts von Schmalkalder Wanderfreunden errichteten **Schutzhütte** rasten wir. Am Wegesrand die traurigen Überreste eines Dreiherrensteins – kaum noch als solcher erkennbar. Er trennte ehemals Kurhessen (KH), Sachsen-Meiningen (SM) und Preußen (KP) voneinander. Interessant zu wissen, dass nach dem Chronisten Geisthirt an dieser Stelle früher Straftäter zwischen den Herrschaftsgebieten ausgetauscht wurden.

Ein Stück **Hohlweg** folgt, dann weiter leicht bergab ein breiter **Wirtschaftsweg**. Wir sind auf der **Hohen Straße**, dem uralten Handelsweg zwischen der Region Würzburg/Frankfurt a. M. und Leipzig. Am Rand einer Waldwiese liegt die **Mergelgrube**, eine ehemalige Abbaustelle für Kalkmergel, den die Bauern früher auf ihre sauren Buntsandsteinböden zur Neutralisierung aufbrachten.

An der **Herrenkuppe** öffnet sich der Wald und gibt den Blick frei zum Pleß, ins Schmalkaldetal und zum Kamm des Thüringer Waldes. Am ehemaligen **Henneberger Haus** (jetzt Aktiv & Vital Hotel) folgen wir ca. 400 Meter der Notstraße, dann nehmen wir den nicht markierten **Alten Postweg**. Er biegt in nördlicher Richtung zum Grasberg ab, führt an der **Posteiche** und dem stählernen **Antennenturm** vorbei. Bald liegt uns die Altstadt von Schmalkalden zu Füßen.

Auch ohne Wegzeichen finden wir unser Tagesziel. Es geht stetig bergab. An der asphaltierten Straße halten wir uns links, unterqueren im **Fußgängertunnel** den **Bahnkörper**, kreuzen die Straße Hinter der Stadt, nehmen das kleine Tor durch die Stadtmauer und schon sind wir in der Schmalkalder Innenstadt. Unsere Tour geht am historischen **Altmarkt** zu Ende.

Rundwanderung auf idyllischen Wegen zum Bergsee, **dem** Postkartenmotiv des Thüringer Waldes; unterwegs prächtige Fernsichten; überwiegend breite Wege und schattig; teilweise Pfade und steile Auf- und Abstiege

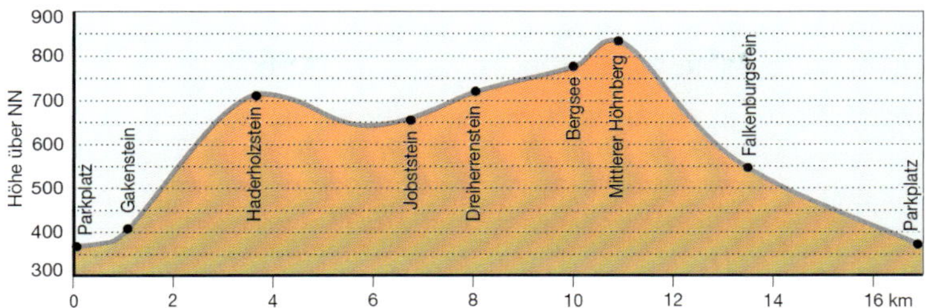

Anreise/Start/Ziel: Von Schmalkalden aus in Richtung Friedrichroda, in Seligenthal rechts zum Sportplatz abbiegen; aus Richtung Friedrichroda über Kleinschmalkalden nach Seligenthal, dort links abbiegen zum Sportplatz
Parken: Floh-Seligenthal am Sportplatz hinter dem Viadukt
Anforderungen: mittelschwer; 700 Höhenmeter; für Familien mit Kindern bedingt geeignet; beste Jahreszeit Frühjahr bis Herbst, im Winter nicht zu empfehlen
Streckenlänge: 17 km
Einkehr: Kiosk am Bergsee
Karten: Blatt 3 „Friedrichroda, Brotterode, Tabarz, Finsterbergen“, Blatt 5 „Schmalkalden, Steinbach-Hallenberg“ ↗ S. 141
Sehenswertes: Haderholzstein, Jobststein, Ebertswiese und Bergsee, Aussichtspunkt Mittlerer Höhnberg, Falkenburgstein

Wir starten am **Parkplatz** hinter dem **Eisenbahn-Viadukt** in den Haderholzgrund. Bereits wenige Meter nach den letzten Häusern stehen wir vor einem sehenswerten **Brunnen** mit seinem steinernen Brunnenkasten aus dem Jahre 1831, der von Buchen umsäumt ist. Eine **Bank** steht daneben und das Umfeld ist immer gepflegt. Viele Einheimische schwören auf die gute Qualität des Brunnenwassers. Wir folgen der **Forststraße** entlang der **Silge**, überqueren die vordere **Maßbrücke** und haben somit das Tor zum Haderholzgrund geöffnet. Wenig später kommen wir bereits zur hinteren Maßbrücke. Vor dem **Gakenstein**, einer Rhyolith-Kuppe, mündet von links kommend der **Weihersbach** in die Silge. Wer möchte, kann von hier aus den anspruchsvollen, steilen und direkten Anstieg zum Haderholzstein nehmen. Wir gehen weiter im Tal auf der **Forststraße**. Auffällig sind die imposanten Buchen, besonders an der rechten Wegseite. Nach ca. 500 Metern biegen wir nach links auf den mäßig ansteigenden **Promenadenweg** ab. Je höher wir kommen, umso deutlicher heben sich auf der gegenüberliegenden Talseite die drei markanten Höhnberge vom Horizont ab. Eine Schautafel lenkt unsere Aufmerksamkeit auf die **Münzhöhle**, die sich ein ganzes Stück oberhalb unseres Weges in einem der Porphyrfelsen befindet. Sie soll um das Jahr 1600 eine Falschmünzer-Werkstatt beherbergt haben.

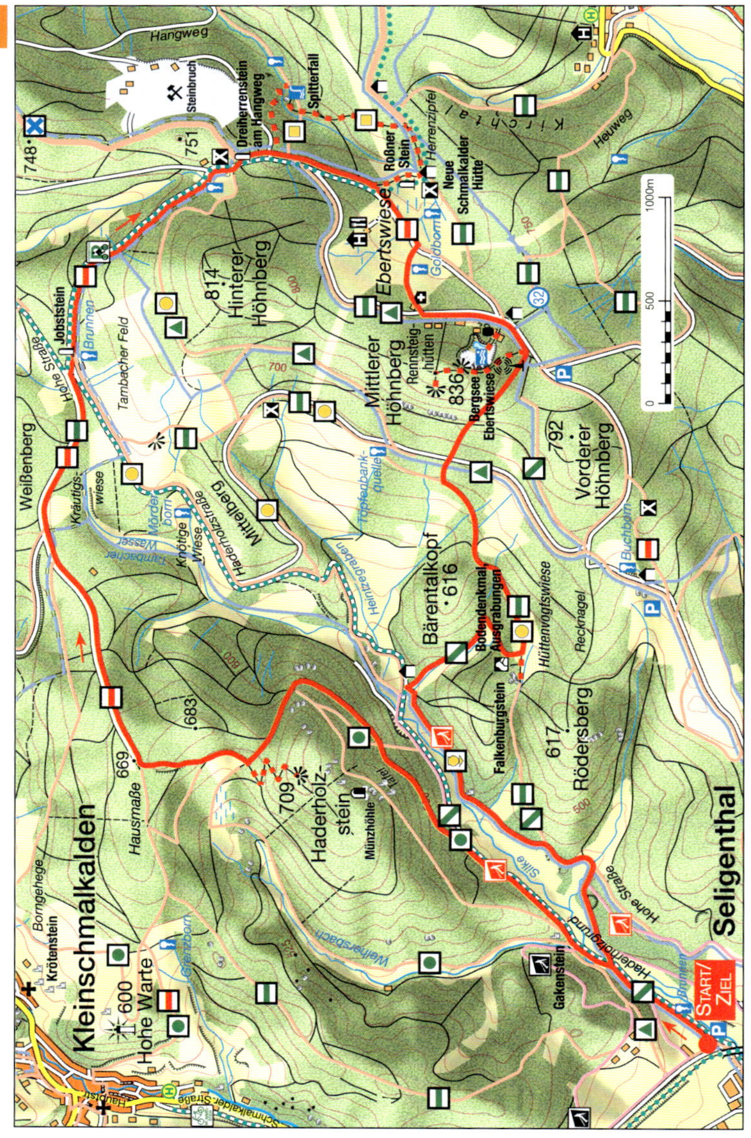

Unser weiterer Weg führt östlich und nördlich um den Gipfel des **Hadersholzsteins** herum. Wir ersteigen über einige Stufen und einem teilweise mit Geländer gesicherten Pfad den 713 Meter hohen Gipfel. Ein phänomenaler Ausblick nach 370 Höhenmetern ist unser Lohn. Wir rasten auf dem Felsmassiv am **Gipfelkreuz** und erfreuen uns an der Aussicht – eine der schönsten in dieser Region. Ein Großteil unserer Routenführung lässt sich von hier überblicken. Tief unter uns der Haderholzgrund, gegenüber die drei Höhnberge, die Täler von Schmalkalde und Werra sowie die Vorderrhön. Unmittelbar gegenüber der **Falkenburgstein**.

Der Sage nach thronte auf dem Haderholzstein die Tamburg und auf dem **Falkenburgstein** die Falkenburg. Beide Burgherren lagen in ständiger Fehde miteinander; sie „haderten um ihr Holz". Beide Kinder jedoch, der Tamburger Herrmann und die Falkenburger Irmhild liebten sich. Als Irmhild bei der Geburt ihres Kindes starb, stürzte sich ihr Geliebter Herrmann aus Verzweiflung in sein Schwert.
Von einer ehemaligen Burganlage auf den Haderholzstein ist allerdings urkundlich nichts bekannt, auch sind keinerlei Zeugnisse ehemaliger Bautätigkeit am Fels oder im Gelände gefunden worden. Das Felsmassiv besteht aus einem dichten vulkanischen Gestein, dem sogenannten Haderholzporphyr. Der Name Haderholz deutet auf Zwistigkeiten um Besitz und Nutzungsrechte zwischen den hier benachbarten Herrschaften von Sachsen, Hessen und Henneberg hin.

Wir tragen uns noch in das ausgelegte Gipfelbuch ein und beginnen mit dem Abstieg – zunächst auf dem gleichen serpentinenartigen Pfad wie beim Aufstieg.
An der **Wegekreuzung** wandern wir geradeaus zum **Plattenbruch** an der Hausmaße. Früher wurden hier aus dem graugrünen, festen Sandstein sogenannte „Waldplatten" abgebaut, die in der Region als Baumaterial Verwendung fanden.
Die bisherige Wegführung ist identisch mit der blauen Markierung der Geo-Park-Route. Ab jetzt folgen wir der Markierung ▭, kommen an der **Kräutigswiese** vorbei und gelangen zum oberen Ende des Haderholzgrundes, der Jungviehweide am Tambacher Feld. Am Wegrand steht der nicht zu übersehende **Jobststein.**

Der **Jobststein** trägt die Inschrift „Vom Leben zum Tode war ein Schritt. Von vier Freunden ist dieses Denkmal gestiftet für den gewesenen Herrn Bürgermeister Johs. Jobst zu Seligenthal, welcher sein Leben hier durch einen Schlagfluß plötzlich endete, d. 26. Septbr. 1836. Sehr schnell riß dich der Tod aus unsrer Mitte, der Thränen-Quell floß stark, und keine Bitte vermochten dich, ins Leben hier zu bringen. Drum wachet doch! Der Tod wird durch uns alle tringen. G.M."

Weiter auf dem Weg kommen wir zu einem **Pirschhaus**; unweit davon lädt die Ruhebank, dahinter die Frauengrabenquelle, zum Rasten ein. Nur wenige Meter sind es bis zum **Dreiherrenstein am Hangweg**. Dieser Dreiherrenstein war von 1572–1641 Grenzstein zwischen Henneberg-Hessen, Sachsen-Coburg-Gotha und Sachsen-Weimar-Eisenach. Nur ein kurzes Wegstück auf dem Rennsteig und wir erreichen den „Springenden Löwen", die Nachbildung eines Grenzsteins aus dem Jahr 1690 zwischen der Landgrafschaft Hessen und dem Herzogtum Sachsen-Coburg-Gotha. Er steht unmittelbar neben dem **Löwenborn**. Das Original wurde im Februar 1990 gestohlen.

Abstecher:
Empfehlenswert ist von dort aus der kurze Abstecher zum **Spitterfall**. Ein zunehmend steiler Pfad führt zu dem mit ca. 20 m höchsten natürlichen Wasserfall Thüringens aus vier Kaskaden. Zurück nimmt man am besten den sanft ansteigenden Weg entlang der Spitter direkt zur Ebertswiese. Dazu muss man sich oberhalb des Spitterfalls links halten.

Wir verlassen den Rennsteig an der **Ebertswiese** und überqueren das teilweise sumpfige Areal hinter dem Berghotel auf einem durch Bohlen gesicherten Pfad.

Die **Ebertswiese** gehört mit ihren 24 ha zu den schönsten Bergwiesen des Thüringer Waldes. Sie ist durch Rodung entstanden und wurde möglicherweise nach dem Rodungsherrn Eberhard, dem ersten Abt des Klosters Georgenthal, benannt. Früher konnte sie nur auf einem Knüppeldamm betreten oder befahren werden, da sie sehr sumpfig war. Ihr nährstoffreicher Boden und das kühle, niederschlagsreiche Klima sorgen für eine vielfältige und abwechslungsreiche Vegetation. Im Mai/Juni gedeihen dort u.a. prächtige Orchideen, Trollblumen und Wollgras. Bemerkenswert sind auch die Vorkommen von seltenen Vogelarten, wie Braunkehlchen und Bekassinen. Wegen ihres großen kulturhistorischen Wertes wurde die Ebertswiese bereits 1936 unter Schutz gestellt.

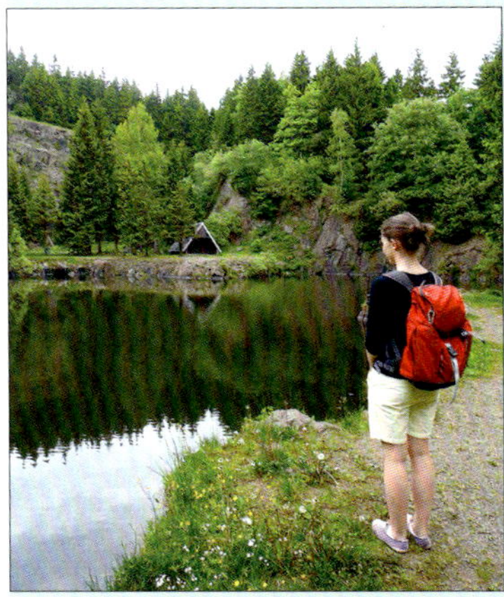

Am Bergsee Ebertswiese

Vorbei an der **Bergwachthütte** und einigen Wanderhütten gehen wir jetzt auf breitem Weg zum **Bergsee**. Malerisch eingerahmt von 30 m hohen Felsen eines ehemaligen Doleritsteinbruchs entstand ein Badesee – ein traumhaftes Panorama! **Sitzbänke** und der Kiosk laden zu ausgiebiger Rast ein.

Wieder zurück und am Kiosk vorbei halten wir uns rechts und steigen auf dem **Naturlehrpfad** am Rand des Bergsees (Markierung) zum Gipfel des 835 Meter hohen Mittleren Höhnbergs auf. Auch von oben ist der See herrlich anzuschauen. Ca. 100 m nördlich vom Gipfel haben wir oberhalb des Geröllfeldes einen einmaligen Ausblick auf den Großen Inselsberg, den Mommelstein und andere Berge. Unter uns liegt der Haderholzgrund, am Gegenhang der wuchtige Haderholzstein. Weit geht der Blick bis ins Werratal und in die Rhön.

Wir nehmen zunächst den gleichen Weg zurück, halten uns dann aber rechts, der Markierung folgend. Der Pfad führt mitunter steil hinab in den Haderholzgrund. Wir überqueren die **Töpfebankstraße** und stoßen beim weiteren Abstieg auf die **Hohe Straße**, eine uralte Handelsstraße über den Rennsteig. Ihr folgen wir zum Bärental. Nach der **Falkenburgswiese** versäumen wir aber nicht, die Überreste der sagenumwobenen **Falkenburg** zu besichtigen. Eine Tafel weist darauf hin. Vor dem steilen Porphyrfelsen hebt sich die Wallanlage deutlich vom Boden ab.

Auf dem breiten Fahrweg geht es nun hinab ins **Bärental**. Unmittelbar an der **Schutzhütte**, fast im Talgrund, überqueren wir den Bach und folgen nach links dem Wegweiser zur Siddelheide. Meist am Waldrand entlang, oberhalb der Wiesen wandern wir wieder zurück zum „Tor des Haderholzgrundes". Noch einmal vorbei an dem sehenswerten **Brunnen** geht die eindrucksvolle **Haderholzrunde** am Parkplatz zu Ende.

16. Auf uralten Wegen zur Neuhöfer Wiese

Abwechslungsreiche Rundwanderung mit zwei Abstechern; fast ausschließlich gut begehbare Waldwege; meist schattig; viele schöne Aussichtspunkte und Rastmöglichkeiten.

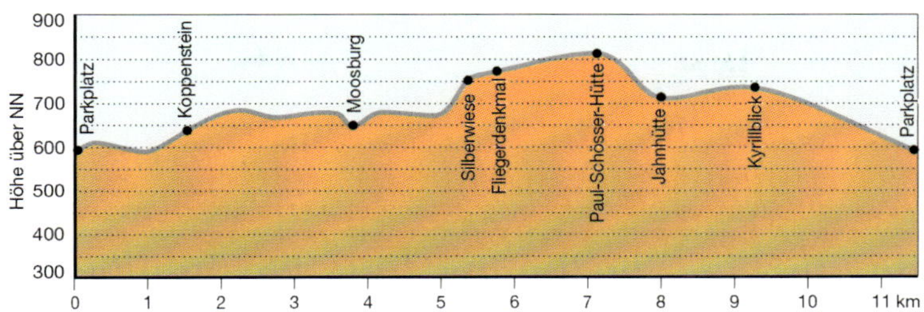

Anreise/Start/Ziel: Von Schmalkalden kommend über Asbach Richtung Rotterode; von Steinbach-Hallenberg kommend über Rotterode Richtung Asbach
Parken: Rotteroder Höhe
Anforderungen: mittel, 11,5 km; für Familien mit Kindern gut geeignet
Streckenlänge: 11,5 km
Einkehr: Jahnhütte: am Wochenende bewirtschaftet, Übernachtungsmöglichkeiten nach Anmeldung
Karte: Blatt 5 „Schmalkalden, Steinbach-Hallenberg“ ↗ S. 141
Sehenswertes: Kletterfelsen Koppenstein, Moosburg, Silberwiese, Neuhöfer Wiese, Kyrillblick

Der **Wanderparkplatz Rotteroder Höhe** liegt auf einer Anhöhe nur wenige hundert Meter oberhalb des Ortsrandes von Rotterode. Der Hauptkamm des Thüringer Waldes und der Rennsteig sind nur 3,5 Kilometer entfernt. Ein großer Gabelwegweiser hilft uns, die vielen Sichtziele zu deuten. Weit reicht der Blick zum Großen Hermannsberg und dem Knüllfeld im Osten, über die beiden Gleichberge und den Dolmar im Süden, die Asbacher Berge im Südwesten, den Großen Gieselsberg, den Mittelberg und die Kammerkuppe im Westen.

Zunächst benutzen wir den breiten Wirtschaftsweg, der als **„Tambacher Straße“** zum Rennsteig führt. Am Waldrand schwenkt dieser nach links. Wir bleiben aber geradeaus, nehmen den ansteigenden Weg und erreichen bald darauf die freie Fläche vor einem ehemaligen Steinbruch. An der **Wegegabelung** halten wir uns rechts in östlicher Richtung, abwärts immer am Waldrand entlang. Unter uns liegen die Häuser von Rotterode. Nach etwa einem Kilometer schwenkt der Wanderweg nach Norden und wir biegen ein in das reizvolle **Moosbachtal**, bleiben dabei aber immer noch etwa 100 Höhenmeter über dem Talgrund. Der Weg steigt jetzt wieder allmählich an. Bald erreichen wir den rechter Hand liegenden **Koppenstein**. Mit seinen 37 Metern Höhe bietet der freistehende Porphyrfelsen den Kletterern ideale Bedingungen zur Ausübung ihres Sports in verschiedenen Schwierigkeitsgraden.

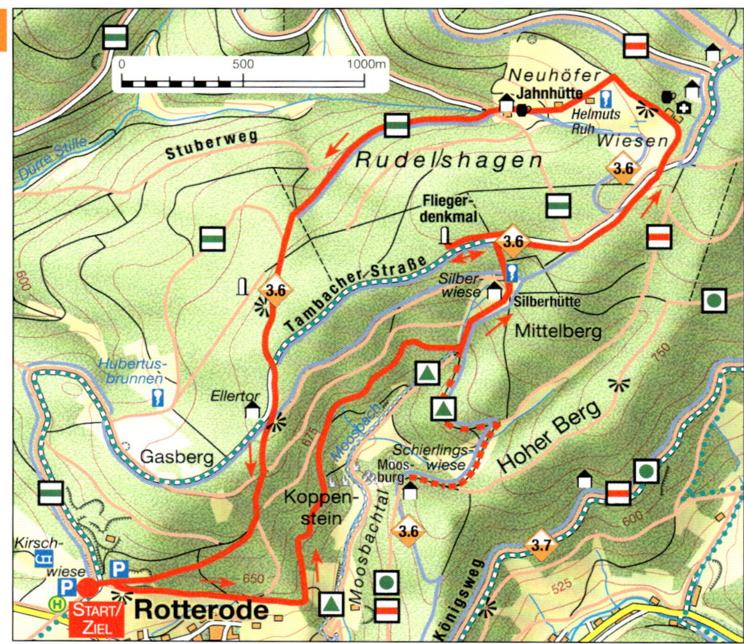

Wir folgen weiter dem ansteigenden Weg. Am Ende des Tales stehen wir direkt unterhalb der Silberwiese.

Abstecher zur sagenumwobenen Moosburg: Wir folgen dazu dem Wegweiser, der uns in südlicher Richtung zunächst zur **Schierlingswiese** leitet. Dies ist eine idyllische Bergwiese mit einer typischen Flora, darunter der Bärwurz, eine alte Heilpflanze. Wir überqueren einen schmalen, munter plätschernden Bach, dessen Quelle ca. 300 Meter oberhalb liegt. An der folgenden **Kreuzung** halten wir uns rechts und bald stehen wir vor der geschichtsträchtigen **Moosburg**, auch „Wüstes Schloss" genannt. Es ist als Flächennaturdenkmal ausgewiesen. Wir durchqueren Reste des alten Wallgrabens und besteigen über gehauene Stufen den von dichtem Grün umgebenen Porphyrfelsen. Von oben blicken wir ins Moosbachtal und in Richtung des Rennsteigs zur Silberwiese.

Die **Moosburg** sicherte bereits im 12. Jahrhundert den wichtigen Handelsweg „Hohe Straße", der Franken mit Thüringen verband und hier vorbeiführte. Auf dem acht Meter hohen Felsstock, der zum Tal hin 15 Meter steil abstürzt, befand sich das bescheidene Hauptgebäude. Der Zugang erfolgte über Stufen von der dem Berg zugewandten Seite. Erstmalig urkundlich erwähnt wurde die Burg im 13. Jahrhundert. Durch zunehmende Verlagerung der Handelswege in die Täler wurde auch diese Schutzburg überflüssig. Es kam zu Fehden zwischen den Moosburgern und den Hennebergern. 1314 ließ Berthold VII. von Henneberg-Schleusingen das „hus zu Moseburg" zerstören. Die Moosburg wurde später wahrscheinlich auch nicht wieder aufgebaut.

Die Sage berichtet über die Moosburg Folgendes:
Die Ritter der Moosburg gaben ursprünglich den Reisenden durch das Moosbachtal Schutz und Geleit. Späterhin wurden sie aber zu Räubern und Wegelagerern, die keinen der reichen Handelsreisenden ungerupft vorüberziehen ließen. Vergeblich versuchten die Grafen von Hallenburg und Ruppberg, das Raubritternest zu belagern und zu erstürmen – bis sie zu einer List griffen. Eines Tages fuhr wieder ein Wagenzug mit mächtigen Weinfässern beladen durch das Moosbachtal. Als er in die Nähe der Burg kam, stürzten die Räuber darauf los. Die Handelsleute flohen in den Wald und die Moosburger brachten den Raub jubelnd auf die Burg. Als es aber Nacht wurde, verwandelte sich der Wein plötzlich in Kriegsknechte. Diese krochen in aller Stille aus ihren Verstecken und öffneten den inzwischen an die Burg herangerückten Belagerern das Tor. Noch ehe die Räuber recht zu sich kamen, steckten die Belagerer das Raubritternest in Brand und zerstörten es. Ein Teil der Rotte, dem Gnade zuteil wurde, baute darauf das Dörfchen Rotterode.

Auf dem gleichen Weg gehen wir ca. 1,3 Kilometer zurück, bis wir wieder unterhalb der **Silberwiese** ankommen.

Nach dem Abstecher warten nun einige Höhemeter auf uns. Dazu folgen wir dem am östlichen Wiesenrand verlaufenden Fußpfad.

Ein Schild weist uns darauf hin, dass die Silberwiese als Flächennaturdenkmal ausgewiesen ist. Auf ihr gedeiht die unter Naturschutz stehende, gelb blühende Arnika. Inmitten der Wiese liegt die **Silberhütte**, das Domizil der Rotteroder Wintersportler – alles sehr sauber und gepflegt, aber nicht bewirtschaftet. Davor stehen Bänke, die zur Rast einladen. Wir nutzen die Gelegenheit, stärken uns aus dem Rucksack und erfreuen uns an der schönen Aussicht. Vor allem der Arzberg und der Dolmar sind markante Sichtziele. Auch die Hohe Geba und der Kreuzberg sind zu sehen. Unterhalb der Hütte spendet eine Quelle frisches Wasser.

Weiter geht die Tour: Am Waldrand oberhalb der Hütte halten wir uns etwas links und kommen zur **Tambacher Straße**.

Im Mittelalter war die **Tambacher Straße** unter dem Namen „altam stratam" eine wichtige Handelsroute, die über den Kamm des Thüringer Waldes führte und so Thüringen mit Franken verband.

Hier biegen wir nach links ab, folgen dem Weg etwa 200 Meter. Dann zeigt ein Wegweiser „Fliegerdenkmal" unvermittelt nach rechts direkt in den Wald.

Wir durchqueren einige alte Hohlwege und stehen nach ca. 100 Metern vor einer kleinen aus Steinen errichteten **Gedenkstätte**. Der In-

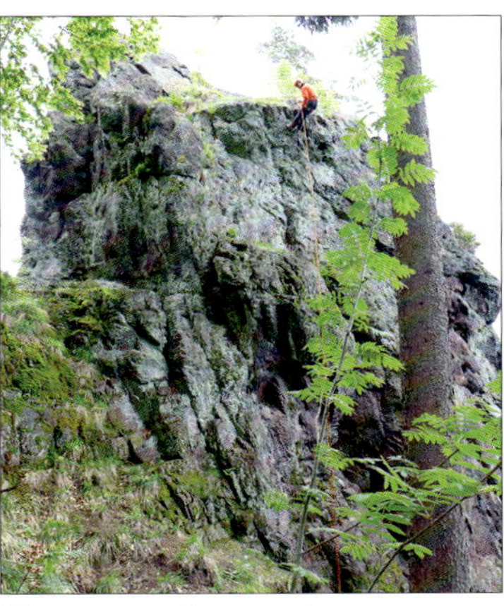

Kletterer am Koppenstein.

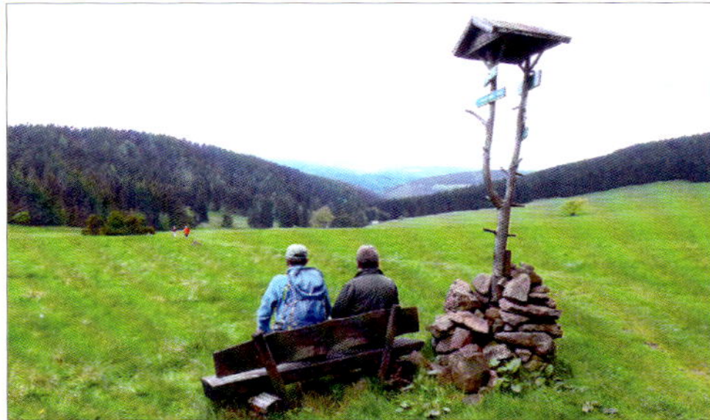

Neuhöfer Wiese - weit reicht der Blick.

schrift auf der eingelassenen Metallplatte ist zu entnehmen, dass an dieser Stelle am 21. Mai 1937 ein Flugzeug der deutschen Wehrmacht abstürzte und dabei sieben Soldaten den Tod fanden. Nachdenklich gestimmt, kehren wir zur **Tambacher Straße** zurück und wandern auf ihr weiter bergauf in Richtung Rennsteig. Gleichmäßig steigt der bequeme Weg an. Bald lichtet sich der Wald und wir stehen am Rand der **Neuhöfer Wiese**. Zielstrebig steuern wir die **„Paul-Schlösser-Hütte“** an, das Domizil der Rotteroder Bergwacht und mit 812 Meter der höchste Punkt unserer Wanderung.

Bis in die zweite Hälfte des 16. Jahrhunderts stand hier der zur Schmalkalder Wilhelmsburg gehörige herrschaftliche Viehhof **„Bloße Leube“**, gleichzeitig Ausspannstelle an der Hohen Straße. Etwa in dieser Zeit wurde unweit davon ein neuer Hof errichtet, auch er als herrschaftlicher Viehhof und Ausspanne. Er gab der Waldwiese ihren Namen. Zu Beginn des 19. Jahrhunderts wurden alle Gebäude abgerissen.

Wir legen eine Rast ein und genießen die tolle Fernsicht nach Westen und Südwesten. Die Rhön, die Asbacher Berge und das Schmalkaldetal lassen grüßen.
Weiter führt unser Weg zunächst in nordöstlicher Richtung am Waldrand entlang bis zu einem Wegweiser und einer Ruhebank neben einem aufgeschichteten Steinhaufen. Dann geht es bergab, der Markierung folgend quer über die Wiese, vorbei an **„Helmuts Ruh“**, einer kleinen Hütte und einer Quelle. Vor uns liegt die **Jahnhütte**, das Domizil des Schmalkalder Wandervereins „Turnvater Jahn“, ein wahrer Ort herzlicher Gastlichkeit für Natur- und Wanderfreunde. Eine Einkehr ist hier fast Pflicht!
Gut gestärkt wandern wir weiter. Dazu nehmen wir den **Wirtschaftsweg** auf der linken Seite des steil abfallenden Tals der Dürren Stille. Am Aussichtspunkt **„Kyrillblick“** halten wir noch einmal inne.

Der unheilvolle **Orkan** hatte hier im Januar 2007 ganze Arbeit geleistet. Das Positive daran: Weit reicht jetzt der Blick in westlicher Richtung vom Pleß in der Vorderrhön mit seinem markanten Turm über den Großen Gieselsberg, den Mittelberg, die Kammerkuppe bis zum Seimberg bei Brotterode.

Wenig später erreichen wir erneut die **Tambacher Straße**. Ihr folgen wir ein kurzes Stück bis zu der Wegegabelung **„Ellertor“** mit der daneben stehenden Schutzhütte. Wir legen eine letzte kleine Pause ein, nehmen dann den in südlicher Richtung abzweigenden Weg. Ab jetzt ständig absteigend, überqueren wir zwei Waldwege. An der dritten Abzweigung halten wir uns rechts und erreichen bald darauf wieder das ehemalige Steinbruchgelände. Nun ist es nicht mehr weit bis zum **Parkplatz** an der Rotteroder Höhe.

Sehr abwechslungsreiche Rundtour durch drei malerische Täler, vorbei an zwei Talsperren; imposante Felsformationen; mehrere Panoramablicke; vorrangig gut begehbare Waldwege. Außerdem werden wir eine wildromantische Klamm besuchen.

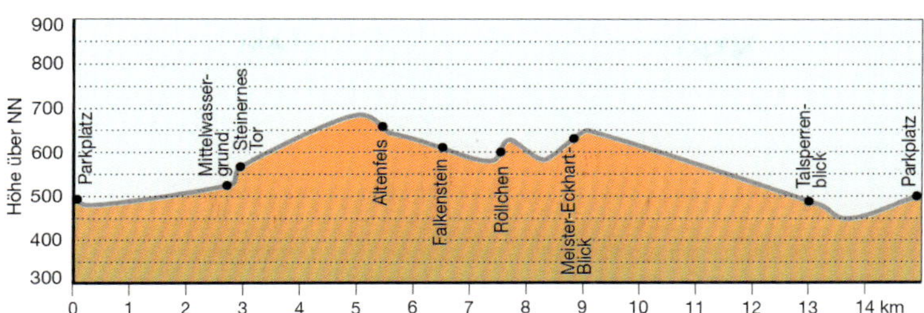

Anreise/Start/Ziel: Von A4 über Georgenthal nach Tambach-Dietharz, in Richtung Schmalkalden vor Ortsausgang links abbiegen auf Apfelstädter Straße; von Schmalkalden auf der L1028 kommend nach Ortseingang Tambach-Dietharz rechts abbiegen
Parken: am Sportplatz im Stadtteil Tambach
Anforderungen: mittelschwer; 15 Kilometer; 510 Höhenmeter; Abstecher bei Nässe nicht ungefährlich! Ohne Abstecher zu Altenfels und Röllchen 14 Kilometer, dann weniger anspruchsvoll bei 420 Höhenmetern
Streckenlänge: 15 km
Einkehr: Bergwachthütte am Falkenstein (Mai–Oktober am Wochenende), Gaststätten im Ort
Karte: Blatt 3 „Friedrichroda, Brotterode, Tabarz, Finsterbergen", Blatt 6 „Oberhof und Zella-Mehlis", Wanderkarte „Mittlerer Thüringer Wald" ↗ S. 141
Sehenswertes: Zwei Talsperren, idyllischer Mittelwassergrund mit Köhlerhütte und Teich, Steinernes Tor, Altenstein, imposanter Kletterfelsen Falkenstein, wildromantische Klamm „Röllchen"
Empfehlungen: Führung zur Alten Tambacher Talsperre Mai bis Oktober jeden Mittwoch 14 Uhr mit Besichtigung des technischen Denkmals „Sägewerk" oder Sonntag 14 Uhr und 15 Uhr nur Talsperrenführung. Buchung von Sonderführungen ist über die Touristinformation Tambach-Dietharz möglich. Die Schmalwassertalsperre mit ihrer Staumauer kann man jederzeit ungehindert besichtigen.

Unsere Wanderung beginnt am **Sportplatz**. Wir haben unseren Rucksack kaum festgeschnallt und sind nur wenige Meter in Richtung Apfelstädtgrund gelaufen, da treffen wir bereits auf eine botanische Sensation. Wir stehen vor einer gewaltigen **200-jährigen Fichte** mit einem Stammumfang von 3,90 Meter. Stolz steht sie am Wegesrand oberhalb der Alten Tambacher Talsperre. Gleich darauf erreichen wir die **Wagenstädter Brücke**, blicken links auf den Einlauf der Talsperre, rechts ins wunderschöne Tal der Apfelstädt.

Die **Alte Tambacher Talsperre**, auch unter dem Namen Gothaer Talsperre bekannt, gilt als die älteste im Thüringer Wald. Sie wurde in den Jahren

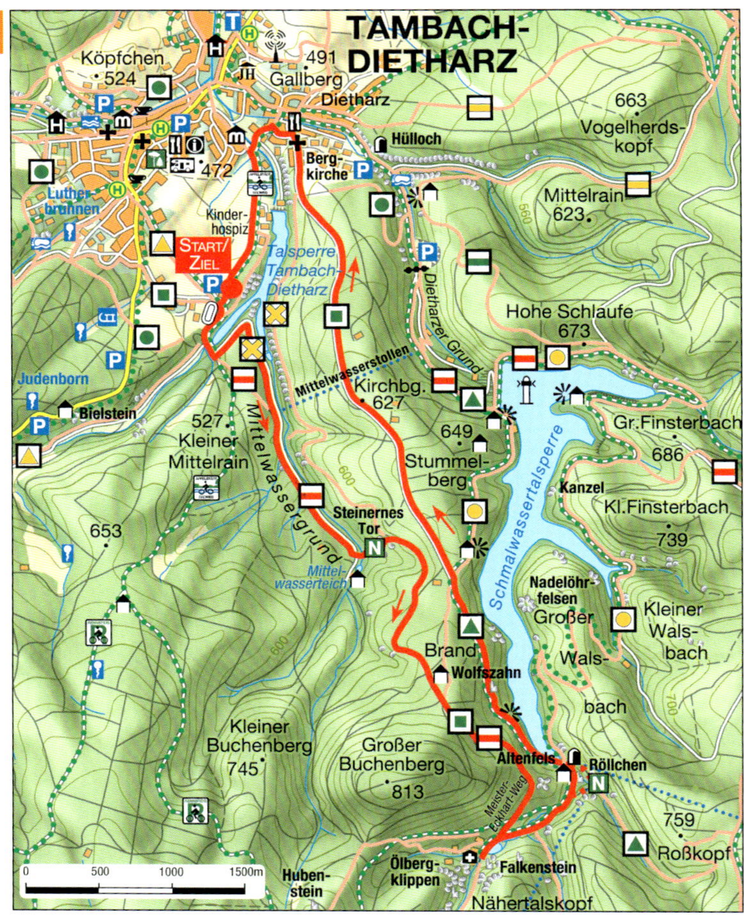

1902 bis 1905 zur Trinkwasserversorgung Gothas konzipiert und gebaut. Die 22 Meter hohe Bogengewichtsmauer staut bis zu 775.000 Kubikmeter Wasser.

Immer die Talsperre im Blick, biegen wir scharf links ab und erreichen bald den **Mittelwassergrund**, in den der zweite Arm der Talsperre reicht. Vorbei am **Überleitungsstollen**, welcher von der Schmalwassertalsperre Wasser herüber leitet (ab jetzt orientieren wir uns am roten Querbalken), eröffnet sich uns ein malerisches Tal. Bald liegt der **Mittelwasserteich** vor uns. Bereits im 16. Jahrhundert wurde er angelegt, um mit seinem Wasser Scheitholz flößen zu können. Gleich dahinter hat die Stadt Tambach-Dietharz einen idyllischen **Rastplatz** anlegen lassen. Eine urige Köhlerhütte mit begrüntem Dach gehört ebenso dazu wie ein fest installierter Grillrost und ausreichend Sitzgelegenheiten – ein geeigneter Rastplatz, um mitge-

brachte Thüringer Rostbratwürste zu grillen.
Über den **Teichdamm** folgen wir einem allmählich ansteigenden Pfad. Eine kleine Lichtung tut sich auf, bevor wir in den dunklen Fichtenwald eintauchen. Steil ist der Weg, aber lohnenswert. Staunend stehen wir vor dem **Naturdenkmal „Steinernes Tor“**, einer breiten, übermannshohen Öffnung im harten Konglomeratfelsen, wahrscheinlich durch Auswaschung entstanden.

Weiter geht es den Hang hinauf, teilweise auf angelegten Stufen. Oben angekommen, halten wir uns auf dem gut ausgebauten Waldweg rechts und erreichen bald die **Schutzhütte** an der **Wegekreuzung Buchenbergstein**. Uns fällt sofort die angelegte Ebereschenallee auf, die sich von den sonst vorherrschenden Fichten deutlich abhebt.
Am Wegweiser ist bereits unser nächstes Teilziel ausgewiesen, das **Bodendenkmal Altenfels**. Wir erreichen es über den **Meister-Eckhart-Weg**.

Achtung:
Der kleine **Abstecher** zu dem einstigen Standort einer mittelalterlichen Burganlage ist lohnenswert. Oben erwartet uns eine herrliche Rundumsicht. Die Schmalwassertalsperre und der Falkenstein bieten sich als Fotomotiv an. Für den Aufstieg zum Altenfels ist unbedingt festes Schuhwerk erforderlich. Selbst bei trockenem Wetter ist es nicht ganz ungefährlich.

Auf dem **Altenfels** befand sich das „Castrum Walinvels“, eine Zoll- und Geleitstelle an der mittelalterlichen Handelsstraße „communis strata“. Einer der Burgvögte war um das Jahr 1260 Ritter Eckhart von Hochheim, Vater des wahrscheinlich in Tambach geborenen, später berühmt gewordenen Theologen und Philosophen „Meister Eckhart“. Das Castrum verfiel im 14. Jahrhundert infolge der veränderten Wegeführung der Handelsrouten über den Thüringer Wald. Bis zum Ende des 19. Jahrhunderts wurde das behauene Trümmermaterial abtransportiert und in Dietharz als Baumaterial verwendet. Nach anderen Theorien liegt die Ursache für den Verfall in einem Erdbeben, das im Jahr 1365 in der Ortschronik erwähnt wird.

Zurück vom Abstecher folgen wir dem Weg weiter leicht bergab, überqueren einen asphaltierten Waldweg und kommen zum **Falkensteinteich**. Mit seinem klaren Wasser, den Fichten und Buchen, die ihn umsäumen und sich im Wasser spiegeln und dem hoch aufragenden Falkenstein im Hintergrund, bietet er uns ein idyllisches Panorama.
Nun ist es nur noch ein kleines Wegstück und wir stehen vor der **Hütte** der Tambacher Bergwacht. Im Hintergrund ragt der wuchtige **Falkenstein** steil empor.

Mit seinen 96 Metern ist der massige, stark überhängende Porphyrkoloss **Falkenstein** der höchste freistehende Kletterfelsen Thüringens. Auf ca. 60 verschiedenen Routen in allen Schwierigkeitsgraden können ihn die Kletterer bezwingen. An Sommerwochenenden sind sie fast immer zu beobachten. Erstmals wurde der mit einem Kreuz gekrönte Gipfel im Jahr 1852 von dem Tambacher Glasmacher Jacob Zimmermann bestiegen.

Wir nehmen uns ausgiebig Zeit zur Rast, sitzen vor der Bergwachthütte, erfreuen uns am plätschernden Wasser des kleinen Brunnens, an den Blüten des Breitblättrigen Knabenkrauts auf der Wiese und beobachten auf der anderen Seite die unerschrockenen Kletterer.

Ausgeruht und gut gestärkt, treten wir den Rückweg an. Unser Weg führt wieder am Teich vorbei, aber jetzt geradeaus weiter bergab. Erneut erwartet uns rechts des Weges eine imposante Felsszenerie – der **Jägerstein**. Nur ein kurzes Stück ist es zur **Schutzhütte** am **Röllchen**, rechts liegt die Messstation für die Schmalwassertalsperre.

Den **Abstecher** ins weithin bekannte **Flächennaturdenkmal „Röllchen"** lassen wir uns nicht nehmen. Vorbei an den Mundlöchern von Haselbachstollen und Schmalwasserstollen steigen wir ein in eine wildromantische Klamm, die eigentlich so im Mittelgebirge nicht vorkommt. Je weiter wir aufsteigen, desto enger wird das Tal, gigantischer die Felswände, aber auch schwieriger und rutschiger der Pfad. Felsstufen und kleine Rinnsale erschweren den Aufstieg. Hier ist festes Schuhwerk unbedingt vonnöten. Absolut trittsicher muss man auch sein – nichts für Angsthasen! Oben angekommen, halten wir uns rechts und erreichen nach wenigen Minuten wieder die Schutzhütte.

Nach dieser kleinen Schleife gehen wir auf dem asphaltierten Weg weiter. An der Stauwurzel der **Schmalwassertalsperre** links vorbei steigt der Weg wieder an. Am **Meister-Eckhart-Blick** halten wir inne und genießen den wundervollen Ausblick auf die Schmalwassertalsperre. Für uns ist kaum vorstellbar, dass früher einmal die Oberhofer Straße genau da entlang führte, wo heute bis zu 21 Millionen Kubikmeter Wasser gestaut werden.

Der Weg steigt weiter allmählich an, später geht es fast eben zu einer markanten **Wegekreuzung** mit einem großen Wegweiser und einer Übersichtskarte. Linker Hand liegt eine Wiese. Von nun an folgen wir wieder dem grünen Quadrat auf dem Meister-Eckhart-Weg zum **Kirchberg**. Beständig abwärts führt der Waldweg zum Ortsteil Dietharz. Kurz vor den ersten Häusern machen wir noch einmal einen ganz kleinen **Abstecher** nach links und erblicken unter uns die **Staumauer** und den Überlauf der über 100-jährigen **Tambacher Talsperre**. Wieder zurück geht es in den Ort hinunter. Wir orientieren uns nach links und erreichen über die **Talsperrenstraße** am Waldrand entlang den **Parkplatz** am Sportplatz – den Ausgangspunkt unserer Erlebnistour.

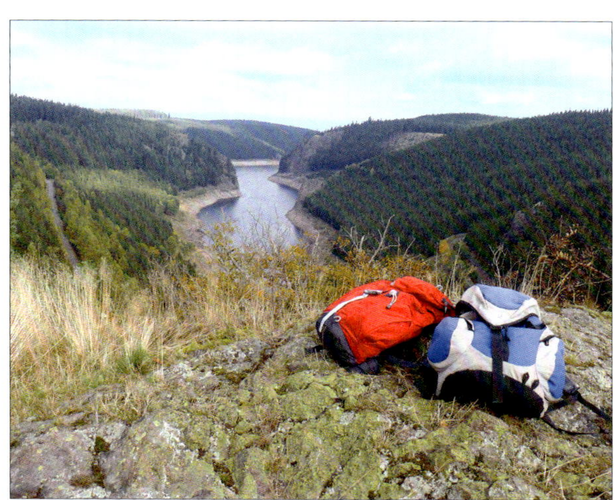

Blick vom Altenfels auf die Schmalwassertalsperre

Mittelschwere Rundwanderung durch ein wenig frequentiertes Waldgebiet in mittlerer Höhenlage auf zum Teil unzureichend markierten Waldwegen und Forststraßen. Ausblicke über das nördliche Vorland des Thüringer Waldes und zu seinen höchsten Gipfeln bei Oberhof, naturbelassene Pfade an Felsgruppen vorbei und ein Wanderweg, der einen alten Floßgraben durch einen Felsen hindurch nutzt, machen die Wanderung interessant und erlebnisreich.

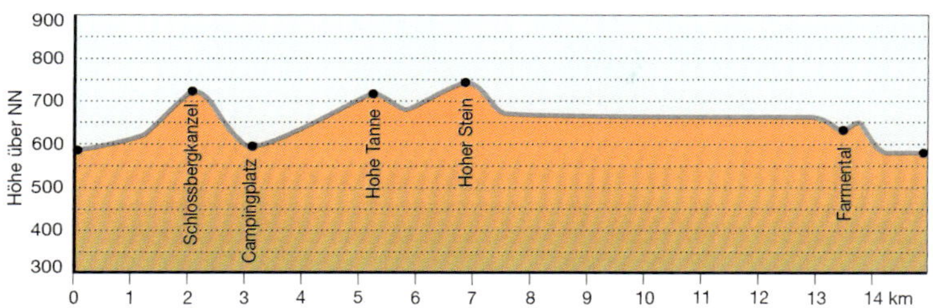

Anreise/Start/Ziel:. A 71, Abfahrt Geraberg, auf der B 88 bis Frankenhain und weiter auf Ortsstraße zur Lütschetalsperre
Parken: Parkplatz an der westlichen Spitze des Stausees
Anforderungen: Die mittelschwere Wanderung stellt keine besonderen Anforderungen an Kondition und Schwindelfreiheit. Lediglich am Anfang ist der Aufstieg auf die Schlossbergkanzel etwas anstrengend. Bei Nässe ist im Bereich der Felsen am Hohen Stein Vorsicht geboten. Da die Strecke nicht immer aktuell markiert ist, sollten Karte und Wegbeschreibung genutzt werden. ca. 100 Höhenmeter. Eine Taschenlampe wird empfohlen.
Streckenlänge: 15,1 km, mit Abkürzung: 9,7 km
Einkehr: Café und Restaurant „Am Lütschestausee“
Karte: Blatt 6 „Oberhof und Zella-Mehlis“ ↗ S. 141
Sehenswertes: Stausee, Aussicht von der Schlossbergkanzel und vom Hohen Stein, Ausgebrannter Stein und Flößgraben

Ausgangspunkt unserer Wanderung ist der **Parkplatz** an der westlichen Spitze des Stausees, unmittelbar vor der Einfahrt zum **Campingplatz**.
Der Wanderweg zur Schlossbergkanzel durch den Langen Grund beginnt hier. Leicht aufwärts, am Parkplatz entlang, erreichen wir nach wenigen Metern den **Langen Grunds Teich**, welcher der Talsperre vorgelagert ist. Der Teich mit seinem einmündenden Bach und der sich anschließenden **Wiese** bietet lohnenswerte Fotomotive.
Wir folgen dem Forstweg am **Bach** entlang, bis nach ca. 800 m ein Wegweiser „Schlossbergkanzel“ nach links, dem Berghang aufwärts, weist. Als Entfernung sind 900 m angegeben, und diese Strecke hat es in sich, geht es doch ständig bergauf. Auf der **Schlossbergkanzel** steht eine **Schutzhütte** des Bergrettungsdienstes. Von hier sind der Stausee und das nordöstliche Vorland des Thüringer Waldes gut einzusehen.
Unser Weg führt ab jetzt erst einmal wieder abwärts, indem wir der Wegweisung „Lütschetalsperre 1,7 km“ folgen. Der Weg wird schnell zum Pfad. Durch den lichten Hochwald erreichen wir einen

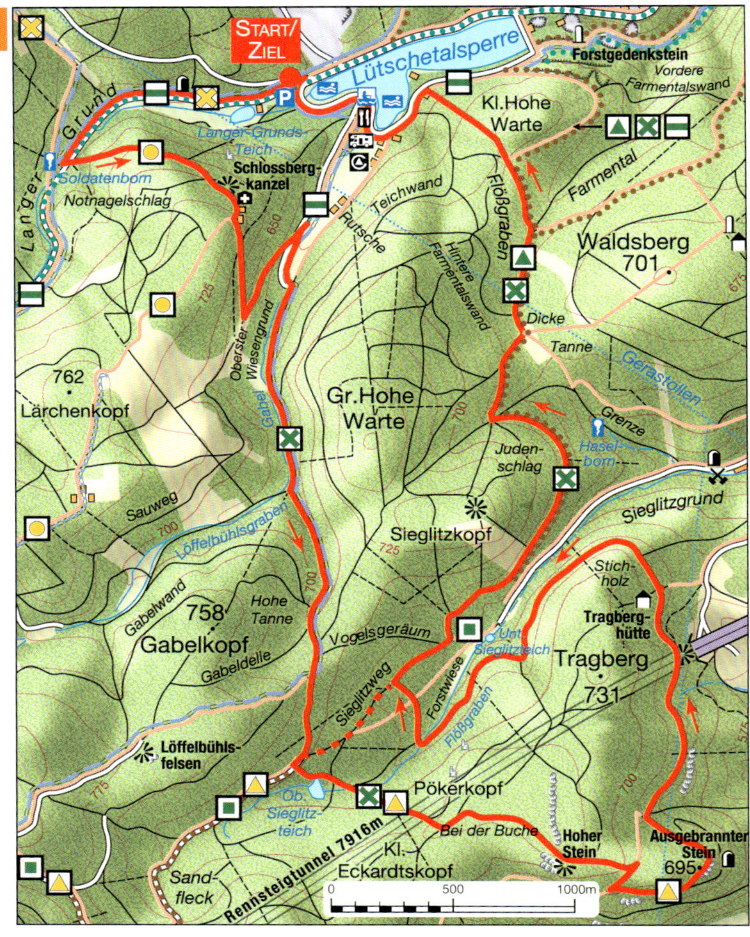

Weg, der links abwärts zum Wiesengrund und damit zum Campingplatz an der Lütsche führt. Wir erreichen den **Campingplatz** und setzen unsere Wanderung den Wiesengrund aufwärts in südlicher Richtung fort. Schnell lassen wir den Campingplatz hinter uns und entlang des Bächleins **Gabel** steigen wir das Tal hinan. Der Bach biegt nach rechts ab. Wir behalten unsere Richtung bei. Am folgenden Wegweiser finden wir die kaum noch zu erkennende Wegweisung **Hohe Tanne**, die wir nach 300 m erreichen. Hier auf der Höhe kommt von rechts ein breiter Forstweg herunter und auf ihm gelangen wir zum Wegweiser Sieglitzteich.

Abkürzung:

Auf dem **Sieglitzweg** zum Flößgraben: Dazu wandern wir gut 400 m nach links in nordöstliche Richtung. Das wird vor allem den Wanderern empfohlen, die nicht ganz trittsicher sind und das etwas schwierigere Gelände um den Hohen Stein vermeiden möchten.

Vom **Sieglitzteich** geht es auf einem Pfad vom Damm des Teiches und dann auf Wiesenwegen weiter in Richtung Hoher Stein und Ausgebrannter Stein über den Wegweiserstandort „Bei der Buche".

Da wir der Wanderkarte entnehmen, dass wir uns hier direkt über dem **Rennsteigtunnel** der A 71 befinden, lauschen wir, ob nicht doch Geräusche des Verkehrs hier oben zu hören sind, aber abgesehen von Vogelrufen bleibt alles ruhig. Den **Forstweg**, auf den wir hier treffen, nutzen wir nur ein kleines Stück nach links aufwärts. Hier heißt es aufpassen, denn der Wegweiser, der zum Hohen Stein nach rechts in den Wald hinein zeigt, ist leicht zu übersehen und nicht mehr lesbar. Wieder wird der Weg zu einem schmalen Pfad, der Fichtenwald wird lichter und vor uns taucht die Felsnase vom **Hohen Stein** auf. Wir können nun die Aussicht über das Kehltal hinweg auf Gehlberg und weiter rechts, auf den Schneekopf mit seinen zwei Türmen genießen.

Beim Abstieg in Richtung Ausgebrannter Stein ist Vorsicht geboten, da auf dem Pfad der abwärts führt, kleinere **Felsstufen** zu bewältigen sind. Der Pfad mündet in einen Grasweg ein, der schon bald auf einen Forstweg trifft. Der Ausgebrannte Stein wird uns nach links angezeigt. Wir aber gehen nach rechts ca. 200 m abwärts und treffen hier auf den ehemaligen Flößgraben, der uns links spitz abbiegend zur Felsengruppe am **Ausgebrannten Stein** führt. In den Felsen wurde ein **Stollen** getrieben, so dass man den Felsen beim Licht einer Taschenlampe bequem durchqueren kann.
Nach 38 m, auf der anderen Seite, setzt sich der Weg auf dem ehemaligen **Flößgraben** fort.

Alter Flößgraben (Lütsche-Flößgraben): Um Gebühren für das Holzflößen durch das Territorium der Grafen von Schwarzburg einzusparen, ließen die Behörden aus dem Herzogtum Gotha zwischen 1691–1702 einen Flößgraben vom heutigen Lütsche-Stausee bis hin nach Luisenthal erbauen. Später wurde er in die südliche Richtung bis ins Kehltal verlängert. Oberhalb des Kehltals versperrten einzelne Felsgruppen den Weg des Wassers, so dass ein 38 m langer Tunnel in den Fels geschlagen werden musste. Dazu wurde das Felsgestein mit Feuer stark erhitzt und dann mit eiskaltem Wasser plötzlich abgekühlt. Die dadurch im harten Porphyrgestein entstandenen Risse erlaubten das Herausbrechen von Felsblöcken. Der so entstandene Tunnel hat eine Höhe von 2,20 m und eine Breite von 2,30 m. Er konnte durch die Flößerknechte begangen werden, so dass die Holzstämme problemlos durch den Fels geleitet werden konnten. Die Erhaltung des langen Grabens an den steilen Berghängen war sehr aufwändig, so dass das Bauwerk bereits nach 17 Jahren Betrieb wieder aufgegeben wurde. Große Teile des Flößgrabens dienen heute als Forst- bzw. Wanderwege.

Wer steile Aufstiege durch den Wald nicht scheut, kann auf die Gipfel der sich links vom Weg befindlichen **Felsen** steigen (Felskletterei ist nicht erforderlich) und kann von oben weit ins Land schauen.

Der Weg verläuft nun ein Stück durch Laubwald und am **Wegweiser**, der sich „Zwei Zwillinge" nennt, erkennt man auf der ab hier ausgebauten Forststraße nicht mehr, dass sie auf dem ehemaligen Flößgraben verläuft. Sie führt uns über die **Einmündung** der A 71 in den **Rennsteigtunnel**. Wir sehen unter uns die Spannbogenbrücke der Autobahn über die Wilde Gera und hier ist natürlich der Lärm der vielen Autos auf den beiden Betonpisten nicht mehr zu überhören. Danach tut sich vor uns der Sieglitzgrund auf. Fast parallel zur Forststraße, die dem Sieglitzgrund hinauf führt, wandern wir, in gleicher Höhe bleibend, auf dem ehemaligen **Flößgraben** in einem 180 Grad Bogen um den **Tragberg**. Vom Berg herab kommend führt ein Forstweg hinunter zum **Unteren Sieglitzteich**.

Wir überqueren diesen Weg, und ein Schild auf der anderen Straßenseite zeigt uns an, dass sich hier der Flößgraben fortsetzt. Auf ihm erreichen wir den Weg, der aus dem Tal emporgestiegen ist. Auf der anderen Hangseite geht es nun, immer noch auf dem Flößgraben, am **Sieglitzkopf** entlang. An der **Dicken Tanne** zeigt uns die Wegweisung „Lütschetalsperre 1,7 km" an, dass wir bald unser Ziel erreichen. An der **„Kleinen Hohen Warte"** vorbei gehend, sehen wir schon bald das Wasser der Talsperre durch die Bäume hindurch blinken. An der **Talsperre** halten wir uns links, durchqueren den **Campingplatz** und gelangen zurück zum Ausgangspunkt unserer abwechslungsreichen Wanderung.

Lütsche-Talsperre: Für ihre Dampflokomotiven benötigte die Deutsche Reichsbahn weiches (kalkarmes) Wasser, um die Bildung von Kesselstein einzugrenzen. Da das Wasser vom Kamm des Thüringer Waldes äußerst kalkarm ist, baute man von 1935–37 am Flüsschen Lütsche den Lütsche-Staudamm. Hinter der knapp 24 m hohen Staumauer werden rund 1 Mio. Kubikmeter Wasser gestaut. Jährlich wurden etwa 1,4 Mio. Kubikmeter Wasser entnommen und nach Arnstadt, Neudietendorf und Erfurt geleitet. Dort stand es auch als Brauchwasser zum Feuerlöschen zur Verfügung. Die Talsperre diente auch der Wasserregulierung im Bereich der Wilden Gera. Heute dient der Stausee in erster Linie der Erholung. Sein im Sommer zwar kaltes, aber klares Wasser lädt zum Baden und Tauchen ein. Angler können sich am Fang von Hechten, Forellen, Aalen, Karpfen und anderen Fischen erfreuen. Die herrliche Umgebung ist bei Wanderern sehr beliebt. Ein Campingplatz mit ca. 150 Stellplätzen, Ferienhäusern und -wohnungen ist in den Sommermonaten gut gebucht. Darüber hinaus wird das Wasser auch heute noch als Brauchwasser nach Erfurt geleitet, und natürlich wird die Wasserkraft auch genutzt, um umweltfreundlich Energie zu erzeugen.

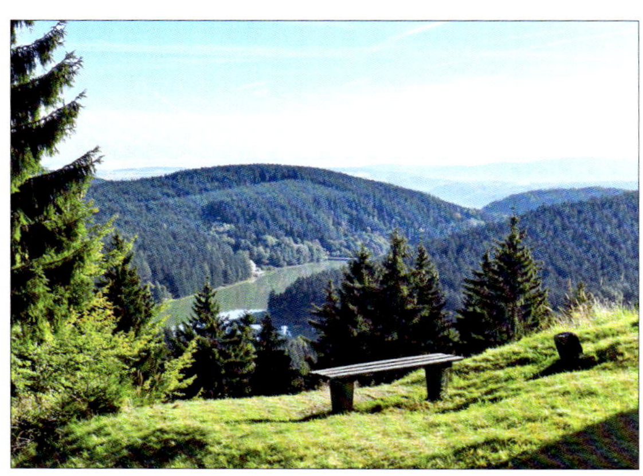

Blick vom Schlossberg auf die Lütsche-Talsperre.

Eine Rundwanderung über die zwei höchsten Berge Thüringens mit Rundumsicht aus 1000 m Höhe über die Grenzen Thüringens hinaus. Wanderhütten, Aussichten, Gedenksteine und der Rennsteig bieten immer wieder Abwechslung und Gelegenheit, Wissenswertes zu erfahren. Eine Wanderung, auf der wir fast immer anderen Wanderern aus nah und fern begegnen können.

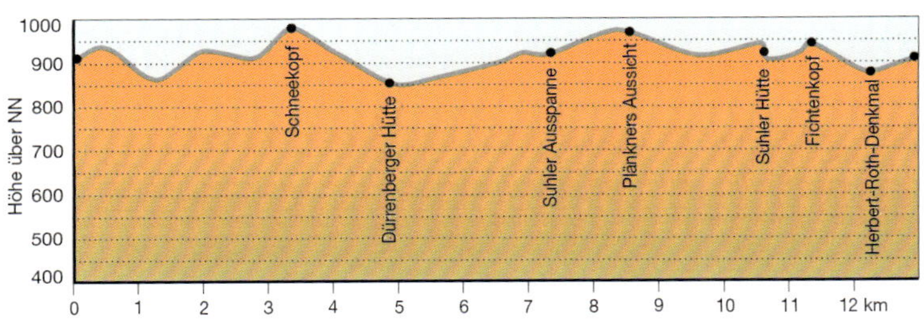

Anreise/Start/Ziel auf der A71 bis Abfahrt Oberhof, weiter auf Landstraße Richtung Oberhof bis Rondell. Dort weiter in Richtung Schmiedefeld bis Gasthaus Schmücke
Parken: Parkplatz am Gasthaus Schmücke
Anforderungen: Obgleich An- und Aufstiege häufig wechseln, sind die konditionellen Anforderungen, die an den Wanderer gestellt werden, nicht besonders hoch, da die Wanderung fast immer in Kammnähe der Berge verläuft. Beim Abstieg vom Fichtenkopf ist Trittsicherheit erforderlich. Je 360 Höhenmeter
Streckenlänge: 12,6 km
Einkehr: Gasthof Schmücke, Neue Gehlberger Hütte, Suhler Hütte
Karte: Blatt 7 „Schneekopf, Gehlberg, Gräfenroda" ↗ S. 141
Sehenswertes: Aussichtsturm auf dem Schneekopf mit Rundumsicht, Plänckners Aussicht und Denkmal, Herbert-Roth-Denkmal

Unsere Wanderung über die höchsten Gipfel des Thüringer Waldes beginnen wir an der **Schmücke**.
Vom **Parkplatz** wandern wir am Biergarten vorbei in Richtung Gehlberg, die vom **Wegweiser** an der **Finnhütte** angezeigt wird. Der Weg führt leicht bergauf an einer Pferdeweide vorbei. Nach 500 m erreichen wir die Kernzone **„Schneekopfmoor"** des Biosphärenreservates Vessertal. Wir behalten, nun abwärts, unsere Richtung bei und erreichen an der **„Güldenen Brücke"** die Landstraße, die von der Schmücke nach Gehlberg führt. Unmittelbar vor der Landstraße biegen wir links ein und folgen der Wegweisung Teufelskanzel. Wir befinden uns nun auf dem **Gipfelwanderweg**, einem zertifizierten Wanderweg von 30 km Länge, der über die über 900 m hohen Berge im mittleren Thüringer Wald führt und mit ▲ gekennzeichnet ist.

Kurz vor der **Teufelskanzel** wird aus dem Forstweg ein Pfad, der uns zu diesem schönen Aussichtspunkt führt. Nach Norden, über den Gehlberger Grund und den Bärenbachskopf hinweg, sehen wir die Spannbogenbrücke der A71, die das Tal der Wilden Gera quert, bevor sie zur Tunneleinmündung des Rennsteigtunnels führt.

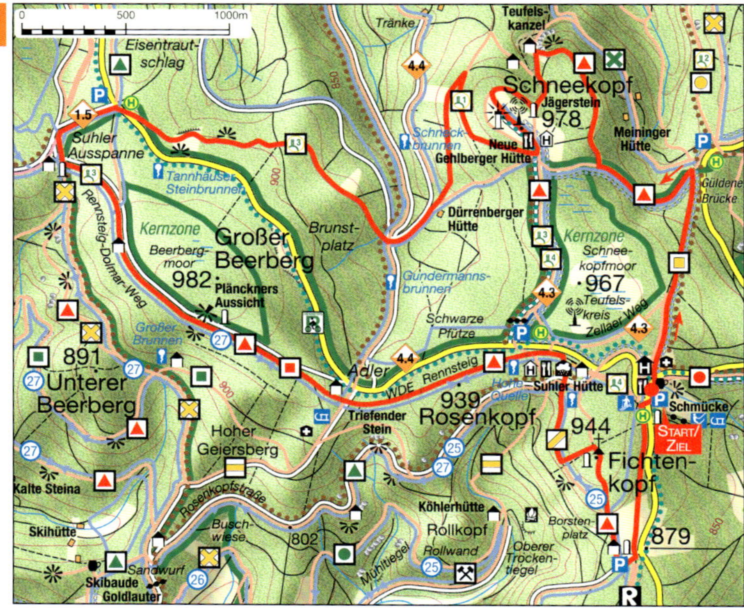

Ca. 100 m nach der Teufelskanzel gelangen wir an eine **Kreuzung** mehrerer Pfade. Wir wählen den zum Gipfel des Schneekopfs bergan führenden Pfad und treffen am Aussichtspunkt Kickelhahn auf die unbewaldete Gipfelfläche des **Schneekopfs**. Nach rechts erreichen wir den Geratal- und den Oberhofblick, bevor wir dem **Aussichtsturm** einen Besuch abstatten und die Rundumsicht aus 1000 m Höhe genießen. Über den Großen Beerberg- und danach den Gleichbergeblick, gelangen wir zur Neuen Gehlberger Hütte, in der wir eine Rast einlegen.

Der **Schneekopf** ist der zweithöchste Berg des Thüringer Waldes (978 m). Der aus Porphyrgestein bestehende Berg ist vulkanischen Ursprungs. Davon zeugen die Porphyrkugeln, die im Inneren Achatkristalle enthalten (Schneekopfkugeln). Bereits 1772 wurde auf dem Schneekopfgipfel eine astronomische Beobachtungsstation errichtet, die allerdings 1796 niederbrannte. 1852 wurde ein Aussichtsturm gebaut, der 1970 vom sowjetischen Militär gesprengt wurde. 2007/2008 wurde ein neuer Aussichtsturm errichtet, der neben der Fernsicht auch Kletterern Übungsmöglichkeiten bietet. 1958 nahm die Deutsche Post einen Fernmeldeturm in Betrieb, der von 1960, als der Gipfel des Schneekopfs durch die Sowjetarmee zum Sperrgebiet erklärt wurde, bis zum Abzug der russischen Truppen 1994 als Basis zur Fernmeldeaufklärung genutzt wurde. Mit deren Abzug 1994 boten sich für den Schneekopf neue touristische Perspektiven, die in Plänen einmündeten, den Schneekopf zu einem alpinen Zentrum auszugestalten. 2009 wurde eine neue Berghütte, die „Neue Gehlberger Hütte" eingeweiht, die auch einfache Übernachtungsmöglichkeiten bietet. Um die alpinen Zukunftsaussichten wird auch heute noch intensiv gestritten, da der Schneekopf im Biosphärenreservat Vessertal liegt und das mögliche Skigebiet zum Trinkwassereinzugsgebiet der Ohratalsperre gehört. Besonders schützenswert ist das südlich vom Gipfel gelegene 38,5 ha große Naturschutzgebiet „Schneekopfmoor am Teufelskreis“, das als Kernzone des Biosphärenreservates ausgewiesen ist. Bevor wir weiter wandern, statten wir dem **Jägerstein**, der sich unweit der Hütte befindet, einen kurzen Besuch ab. Der Gedenkstein erinnert an einen mysteriösen Jagdunfall, bei dem der Förster Grahner von seinem Vetter erschossen worden sein soll. Die Sage vom Jägerstein, die diese Geschichte beschreibt, wird auf einer Infotafel erzählt.

Wir gehen zurück zum **Gipfelwanderweg** und erreichen den Waldrand, wo wir scharf nach rechts abbiegen und der Wegweisung Teufelskanzel folgen. Der Weg ist mit dem Zeichen [13] markiert, und abwärts gelangen wir zu einer **Waldwiese**, die in westliche Richtung ein Stück den Hang abwärts reicht. Am Wegabzweig, direkt an der Wiesenecke, biegen wir scharf links ein, und recht steil abwärts führt uns der Weg zur **Dürrenberger Hütte**, an der er in einen befestigten Forstweg mündet. Nach links, an der Hütte vorbei, treffen wir auf eine **Wegspinne** mehrerer gut ausgebauter **Forstwege**. Der Weg nach links führt zum Rennsteig am Adler. Wir wollen aber zum Rennsteig an der Suhler Ausspanne und wählen deshalb den im Uhrzeigersinn folgenden Weg. Er ist mit dem gleichen Zeichen wie oben (allerdings ohne Zifferangabe) ausgestattet und verläuft zuerst nach Nordwest, dann direkt in westliche Richtung, bevor er an einer **Bushaltestelle** auf die Straße zwischen Schmücke und Oberhof trifft. Auf der anderen Straßenseite gibt uns ein Wegweiser die Entfernung zum Rennsteig mit 0,2 km an, und schon bald leuchtet uns das **weiße Rennsteig R** von den Bäumen entgegen. Links sehen wir an einer Wiese schon den Rastplatz der Suhler Ausspanne und auf Grund der Tatsache, dass uns immer wieder Wanderer begegnen, könnten wir auch ohne Markierung sicher sein, dass wir uns nun auf dem Rennsteig befinden.

Eine **Gedenktafel** direkt am Rennsteig sowie die daneben befindliche Infotafel, erinnern an **Dr. Julius Kober**, den langjährigen Fürsteher des Rennsteigvereins e. V. Leider wird auf der Tafel nicht einmal angedeutet, dass Julius Kober auf Grund seines aktiven Eintretens für deutsch-nationale Ziele auch heute noch eine sehr umstrittene Persönlichkeit ist.

Links von uns beginnt kurz danach die **Kernzone Beerbergmoor** des Biosphärenreservates, die unmittelbar den 983 m hohen Gipfel des Großen Beerberges umschließt. Wir bleiben auf dem Rennsteig und erreichen nach ca. 1 km **Plänkners Aussicht**.

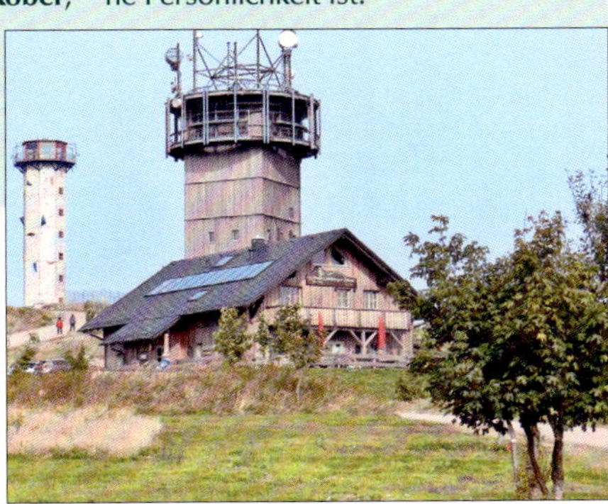

Auf dem Schneekopf.

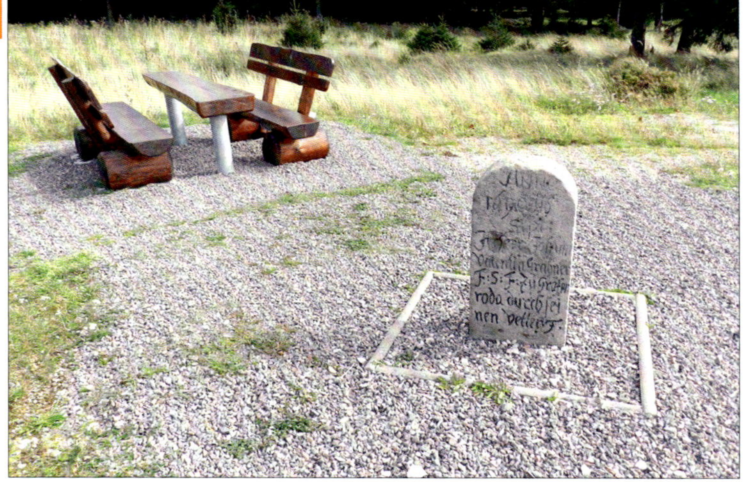

Der Jägerstein auf dem Schneekopf.

Dieser Platz ist dem Pionier der Rennsteigforschung, **Julius Plänkner**, gewidmet. Der Rennsteig-Verein hat ihm hier mit einer Gedenktafel 1898 seine Reverenz erwiesen. Vom kleinen Holzturm aus, der anstelle des früher auf dem Gipfel des Großen Beerbergs stehenden Aussichtsturmes errichtet wurde, kann man herrlich über Suhl hinweg bis weit in die Rhön schauen.

Nach weiteren 1.800 m biegt vom Rennsteig der Gipfelwanderweg nach links ab, um auf den Schneekopf zu führen. Etwa 150 m danach verlassen wir den Rennsteig, um nach rechts durch den Wald hinab zur **Suhler Hütte** zu gelangen. An ihr stoßen wir wieder auf den **Gipfelwanderweg**, der vom Fichtenkopf kommend, von hier über die Schmücke zum Sachsenstein führt. Wir wählen diesen Weg, und eine Wiese abwärts überquerend geht es dann hinauf zum 944 m hohen **Fichtenkopf**. Hier oben befindet sich ein **Gipfelkreuz** mit Gipfelbuch. Nach einer Eintragung können wir uns, gemütlich auf einer Bank sitzend, wiederum an der wunderschönen Aussicht über Suhl in die Rhön erfreuen. Steil führt der Weg vom Gipfel abwärts, und kurz danach erreichen wir an der Landstraße, die zur Schmücke führt, den **Herbert-Roth-Gedenkstein**.

Es ist selbstverständlich, dass wir an diesem Stein wieder am Rennsteig angekommen sind, denn Herbert Roth kann man nur in einem Atemzug mit dem Rennsteig nennen. Er schuf die heimliche Thüringer Hymne, das **Rennsteiglied**, und er hat mit seinen Liedern immer wieder das Wandern und den Thüringer Wald gepriesen.

Mit dem Rennsteiglied im Kopf steigen wir nun durch den Fichtenwald noch ca. 800 m weiter bergan und erreichen wieder die Schmücke mit dem gemütlichen Biergarten, wo wir die Wanderung über Thüringens höchste Gipfel ausklingen lassen.

Eine Naturwanderung durch eines der schönsten Täler Thüringens. Laub- und Nadelwälder und vor allem die Wiesen entlang der Bäche, aber auch an den Hängen der Berge, begeistern den Naturliebhaber.

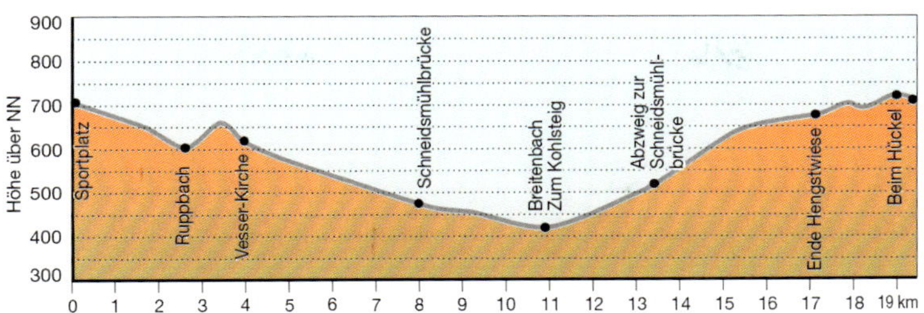

Anreise/Start/Ziel: Wir erreichen den Ort mit dem Pkw von Ilmenau bzw. Schleusingen über die B4 und von Suhl über die Landstraße 1140
Parken: Parkplatz am Ende der Sportanlage von Schmiedefeld
Anforderungen: Auf Grund der Streckenlänge und der Summe der Höhenmeter im Anstieg sind die Anforderungen an die Kondition der Wanderer mit mittel bis hoch zu bewerten, zumal die Anstiege fast ausschließlich im 2. Teil der Strecke zu bewältigen sind. Die Wege sind gut zu gehen, Orientierungsprobleme ergeben sich kaum
Streckenlänge: 19,3 km. An der Schneidsmühlbrücke lässt sich die Strecke auf 15,0 km verkürzen.
An- und Abstiege: Je 370 Höhenmeter
Einkehr: Gaststätten in Schmiedefeld, Vesser und Breitenbach
Karte: Blatt 10 „Schmiedefeld, Frauenwald, Stützerbach" ↗ S. 141
Sehenswertes: Touristinformation in Vesser mit Herbert-Roth-Ausstellung, Kirche in Vesser, ehemalige „Walter-Ulbricht Schanze" am Großen Herrenhügel, Touristinformation Schmiedefeld ↗ S. 143

Als Ausgangspunkt für eine Rundwanderung durch das Vessertal empfiehlt sich der **Parkplatz** am **Sportplatz** in Schmiedefeld. Hier, wo jedes Jahr im Mai die Teilnehmer am GuthsMuts-Rennsteiglauf von Tausenden Zuschauern bei ihrem Zieleinlauf empfangen werden, befinden wir uns inmitten des Biosphärenreservates und haben die Möglichkeit, alle 3 Zonen kennen zu lernen: Die Entwicklungszone, die Pflegezone und die Kernzone.

Seit 1997 ist das **Vessertal** als **Biosphärenreservat** durch die UNESCO anerkannt und erfüllt seitdem die Funktion als Modellregion für nachhaltige Entwicklung. Seine Fläche wurde 1986 und 1990 erweitert, trotzdem ist es auch heute noch wesentlich zu klein, um seinen UNESCO-Status zu erhalten. Im Ergebnis einer breiten öffentlichen Diskussion wurde deshalb 2011/2012 ein Vorschlag erarbeitet, es als Biosphärenreservat Mittlerer Thüringer Wald auf ca. 34.000 ha (Verdoppelung der Fläche) zu erweitern. Das Biosphärenreservat ist in drei unterschiedliche Zonen gegliedert: die Kernzonen, die Pflegezonen und die Entwicklungs-

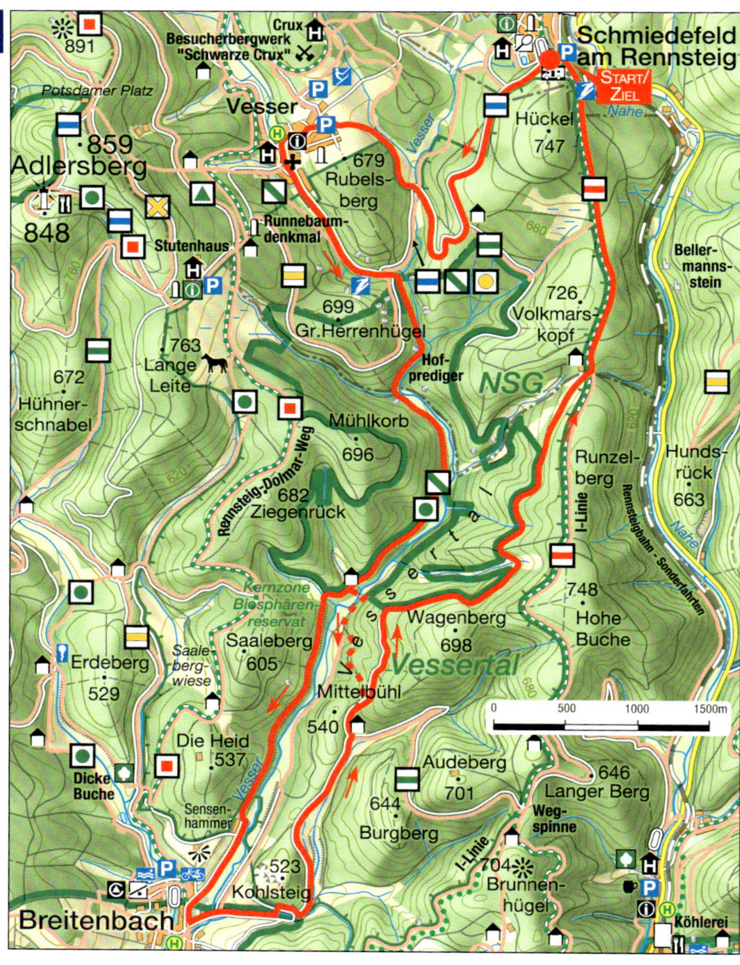

zonen. Die vorgesehene Entwicklung sieht wesentliche Erweiterungen aller drei Kategorien vor. Für die Entwicklungszonen (z. Zt. 85,3 % der Gesamtfläche) gilt eine pflegliche Nutzung von Natur, Landschaft und Ressourcen, Erhaltung der typischen Landschafts- und Ortsbilder, des traditionellen Handwerks sowie Förderung des sanften Tourismus. Die Pflegezonen (z. Zt. 11,4 %), außerhalb der Siedlungen, sollen die Kernzonen abschirmen. Es erfolgt eine wirtschaftliche Entwicklung unter besonderer Berücksichtigung der Naturschutzbedingungen, also naturnaher Waldbau und pflegliche Grünlandnutzung. Die Kernzonen (z. Zt. 3,3 %) sollen eine möglichst unbeeinflusste Entwicklung der Natur gewährleisten. Die größten Kernzonen sind: Das Vessertal, das Marktal und Morast (nördlich vom Dreiherrenstein), das Schneekopf- und das Beerbergmoor und der Schüßlersgrund (am Adlersberg).

Am **Wegweiser** am **Parkplatz** finden wir die Richtungsangabe „Vesser 4,5 km", der wir, zunächst auf einer schmalen asphaltierten Straße am **Sportplatz** vorbei, folgen. Sie führt leicht abwärts und der Asphalt wird von einer mit feinem Kies belegten Schotterstraße abgelöst. Am **Vesserblick**, einer schmalen Schneise, durch die einige Häuser von Vesser zu sehen sind, beginnt die Pflegezone, in der wir nun bis zum Ruppbachtal wandern. Nach ca. 1,7 km taucht vor uns eine **Schutzhütte** auf. An ihr biegt der Weg nach Vesser nach rechts ab und führt, nach einem Richtungswechsel um 180 Grad, in das Wiesental am Ruppbach. Hier treffen wir auf den Natur & Schwarzebeer Lehrpfad-Vesser, der aufwärts am Wiesenrand verläuft. Dichte Heidelbeerbüsche trennen ihn vom Wiesengelände, und auf kleinen Infotafeln kann man viel über die so unterschiedlich bezeichneten Beeren erfahren, u. a., dass in Vesser alljährlich die Schwarzebeer-Königsfamilie gekrönt wird.

Im Wiesengelände tauchen bald die ersten **Häuser** der Ortschaft **Vesser** auf. Nachdem wir die Siedlung auf dem Berg passiert haben, geht es in den älteren Teil des Ortes hinunter ins Tal der Vesser. Diese Häuser sind zum großen Teil ringsum mit den Schiefern des nahen Thüringer Schiefergebirges gedeckt und verkleidet, die gegen jedes Wetter über viele Jahre hindurch Schutz bieten.

Der Ort ist schnell durchschritten. Nach einem etwas abseits gelegenen Gehöft mit einem idyllischen kleinen Teich, unterqueren wir den Auslauf der ehemaligen **„Walter-Ulbricht-Schanze"**. Helmut Recknagel sprang auf dieser größten Naturschanze der DDR 1956 und 1957 Schanzenrekorde. Genau 50 Jahre nach ihrer Einweihung erlebte die Schanze ihren letzten Wettkampf, da für ihren weiteren Betrieb im Biosphärenreservat keine weitere Genehmigung erteilt wurde. Der Schanzenrekord von 99 m wird deshalb ewigen Bestand haben.

An der **Wegkreuzung** nach der Schanze überqueren wir die Vesser und wandern nun am rechten Ufer durch herrliche Wälder abwärts in Richtung Breitenbach. Am **Zusammenfluss** von **Vesser** und **Ruppbach** erreichen wir die **Kernzone** des Biosphärenreservates.

In der **Kernzone** hat sich die Natur seit über 50 Jahren ungestört entwickeln können, so dass Unterschiede zu einer vom Menschen gepflegten Naturlandschaft deutlich sichtbar werden. Die Wiesen werden weder gemäht noch abgeweidet, so dass sie allmählich verkrauten und von Pioniergehölzen besiedelt werden. Der Bachlauf wird oft durch umgestürzte Bäume unterbrochen und viel Totholz bietet die Lebensgrundlage für Baumpilze, Kleinstlebewesen und auch Bruthöhlen verschiedener Vögel. Der Wald im zum Teil steilen aber auch öfter flachen Uferbereich ist artenreich. Es dominiert die Buche und weitere Laubgehölze, aber auch Rotfichte, Weißtanne und Douglasien sind anzutreffen.

Nach 2,7 km erreichen wir die **Schneidsmühlbrücke**. Bachaufwärts hat man für ca. 1 km das Wiesental nicht in den Schutz der Kernzone einbezogen, so dass die herrlichen Blumenwiesen erhalten werden können. Hier stand über 400 Jahre lang, bis 1868, ein Sägewerk.

Variante:

An der Brücke haben wir die Möglichkeit, uns für die kurze Variante der Rundwanderung durch das Vessertal zu entscheiden. Wenn wir die Brücke überqueren und ein Stück linksseitig flussabwärts laufen, treffen wir auf einen Weg, der links bergan führt und in Höhe des Berges Mittelbühl wieder auf unsere Route von Breitenbach nach Schmiedefeld trifft. Dadurch kann die Rundwanderung um 4,3 km verkürzt werden.

Am **Ecketal** endet die Kernzone des Biosphärenreservates. Kurz bevor wir Breitenbach erreichen, passieren wir einige Gebäude und können an der Vesser ein paar **Teiche** ausmachen.

Hier wurden der Waldreichtum und das Wasser genutzt, um Eisenerz zu schmelzen und Sensen herzustellen. Daher stammt der Name **Sensenhammer** für dieses Gebiet. Später wurde hier Porzellan für Pfeifenköpfe und Dosen hergestellt. Heute ist hier eine Forellenzuchtstation angesiedelt.

Wir erreichen **Breitenbach** und biegen nach links in die Straße am Kohlsteig ein. Hier folgen wir der Wegweisung Homigtal Otterrod. Am Beginn einer Wiese schwenkt der Weg nach links und am Waldrand entlang führt er uns das **Homigtal** aufwärts. Wir erreichen einen **Wegabzweig**, und am **Wegweiser** finden wir die Bezeichnung Otterrod. Wir folgen der Wegweisung Schmiedefeld 6 km und steigen weiter bergan. Nach knapp 500 m erreichen wir die Einmündung des Weges, der von der Schneidsmühlbrücke hier herauf führt und müssen mit Erstaunen feststellen, dass wir nun gemäß der Kilometer-Angabe auf den Wegweisern nach Schmiedefeld noch 6,5 km zurück zu legen haben. Auf dem gut ausgebauten **Forstweg** im hohen Buchenwald immer bergan steigend, queren wir die **Hähnelswiese** und erreichen 1,5 km danach die **Hengstwiese**. Die hier weidenden Kühe bedeuten, dass wir uns nicht mehr in der Kernzone des Reservats befinden. Am Rande der Wiese, an einer Wegkreuzung mit **Schutzhütte**, erreichen wir die sogenannte I-Linie, einen Wander- und gespurten Skiwanderweg zwischen Schmiedefeld und Schleusingen. Nun sind es nur noch 3 km bis zum Ziel, und an der Schönen Wiese vorbei können wir schon bald die neue **Jugendschanze** von Schmiedefeld ersteigen.

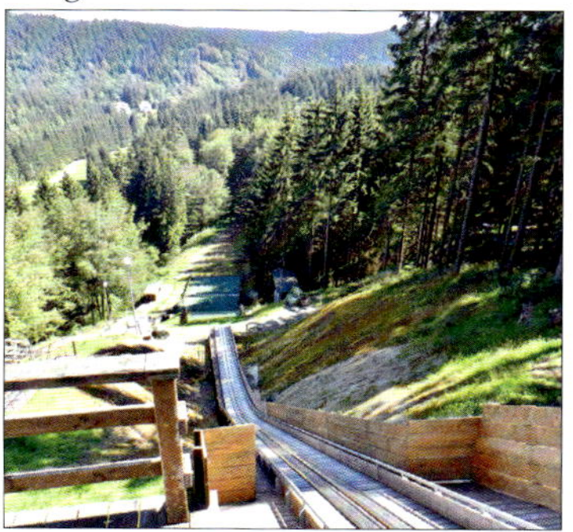

Jugendschanze von Schmiedefeld

Wir stehen dort, wo die **Skispringer** in die Anlaufspur einsteigen. Voller Hochachtung vor dem Mut dieser jungen Athleten schauen wir hinunter zum mit Matten belegten Aufsprunghang. „Was Hänschen nicht lernt, lernt Hans nimmermehr". Nur das Training von klein auf, auf immer größeren Schanzen, formt den Skispringer, den wir später als mutigen Skiflieger gerne bewundern.

Wenig später ist unser heutiges Ziel erreicht. Wir waren genau die Zeit unterwegs, welche die besten GutsMuths-Rennsteigläufer von Eisenach bis Schmiedefeld benötigen. Wie sie fühlen wir uns als Sieger, haben wir doch ein Stück Natur genießen können, wie man sie in ihrer Ursprünglichkeit in unseren deutschen Mittelgebirgen nur noch an ausgewählten Orten erleben kann.

Streckenwanderung durch die artenreiche Muschelkalklandschaft am Nordrand des Thüringer Waldes.

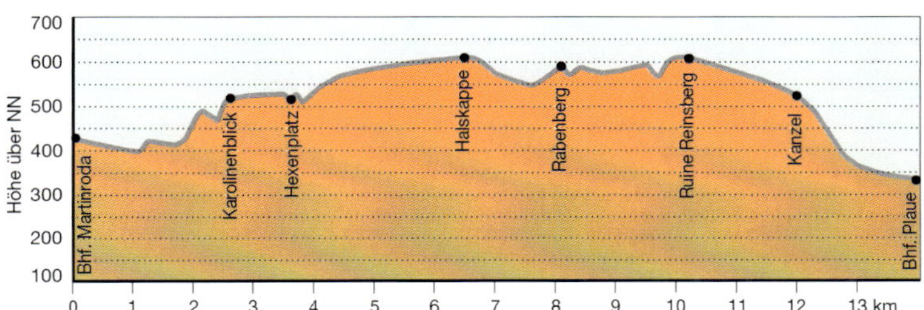

Anreise/Start/Ziel: Bahnhof Martinroda und Bahnhof Plaue. Wer mit dem Pkw anreist, kann am Bahnhof Plaue parken und mit dem Zug nach Martinroda fahren, am Bahnhof Plaue wird die Wanderung beendet
Parken: Bahnhof Plaue
Anforderungen: Die gut markierte Wanderung von Martinroda nach Plaue über den zum Teil steil abfallenden Berggrad des Veronikaberges und der Reinsberge erfordert Kondition im Aufstieg und Trittsicherheit im Abstieg. Herrliche Aussichten von den Pfaden an den steil abfallenden Hängen der Muschelkalkberge lassen sich, Schwindelfreiheit vorausgesetzt, vielfach genießen
Anstieg: 360 Höhenmeter, Abstieg: 460 Höhenmeter
Streckenlänge: 14 km
Einkehr: Gaststätten in Martinroda und Plaue. Unterwegs besteht Einkehrmöglichkeit als Abstecher zur Ferienanlage Rheinsberger Dorf
Karte: Wanderkarte „Arnstadt und Plaue" ↗ S. 141
Sehenswertes: Viele Aussichten, gotische Burgruine Ehrenburg (nicht öffentlich zugänglich), Liebfrauenkirche mit romanischem Kern und Jüdischer Friedhof in Plaue, Wehrkirche in Kleinbreitenbach, Kunstwanderweg in Kleinbreitenbach, Sühnekreuz am Strubbelsberg, Spring – die größte Karstquelle Thüringens am Ortsausgang von Plaue in Richtung Gräfenroda

Der **Bahnhof** von Martinroda liegt etwas außerhalb der Ortschaft, so dass man bereits etwas über 1 km zurücklegen muss, bevor man mit dem Aufstieg auf den Veronikaberg beginnen kann. Im Ort treffen wir auf die Markierung vom Thüringenweg ● und vom Hauptwanderweg Eisenach–Jena, der in diesem Abschnitt mit dem zertifizierten Wanderweg „Von Goethe zu Bach" identisch ist ▬. Wir folgen ihr abwärts (nach Norden) bis fast zum **Ortsausgang**. Nun geht es steil den Berg hinan, durch den Wald ein kurzes Stück aufwärts, dann entlang der Wiese (fast eben) und dann wieder stark ansteigend hinauf durch den lichten **Buchenwald**. Wieder folgt eine fast ebene Strecke, bevor wir den **Grat** des **Veronikaberges** erreichen.

Der **Buchenwald** ist hier mit Eiben durchsetzt, einem Nadelbaum, der unter Naturschutz steht und der sich durch sein festes Holz auszeichnet. Im zeitigen Frühjahr strecken sich hier unzählige blaue Leberblümchen durch

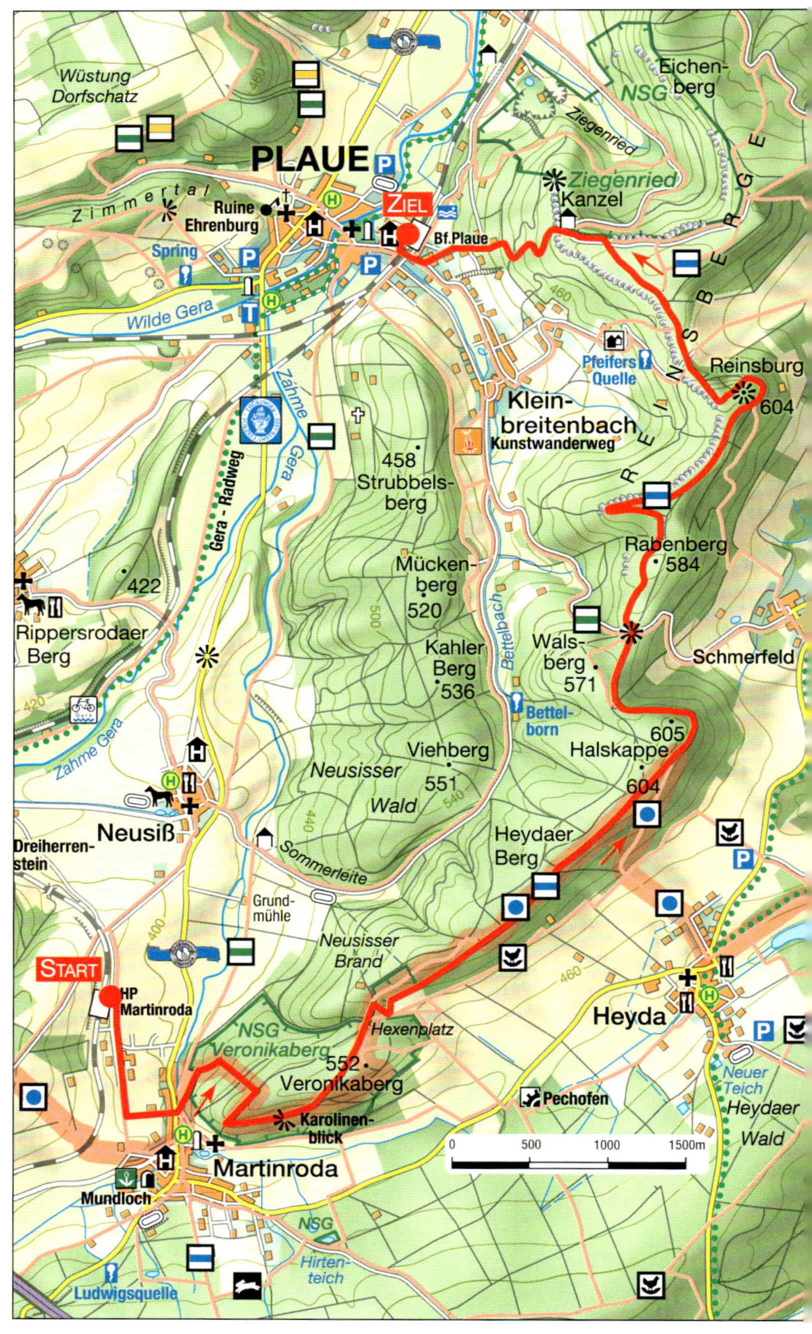

Wüstung
Dorfschatz
PLAUE
Zimmertal
Ruine
Ehrenburg
Spring
Wilde Gera
ZIEL
Bf.Plaue
Eichen-
berg
NSG
Ziegenried
Ziegenried
Kanzel
REINSBERGE
Pfeifers
Quelle
Reinsburg
604
Klein-
breitenbach
Kunstwanderweg
Zahme Gera
Gera - Radweg
458
Strubbels-
berg
Mücken-
berg
520
Rabenberg
584
422
Rippersrodaer
Berg
Kahler
Berg
536
Bettelbach
Wals-
berg
571
Schmerfeld
Bettel-
born
605
Halskappe
604
Viehberg
551
Neusisser
Wald
Zahme Gera
Neusiß
Dreiherren-
stein
Sommerleite
Heydaer
Berg
Grund-
mühle
Neusisser
Brand
START
HP
Martinroda
Hexenplatz
NSG
Veronikaberg
552
Veronikaberg
Karolinen-
blick
Pechofen
Heyda
Neuer
Teich
Heydaer
Wald
0
500
1000
1500m
Martinroda
Mundloch
NSG
Hirten-
teich
Ludwigsquelle

das braune Buchenlaub und entbieten dem Wanderer einen ersten Frühlingsgruß. Später folgen weitere Kalk liebende Blumen, unter ihnen auch verschiedene Orchideen.

Am Grat haben wir einen ersten freien Blick auf die Berge des Thüringer Waldes. Über Martinroda und Elgersburg hinweg streckt sich die Hohe Warte mit dem Carl-Eduard-Turm dem blauen Himmel entgegen, und weiter links erkennen wir die Türme auf dem Kickelhahn, die diesen Berg immer wieder unverwechselbar machen. Am Grat geht es noch ein Stückchen bergan, bis wir den **Karolinenblick** erreichen. Ab hier geht es recht bequem durch den Buchenwald zum **Hexenplatz**, dessen gigantischer Wegweiser besonders ins Auge sticht.
Kurz danach erreichen wir eine Wiese am Waldrand, die uns fast zu jeder Jahreszeit botanische Kostbarkeiten (z. B. Küchenschelle und Orchideen) zu bieten hat. Ab hier wandern wir wieder auf schönen Wegen und Pfaden aufwärts, bis wir den höchsten Punkt, die **Halskappe**, erreichen. Kurz davor schwenkt der Thüringenweg nach rechts ab, um über das Dorf Heyda zur kleinen Talsperre Heyda, die wir zuvor bereits durch Bäume hindurch sehen konnten, zu führen. Wir bleiben aber auf dem **Wanderweg „Von Goethe zu Bach"** mit ▭ als Wegzeichen, und im Wechsel von Auf- und Abstiegen erreichen wir nach dem Rabenberg erstmals die Kante der Muschelkalkhänge und erste freie Blicke auf Kleinbreitenbach, Plaue und die darüber befindlichen steilen Kalkhänge der Reinsberge.

Fast im Halbkreis folgen wir immer in Kantennähe diesen Abbrüchen und freuen uns über die sich immer anders bietenden Aussichten von der Wachsenburg bis später hin zum Kamm des Thüringer Waldes. Am Steilhang, dort, wo wir fast genau in nördlicher Richtung unterwegs sind, führt uns die Markierung etwas nach rechts weg hin zu den Mauerresten der ehemaligen **Reinsburg**.

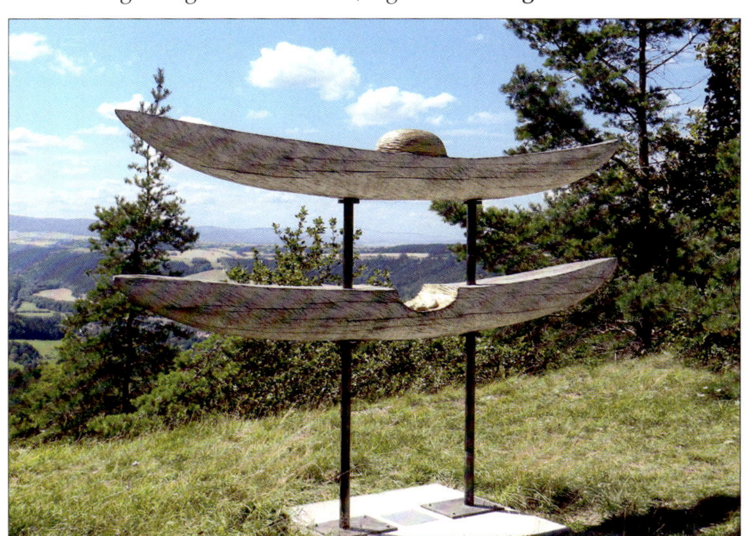

Barbara Neuhäusers Objekt zum Goethe-Bach-Wanderweg

Gute klimatische Bedingungen am Rande der Reinsberge und vor allen natürliche salzhaltige Quellen waren wahrscheinlich die Ursachen für eine sehr frühe Besiedlung (bereits in der Bronzezeit) der Region um das heutige Plaue. Davon zeugen auch die Funde von Resten einer keltischen Fliehburg bei der **Ruine** der **Reinsburg**. Genau wie die Wehrkirche in Kleinbreitenbach diente die Fliehburg auf der Höhe der Reinsberge den bäuerlichen Bewohnern der Siedlungen zum Schutz im Verteidigungsfall. Später wurde eine Herrenburg errichtet, die Mitte des 13. Jahrhunderts Raubrittern als Ausgangspunkt ihrer Raubzüge auf Handelsreisende diente. Nachdem das Raubritternest 1289/1290 von kaiserlichen und städtischen Truppen ausgeräuchert wurde, verfiel die Burg.

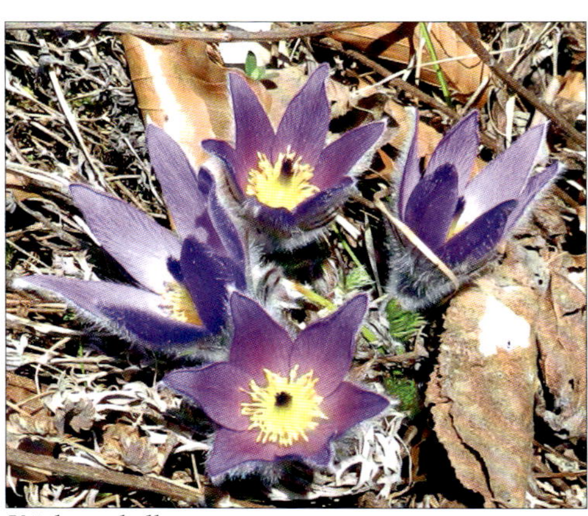

Küchenschellen

Viel ist von der Burg nicht mehr zu sehen, aber dafür entschädigt uns die Aussicht von den Ausläufern der Reinsberge bei Arnstadt, zum Singer Berg und zum Langen Berg. Unser **Pfad** kehrt nun abwärts in einem Bogen zurück zu den nach Südwesten gerichteten Felsabbrüchen und an ihnen entlang wandern wir auf der Höhe weiter bis die markierten Wanderwege nach rechts abbiegen.

Hier befindet sich ein Gebilde, das auf den ersten Blick an zwei übereinander angebrachte Paddelboote erinnert. Ein Schild gibt den Namen der Künstlerin preis: Barbara Neuhäuser. Sie drückt mit diesem Werk, hier am Wanderweg „Von Bach zu Goethe", die Beziehungen der beiden Genies sowie die Beziehungen zwischen Noten und Worten aus. Das Werk macht darauf aufmerksam, dass unten im Tal, in Kleinbreitenbach, seit vielen Jahren Künstler der bildenden Kunst Kunstsymposien veranstalten. Die dabei entstandenen Werke werden auf dem **Kunstwanderweg** einer breiten Öffentlichkeit präsentieren.

Wir bleiben auf dem Grat über eindrucksvollen Kalksteinhängen und Felsabbrüchen, bis wir zu einer **Kanzel** gelangen auf der ein runder Tisch mit einer Metallplatte steht. Auf der Platte können wir uns über die Orte und Entfernungen informieren, die in einem Bogen von 180 Grad gesehen werden können. Mit 32 km ist dabei der Große Inselsberg das am weitesten entfernte Ziel.

Hier an der Kanzel führt ein Pfad steil abwärts, der gut mit Wegweisern ausgestattet ist und hinunter nach **Plaue** führt. Wir erreichen Plaue in der Nähe vom Bahnübergang und können am **Bahnhof** unsere Wanderung beenden, oder aber noch einen kleinen Abstecher zu ausgewählten Sehenswürdigkeiten in Plaue unternehmen.

22. Von Elgersburg zum Mönchhof

Eine Rundwanderung, die mit Burg und Aussichtsturm und Einkehrmöglichkeiten den Wünschen der Wanderer im Mittelgebirge entspricht.

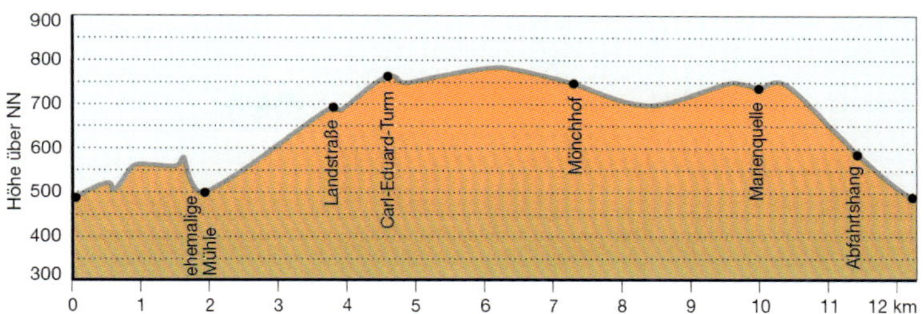

Anreise/Start/Ziel: Mit dem Pkw zu erreichen auf der A71 bis Abfahrt Gräfenroda, weiter auf der B88 Richtung Ilmenau bis Elgersburg. Mit der Bahn bis Bahnhof Elgersburg auf der Strecke Ilmenau–Arnstadt
Parken: Parkplatz östlich, direkt unterhalb der Burg
Anforderungen: Im ersten Teil der Strecke ist vom Tal am Goethefelsen bis hinauf zum Carl-Eduard-Turm ein langer und mit knapp 300 Höhenmetern auch anstrengender Aufstieg zu bewältigen. Danach ist die Strecke einfach. Erst im Schlussteil kann der längere Abstieg etwas ermüdend sein. Am Pfad am Goethefelsen ist Trittsicherheit erforderlich. Je 470 Höhenmeter
Streckenlänge: 12,3 km
Einkehr: Gaststätte am Carl-Eduard-Turm, Gaststätte Mönchhof, Gaststätten in Elgersburg
Karte: Blatt 7 „Gehlberg und Gräfenroda" ↗ S. 141
Sehenswertes: Elgersburg mit seinem Schloss, Goethefelsen, Carl-Eduard-Turm, Mönchhof, Thermometermuseum in Geraberg

Wir parken unser Auto direkt auf dem **Parkplatz** unter dem **Schloss Elgersburg**. Bevor wir zur Wanderung aufbrechen unternehmen wir einen Rundgang um und durch das Schloss. Rechts von der **Schmücker Straße** abzweigend führt uns die **Burgstraße** im Kreis am Schloss entlang zum im Westen gelegenen Eingang des Schlosses.

Die gut erhaltene **Elgersburg** gehört zu den schönsten Burgen Thüringens und prägt, auf einem Felsen stehend, das Ortsbild der Gemeinde Elgersburg. Vermutlich im 9. oder 10. Jahrhundert errichtet, wird die Burg zum Ausgang des 11. Jahrhunderts zu einer Schutz- und Trutzburg ausgebaut, die der Sicherung der Handelsstraße zwischen Franken, Thüringen und Norddeutschland diente. Auf Grund ihrer Lage und Befestigung wurde die Burg auch niemals eingenommen. Die Burg wechselte häufig ihre Besitzer. Anfang des 19. Jahrhunderts erwarb sie der Herzog von Sachsen-Gotha. 1837 wurde sie als Gästeunterkunft der 1. deutschen Kaltwasserheilanstalt, die in Elgersburg gegründet wurde, genutzt. 1953–1989 diente sie als Gewerkschafts-Erholungsheim. Heute ist die Gemeinde Elgersburg ihr Eigentümer. In der Burg befindet sich neben einer historischen Ausstellung die Kleine Galerie und die Tourismus-Agentur „Geratal".

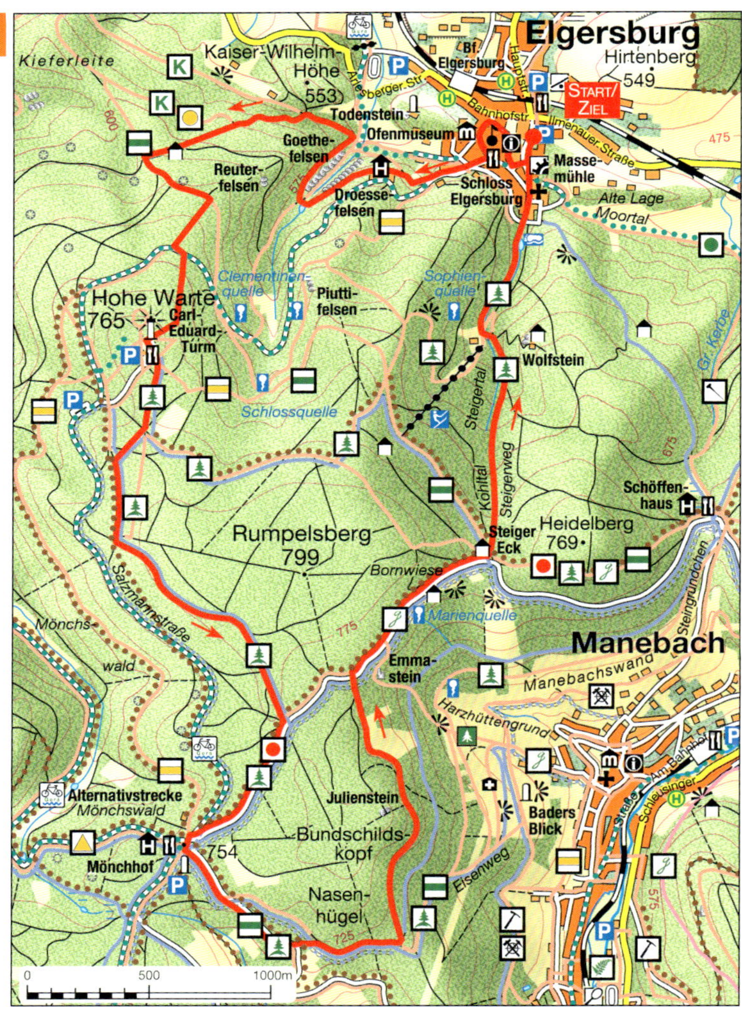

Nach der Besichtigung, nach Norden gehend, gelangen wir wieder zur **Schmücker Straße**, der wir in Richtung Hohe Warte folgen. Hier oben, am Fuße des Rumpelsberges, stehen einige Gebäude aus den Gründerjahren unter denen uns die Villa Daheim besonders auffällt. Die Schmücker Straße führt zum **Hotel am Wald**. Wir verlassen sie aber 200 m vor dem Hotel und biegen am Wegweiser rechts in Richtung Goethefelsen ein. An einer gefassten **Quelle** vorbei (Fanny Quelle) gelangen wir in das von rechts aufsteigende Tal. Ein **kleiner Teich**, eine **Schutzhütte** und viele Bänke laden zum Verweilen ein. Aber unsere Wanderung hat ja gerade erst begonnen, so dass wir uns nur an der Harmonie dieses Talabschnitts erfreuen und unsere Wanderung in Richtung **Goethefelsen** fortsetzen. Ein

kleiner **Pfad** führt uns in einigen Windungen hinauf auf die Felsen und dann wieder hinunter zum Eingang des Tales.
Hier stand im 19. Jahrhundert eine **Mühle**. Von ihr sind nur noch die Malsteine erhalten, aber auf einer **Tafel** kann man sich ansehen wie romantisch die Mühle in die felsige Landschaft passte. Hier treffen wir auf den **Klimaweg**, der zum Deutschen Thermometermuseum nach Geraberg führt. Wir wollen jedoch hinauf in die Berge und wählen deshalb einen kleinen **Pfad**, der vom Klimaweg links abzweigt und der laut Wegweisung ins Steintal (2,5 km) führt.
Nun geht es ständig bergan in Richtung Hohe Warte. Lücken im Bestand der hohen Fichten gestatten uns einen Blick über Geraberg hinweg auf die Autobahnbrücke über die Zahme Gera. An einem **Wegabzweig** ohne Markierung halten wir uns links und steigen weiter bergan. Nach weiteren **Abzweigungen** erreichen wir die **Fahrstraße**, die im Halbkreis um die **Hohe Warte** führt. Auf ihr ein Stück nach links und dann wieder über Waldwege gelangen wir hinauf auf den Gipfel (765 m), auf dem uns **der Carl-Eduard-Turm** auf einen Rundblick über das Thüringer Land hoffen lässt.

Diese Hoffnung wird nicht enttäuscht, denn nachdem wir bei der Wirtin in der Gaststätte einen Euro entrichtet haben, öffnet sich uns die Tür und wir können diesen 1911 als Ritterturm gebauten Aussichtsturm besteigen. Die Sicht ist gut und alles, was auf den langen Fotos an den vier Seiten des Turms dargestellt und bezeichnet wurde, können wir wahrhaftig vor uns sehen. Und noch mehr, denn die Brücken der Autobahn sind auf den Fotos noch im Bau, wir aber haben von ihnen aus schon den Blick auf den Carl-Eduard-Turm im Vorbeifahren erhaschen können. Von der Hohen Warte führt nun unser Weg nach Süden. Wir folgen dem **Rundwanderweg** um den Rumpelsberg, der gut mit [Symbol] markiert ist. Bis zum **Mönchhof** sind es 2,6 km, die wir je nach Gehgeschwindigkeit in 30 bis 45 Minuten zurücklegen können, denn auf der gesamten Strecke haben wir kaum Anstiege zu bewältigen.

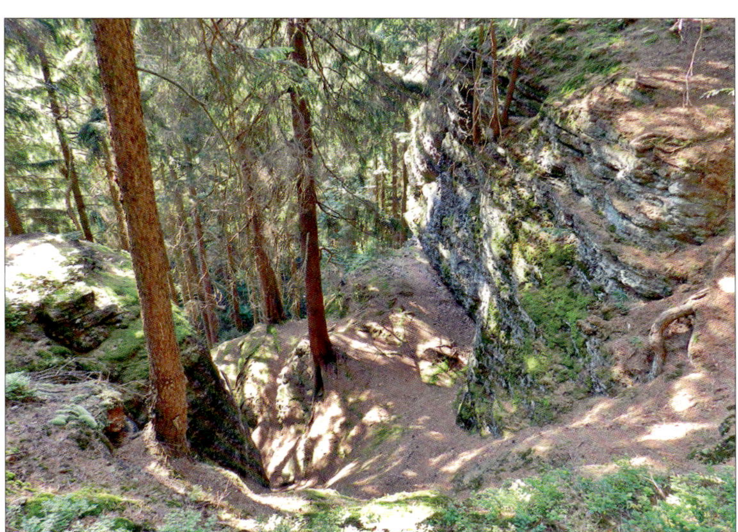

Wanderpfad am Goethefelsen.

Das mitten im Wald gelegene **Waldgasthaus Mönchhof** steht dort, wo sich im Mittelalter eine Kapelle befand und verdankt seinen Namen wahrscheinlich dieser Historie. Nahe dem Gebäude ist ein Stein zu finden, der als Mönchstein bezeichnet wird. Er soll der Sage nach von einem Mönch, der schwere Schuld sühnen wollte, hier hinauf getragen worden sein. Vor Schwäche kam der Mönch hier ums Leben. August Trinius hat in einem seiner Gedichte diese Sage aufgegriffen und bekannt gemacht.

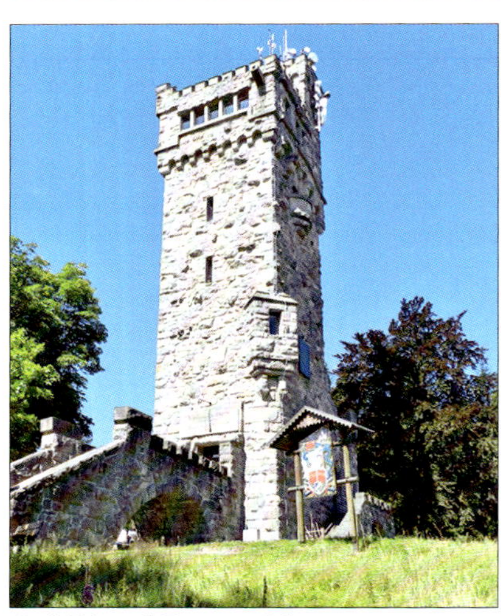

Carl-Eduard-Turm auf der Hohen Warte

Nach einer Rast ist unser nächstes Ziel der Nasenhügel. Der **Wegweiser** weist eine Entfernung von 1,1 km aus und auf der Karte beim Wegweiser finden wir die Höhenangabe 702 m, und so wissen wir, dass wir bis dahin eine geruhsame Wanderung vor uns haben, die leicht bergab führt. Wir kommen an einer herrlichen **Waldwiese** vorbei, an der **Bänke** zum Verweilen und Genießen einladen. Der **Nasenhügel** stellt sich uns als große **Wegkreuzung** dar, an der wir der Wegweisung Emmastein und Marienquelle 2,0 km folgen. Wir halten uns also ganz links und steigen dem ausgebauten **Forstweg** bergan. Durch den lichten Hochwald hindurch sehen wir bald in südöstlicher Richtung den Kickelhahn mit seinen unverkennbaren Türmen und auch einige Häuser vom im Tal gelegenen Manebach. Wenig später, auf einer **Lichtung**, öffnet sich der Blick in Richtung Ilmenau. Anschließend schlängelt sich, von Manebach als Pfad kommend, der bekannte Goetheweg zu uns herauf.

Wir erreichen an Bergwiesen die **Marienquelle** und 400 m danach die **Wegkreuzung Steiger Eck**. Hier zeigt uns einer der vielen Wegweiser die Richtung Elgersburg 1,7 km an. Dieser Weg, der **Steigerweg**, führt nun fast genau in nördliche Richtung deutlich bergab und ist wieder mit markiert. Durch hohen Fichtenwald, an der **Kohlbachsquelle** und am **Apelsbrunnen** vorbei, stoßen wir an der **Skihütte** auf den Skihang von Elgersburg. Wir überqueren den kleinen **Bach** und steigen nun am linken Bachufer weiter abwärts. Ein weiterer **Brunnen** und dann ein idyllisch gelegener kleiner **Teich** zeugen von reichen Niederschlägen an den Hängen des Thüringer Waldes. Unmittelbar in Nachbarschaft zum Teich lädt ein **Kneippbecken** mit sehr kühlem Wasser zum erfrischenden Fußbad ein.

Wenige Meter sind es nur noch zum **Ortsrand** von Elgersburg. Abwärts durch die Steigerstraße gelangen wir wieder zum **Parkplatz**, von dem aus wir nochmals den Blick auf das Schloss Elgersburg, dem Ausgangspunkt unserer Wanderung, genießen können.

Eine Rundwanderung über die beiden Hausberge von Ilmenau mit viel Erlebnispotenzial und Einkehrmöglichkeiten.

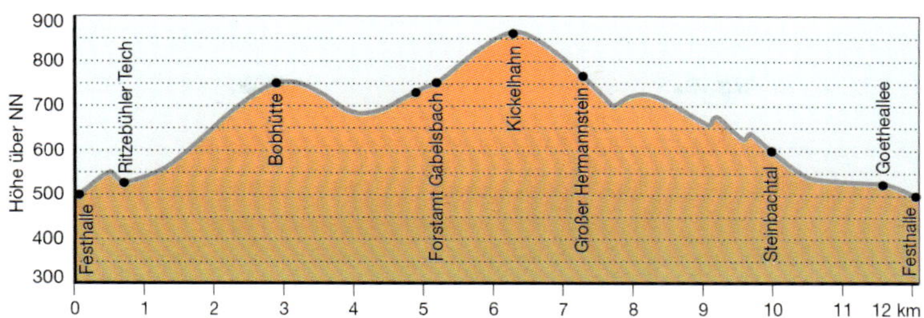

Anreise/Start/Ziel: Zu erreichen auf der B4 von Schmiedefeld kommend, rechts nach Schwimmbad und Stadion
Parken: Parkplatz an der Festhalle (Stadtpark), Ilmenau
Anforderungen: Obgleich die Wanderung nicht besonders lang ist, stellt sie hohe Anforderungen auf Grund der langen und zum Teil auch steilen Aufstiege und auch wegen des langen Abstiegs vom Kickelhahn. Je 550 Höhenmeter
Streckenlänge: 12,1 km
Einkehr: Bobhütte, Gaststätte auf dem Kickelhahn, Gaststätten in Ilmenau
Karte: Blatt 10 „Schmiedefeld, Frauenwald, Stützerbach" oder Wanderkarte „Ilmenau" ↗ S. 141
Sehenswertes: Historische Bobbahn mit Steinkurven, Museum Jagdhaus Gabelbach mit Ausstellung, Aussichtsturm auf dem Kickelhahn, Goethehäuschen, historische Jagdanlage, Großer Hermannstein, Touristinformation Ilmenau ↗ S. 142

Vom Parkplatz führt direkt nach Süden ein Weg über die Gleise und bergan zur Kögler-Grotte an der Prellerpromenade. Ihr folgen wir nach links bis sie nach ca. 300 m am Ortsausgang von Ilmenau in Richtung Stützerbach an einem Denkmal endet.

Es ist **Friedrich Hofmann** gewidmet, ein Schriftsteller, der 1813 in Coburg geboren wurde und 1888 in Ilmenau verstarb. Aus seinem Schaffen verdient vor allem seine Mitarbeit am Meyers Konversationslexikon und sein langjähriges Wirken an der Familienzeitschrift „Die Gartenlaube", deren Chefredakteur er zeitweilig war, hervorgehoben zu werden.

Gegenüber lädt der Ritzebühler Teich, ein seit 1987 unter Schutz stehendes Biotop, zur Besichtigung ein.

Wir aber folgen der Wegweisung „Alte Rodelbahn" am **Teich** vorbei, queren vor den **Tennisplätzen** nach links in den Wald und gehen dort nach rechts aufwärts, bis wir auf den alpinen Skihang treffen. Auf der gegenüberliegenden Seite des Skihanges sehen wir den Beginn der **Historischen Bobbahn**, der wir nun folgen. Sie quert nach einer Steilkurve erneut den Skihang und führt uns durch den Fichtenwald ca. 300 m aufwärts zur **Fitzler-Quelle**.

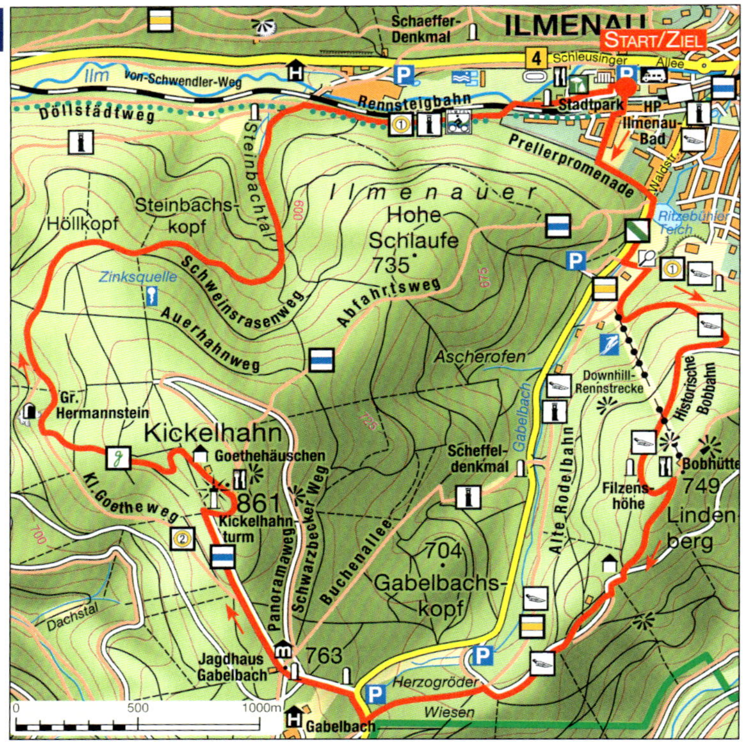

Der Medizinalrat Dr. **Karl Christoph Fitzler** (1788–1862) war der Begründer der Ilmenauer Kaltwasserheilanstalt, die er auch von 1838–1856 leitete.
Hier an der gefassten Quelle stoßen wir auf eine Grenze, die im Januar 2007 der **Orkan Kyrill** schuf; eine Grenze zwischen erhalten gebliebenem Hochwald, und nach Räumung der entwurzelten und zerbrochenen Bäume, entstandenem Kahlschlag. Die vor 3 bis 4 Jahren noch kahlen Hänge erlebt man heute als überaus farbenreiche Fläche, auf der sich vielfältige Baumarten, Büsche und Kräuter den Zugang zu Licht und Sonne streitig machen. In den Blick geraten zuerst das schmalblättrige Weidenröschen mit seinen purpurroten Blüten, aber auch das leuchtende Gelb des Fuchs-Greiskrautes macht nachdrücklich auf sich aufmerksam. Bei den Bäumen sind es die Birken, Ebereschen, Lärchen und Salweiden, die in den ersten Jahren nach dem Neuanfang dominieren. Noch ist alles niedrig genug, so dass sich uns Wanderern hin und wieder schöne Aussichten bieten, insbesondere auf Ilmenau, aber auch weit darüber hinaus ins Vorland des Thüringer Waldes.

Wir folgen den Kurven der Historischen Bobbahn wieder hinein in den Hochwald. Wir queren den alpinen Skihang, eine Wettkampfbahn/Trainingsstrecke für Mountainbiker und erreichen am Gipfel des Lindenberges die Bobhütte, in der wir uns nach dem anstrengenden Aufstieg stärken können.

Unser nächstes Ziel ist das Museum Jagdhaus Gabelbach. Zuerst verläuft der Weg auf einer gut ausgebauten Forststraße abwärts, dann biegen wir rechts in einen schmalen Weg ein, der als **Nordic-Walking-Strecke** ausgewiesen ist und auf dem die Skiläufer wegen der kommenden steilen Abfahrt gewarnt werden. Sie führt zurück auf die Forststraße, die sich etwas später an einem Wegweiser (Gabelbach 1 km) nach links und rechts teilt. Erst rechts, dann nach knapp 100 m scharf links, einem Wiesenweg entlang, gelangen wir zum Parkplatz unterhalb des Forsthauses Gabelbach. Wir überqueren aufmerksam die Straße und steigen nun geradeaus hinauf zum Jagdhaus Gabelbach. Hier treffen wir auf den Goethewanderweg 9, dem wir nun zum Kickelhahn folgen.

Das **Jagdhaus Gabelbach** wurde 1783 vom Herzog Carl August von Sachsen-Weimar-Eisenach zur Unterbringung und Aufenthalt seiner Jagdgesellschaften errichtet. Heute befindet sich in dem Museum u. a. die Ausstellung „Der Kickelhahn – Goethes Wald im Wandel", die modern gestaltet, die Entwicklung des Waldes gestern und heute präsentiert. Insbesondere Familien mit Kindern sei der Besuch der Ausstellung empfohlen, denn attraktiv aufbereitet, wird in ihr vieles gezeigt und erklärt, was man auf einer Wanderung zum Kickelhahn unmittelbar erleben kann. Das Denkmal für Rudolf Baumbach, gleich nebenan, erinnert an den Schöpfer des Gedichts „Hoch auf dem gelben Wagen".

Am Jagdhaus vorbei geht es wieder ca. 650 m bergan, dann biegt der **Goetheweg** scharf rechts ein und erreicht in einem Bogen den Gipfel des Kickelhahns. Uns bietet sich sofort ein freier Blick zum Hauptkamm des Thüringer Waldes. Noch besser können wir die Aussicht aus rund 885 m über NHN vom Turm des Kickelhahns genießen, der auf Anregung der Großherzogin Maria Pawlowa von 1854–1855 erbaut wurde, wie uns eine Metalltafel am Turm verrät.

Die Zarentochter **Maria Pawlowna** – geboren 1784, gestorben 1859 – heiratete 1804 Carl Friedrich, Erbherzog von Sachsen-Weimar-Eisenach. Ihr Name steht für das „Silberne Zeitalter" in der Kulturgeschichte Weimars.

Bei guten Witterungsbedingungen reicht der Blick bis hin zum Brocken im Harz. Ein Besteigen des 24 m hohen Turmes gehört somit unbedingt zu einer Kickelhahn-Wanderung. Erholung bietet die daneben gelegene Gaststätte, die im Winter und Sommer von Wanderern und Skifahrern gerne aufgesucht wird. Vorbei an der **historischen Jagdanlage**, die sich in unmittelbarer Nähe auf dem Gipfel des Kickelhahns befindet, erreichen wir das **Goethehäuschen**, das durch das von Goethe dort geschrieben Gedicht „Über allen Gipfeln ist Ruh...." weit über die Grenzen Deutschlands hinaus bekannt geworden ist.

Auf einem seit dem 16. Jahrhundert bestehenden Schießplatz ließ der Weimarer Herzog Ernst August eine **Jagdanlage** errichten, die es ihm und seinen Jagdgesellschaften ermöglichte, durch drei gegrabene Gänge in die gemauerten Jagdschirme zu gelangen, von denen man das durch Fütterung und Salzlecken angelockte Wild ungesehen aus geringer Distanz erlegen konnte. Die Anlage verfiel im 19. Jahrhundert und wurde ab 2004 schrittweise wieder freigelegt und saniert.

Im **Goethehäuschen** schrieb in der Nacht vom 6. zum 7. September 1783 Johann Wolfgang von Goethe die Verse „Über allen Gipfeln ist Ruh..." an die Bretterwand. 1870 brannte das Häuschen nieder, aber bereits vier Jahre später wurde es wieder originalgetreu errichtet. Kurz vor seinem letzten Geburtstag, den er in Ilmenau beging, weilte Goethe noch einmal hier und soll sich gerührt an sein kleines Gedicht erinnert haben. Seit dem Jahr 2000 befindet sich eine Tafel mit Übersetzungen in 15 Sprachen gegenüber des originalen Verses.

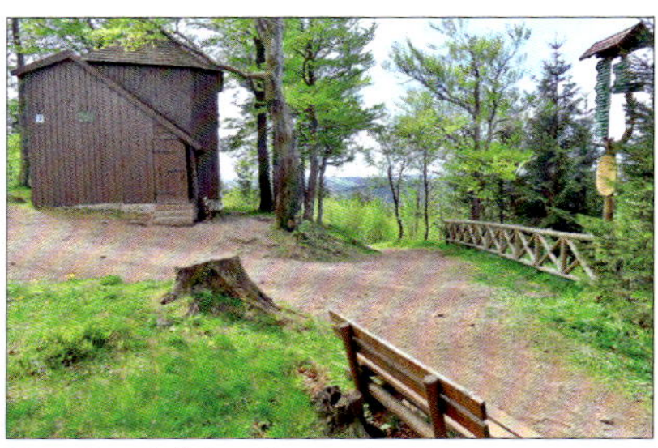

Das Goethehäuschen auf dem Kickelhahn.

Vom **Goethehäuschen** folgen wir dem Goethewanderweg abwärts, an der **Dachsquelle** vorbei, die ehemals das Wasser für die Gaststätte am Kickelhahn lieferte, erreichen wir nach 20 Minuten den **Großen Hermannstein**. Dieser Fels reicht bis in die Höhe der Baumwipfel und ist über eine steile Metalltreppe zu erklimmen. Oben bietet sich wiederum eine herrliche Sicht. Ein Besuch der **Höhle** am Fuß des Felsen sollte nicht versäumt werden. Goethe weilte mehrfach hier.

Vom Großen Hermannstein wandern wir zunächst ca. 350 m weiter auf dem Goetheweg und verlassen ihn dann nach rechts (an einem Baumstumpf mit den Wegezeichen des Goetheweges und der Nordic-Walking-Route). Nach 600 m teilt sich der Weg. Wir wählen den leicht abwärts führenden Weg durch einen herrlichen Mischwald bis wir zum Rettungspunkt „Steinbachstal" gelangen. Dem Tal abwärts treffen wir auf den Kickelhahn-Rundwanderweg, dem wir nach rechts in östliche Richtung folgen. Nahe der Gleise der Rennsteigbahn stoßen wir auf den Döllstädtweg und indem wir ihn nach rechts folgen, kommen wir am Beginn der Goetheallee zurück nach Ilmenau. Stufen führen hinab zu den Gleisen, die wir überqueren. Durch den Stadtpark geht es nun zurück zur Festhalle, an der wir diese lohnenswerte Wanderung beenden.

Ein Besuch der Goethe- und Universitätsstadt **Ilmenau** lohnt sich allemal. In der Stadt leben ca. 30.000 Einwohner, die an der Universität, in zahlreichen Technologie-Unternehmen, in der Glas- und Metallindustrie, im Werkzeug- und Maschinenbau und in der Dienstleistungsbranche beschäftigt sind. Sehenswert sind u. a. die attraktive Innenstadt, der Marktplatz mit Rathaus, GoetheStadtMuseum und Hennebrunnen sowie die Stadtkirche St. Jakobus. Die Eishalle (im Winter), das beheizte Freibad und die ganzjährig geöffnete Rennschlittenbahn mit Freizeitstart laden zu sportlicher Betätigung ein. Herrliche Wanderwege führen aus der Stadt zu vielen Sehenswürdigkeiten im Umland.

24. Vom Rennsteig zur Talsperre Schönbrunn

Eine Rundwanderung mit unterschiedlichen Streckenabschnitten: Vom Rennsteig bis Frauenwald durch Wälder und Wiesen mit wenig Begegnungen. Von Frauenwald nach Allzunah und auf dem Rennsteig ist man dagegen selten allein. Beeindruckend das klare, bei Sonnenschein tiefblaue Wasser der Talsperre Schönbrunn, umrahmt von dunklen Fichtenwäldern.

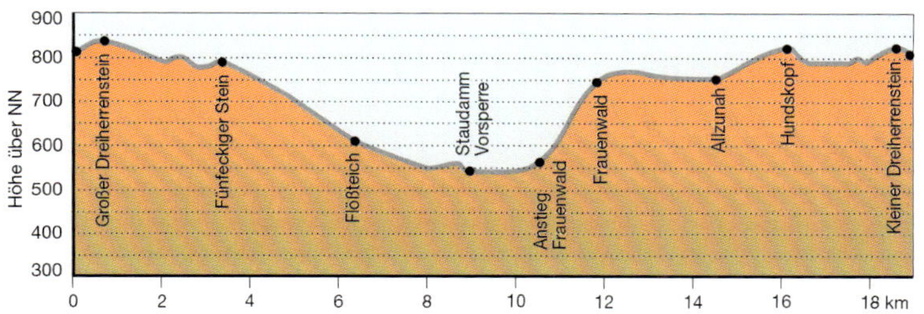

Anreise/Start/Ziel: Mit dem Pkw auf der K58 in Richtung Neustadt am Rennsteig zu erreichen
Parken: Parkplatz an der Waldgaststätte Dreiherrenstein
Anforderungen: Die Wanderung mit ihrem Abstecher am Rennsteig zum Großen Hundkopf stellt an die Kondition hohe Anforderungen, insbesondere deshalb, weil nach über 10 km Wanderung ein steiler Anstieg von über 200 Höhenmetern bewältigt werden muss. Der Wegverlauf auf Waldwegen und ausgebauten Forstwegen bietet dagegen keine besonderen Schwierigkeiten
Streckenlänge: 19 km
Einkehr: Waldgasthof Dreiherrenstein, Gaststätten in Frauenwald, Café Spindler in Allzunah
Karte: Blatt 10 „Schmiedefeld, Frauenwald, Stützerbach" ↗ S. 141
Sehenswertes: Talsperre Schönbrunn, Schinkelkirche St. Nikolai in Frauenwald, Steinernes Monument von Frauenwald, Touristinformation Frauenwald ↗ S. 143

Am **Parkplatz** an der **Waldgaststätte Dreiherrenstein** beginnen wir mit unserer Wanderung zunächst auf dem **Rennsteig** in Richtung Neustadt. Vorbei am alten und teilweise stark verwitterten **Grenzstein**, der die Landesgrenzen von drei Hoheitsgebieten markierte und dem Ort den Namen gab, geht es zunächst im Fichtenwald aufwärts, bis wir nach ca. 600 m auf 838 m Höhe den **Mittelpunkt** des **Rennsteigs** erreichen.

Der Weg führt an zahlreichen **Grenzsteinen** entlang durch den Fichtenwald, z. T. als schmaler Pfad, zumeist aber parallel zu einem Grasstreifen, der im Winter Raum für die Loipe bietet.
Neben den Grenzsteinen wurde jeweils ein Metallstab mit einem R auf einem kleinen roten Metallschild im Boden verankert, um beim Einsatz der Loipen-Spurgeräte die historischen Grenzsteine nicht zu beschädigen. Leider haben Souvenirjäger, die Mehrzahl dieser Schildchen entwendet, so dass die Stäbe beim Spuren der Loipen leicht übersehen werden können.
Nach 1,9 km erreichen wir die **Schutzhütte „Alte Landesgrenzen"** an der wir die Landstraße, die vom Dreiherrenstein nach Neustadt a. R. führt, überqueren. Nun führt der

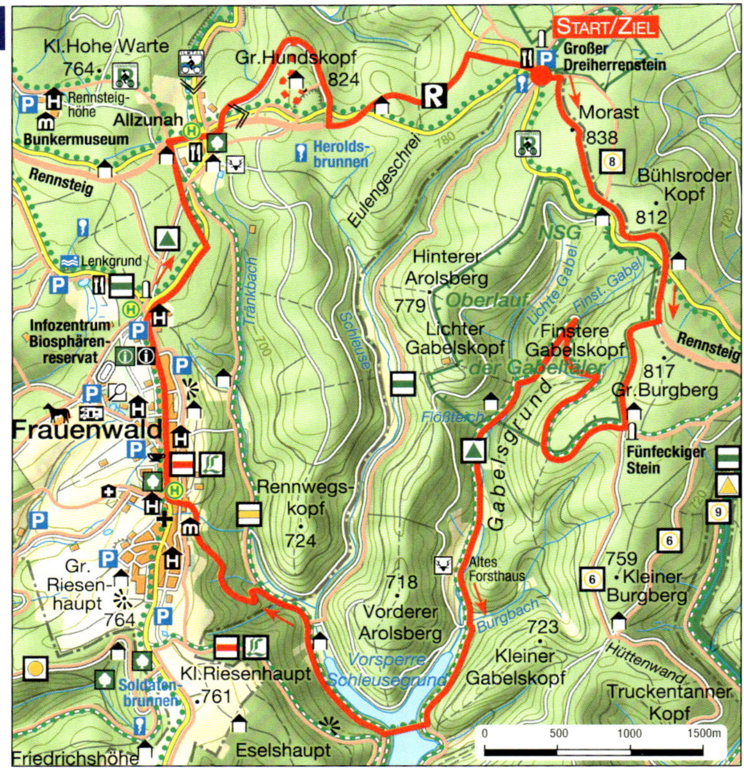

Rennsteig wieder bergan, bis wir nach ca. 400 m zu einem **Wegweiser** kommen, der ausweist, dass wir seit unserem Start am Dreiherrenstein 2,3 km zurückgelegt haben. Hier verlassen wir den Rennsteig nach rechts auf einen **Forst-Wirtschaftsweg**, der mit einer Schranke ausgestattet ist. Am Rand der **Pflegezone** des Biosphärenreservates **Vessertal** gelangen wir nach 15 Minuten zu einer **Wegkreuzung**, in deren Mitte uns ein Wegweiser auf einem gemauerten Steinblock angibt, dass es bis zum Vorstau der Talsperre Schönbrunn noch 5,3 km sind. Dieser Richtungsangabe folgen wir dem immer stärker abwärts führenden Weg. An einer Schneise links, die einen begrenzten Ausblick bietet, können wir in fast 3 km direkter Entfernung den südlichen Ortsteil von Frauenwald oben auf dem Bergrücken erkennen. Wir befinden uns nun in der Pflegezone des Biosphärenreservates. Auf unserem mehrfach die Richtung ändernden Weg überschreiten wir die **Quellbäche** der Gabel. An einem **Floßteich** vorbei gelangen wir zu den Wiesenhängen im **Gabelsgrund**.

Auf unserer Tour bis zum Floßteich hat sich das Landschaftsbild wesentlich verändert. Waren es in den Höhenlagen vor allem unterschiedlich alte Fichtenbestände, die wir durchquerten, sind es nun artenreichere Wälder, die das Bild bestimmen. Neben Buchenbeständen finden wir Bergahorn

und Weißtannen und am Weg im Talgrund leuchten uns auch hin und wieder die weißen Stämme der Birke entgegen. An einem alten **Forsthaus** vorbei, das die Harmonie dieser Kulturlandschaft unterstreicht, erreichen wir den **Stau** der **Vorsperre Schleusegrund**.
Wir bleiben auf dem asphaltierten Weg. Nach 800 m, entlang der durch Büsche und Bäume rechts von uns verdeckten Wasserfläche, können wir endlich den herrlichen Blick auf die Vorsperre und die Talsperre Schönbrunn genießen. Im dunklen Blau des Wassers spiegeln sich die dunkelgrünen Waldränder und Berge, die sich rings um die Talsperre entlang ziehen. Gerne würde man sich nach der bisher über zwei Stunden dauernden Wanderung in diesem klaren Wasser erfrischen, aber da es sich um eine Trinkwassertalsperre handelt, ist leider Verzicht angesagt.

Die **Talsperre Schönbrunn** ist eine Trinkwassertalsperre, die einen großen Teil von Südthüringen versorgt. Sie wurde zwischen 1967 und 1979 errichtet. Die sich früher in ihrem Staugebiet befindlichen Orte Unter- und Obergabel wurden in diesem Zeitraum ausgesiedelt. Die Staumauer, die das Wasser der Gabel und weiterer Bäche staut, ist 64,7 m hoch und staut ein Volumen von 64,7 Mio. m³ Wasser. Bei Vollstau umfasst die Wasseroberfläche 1 km². Die Vorsperre dient dem Rückhalt mineralischen Materials. Der Damm ist 20,5 m hoch und das Stauvolumen beträgt 0,74 Mio. m³.

Über die **Staumauer** der Vorsperre erreichen wir das westliche Ufer. Am westlichen Arm des Staus der Vorsperre geht es nun aufwärts durch die naturbelassene Landschaft mit ihren Wiesenhängen, die mit Farbtupfen in gelb, blau und lila von Waldweidenröschen, Johanneskraut und Wegwarte immer wieder unsere Blicke einfangen.
Kurz nach dem **Ende** des **Anstaus** führt links ein Pfad steil den Berg hinan nach Frauenwald.
Dieser Weg wird durch einen Wegweiser ausgewiesen. Spätestens hier sollte man sich entscheiden, ob man den Weg nach Allzunah durch den Grund am Tränkbach, in welchem wir uns befinden, fortsetzt, oder ob man den etwas steileren und längeren Weg über Frauenwald wählt.

Der Erholungsort **Frauenwald** liegt in ca. 800 m Höhe auf dem langgestreckten Rücken des Großen Riesenhauptes und bietet nach Westen, Süden und Osten eine ausgezeichnete Fernsicht an. Der Sage nach entstand der Ort am Ende des 12. bzw. Anfang des 13. Jahrhunderts. Graf Poppo von Henneberg verirrte sich in den dichten Wäldern links und rechts der Straße zwischen Erfurt und Nürnberg bei der Jagd und wurde von einem Köhler zurück zur Straße gebracht. Für seine Rettungstat wünschte sich der Köhler eine kleine Kapelle, die nach dem Schutzheiligen der Fuhrleute Nikolauskapelle benannt wurde. Nachdem die Kapelle dem Kloster Veßra übertragen wurde, wurde sie zu einer Propstei mit Frauenstift umgewandelt. Von den hier lebenden Frauen wurde der Name des heutigen Ortes Frauenwald (Frauen im Wald) abgeleitet. Der Ort hat heute ca. 1.000 Einwohner und lebt weitgehend vom Tourismus, vor allem von Gästen, die hier Wintersport betreiben (jährlich ca. 38.000 Übernachtungen).

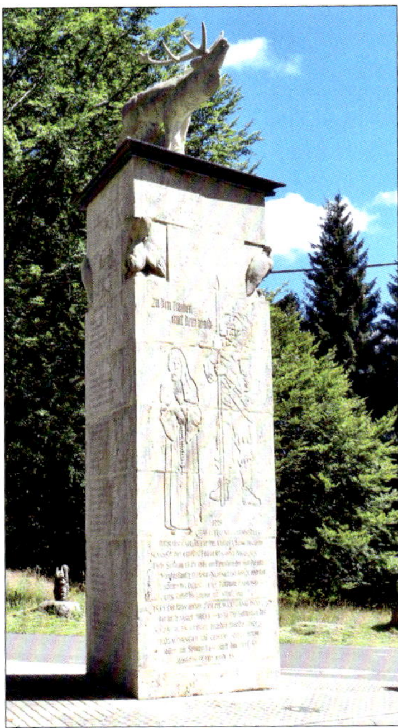

Steinernes Monument von Frauenwald

Wir entscheiden uns für den **Aufstieg** nach **Frauenwald**, der uns immer bergan, an **Bergwiesen** vorbei, nach oben führt. Knapp 200 Höhenmeter müssen wir bewältigen, bis wir das **Haus** erreichen, das wir aus dem Talgrund bereits sehen konnten. Bis zum **Platz des Friedens** in der Ortsmitte sind es nur wenige Meter, die **Schinkel-Kirche** „St. Nicolai" ist wenige Meter nach links an der Südstraße gelegen (zu besichtigen bei Meldung im Pfarrhaus gegenüber). Wir halten uns rechts und folgen der **Nordstraße** durch das recht lange schmucke Straßendorf. Am **Ortsaugang**, wo sich die Straße teilt, links in Richtung Bhf. Rennsteig und Schmiedefeld, rechts in Richtung Allzunah, steht mitten auf der Kreuzung ein **Monument** mit Darstellung der Geschichte Frauenwalds und einem röhrenden Hirsch oben drauf.

Hier treffen wir auch auf den alten **Bahndamm**, auf dem von 1913–1965 die Rennsteigbahn entlang fuhr und Frauenwald mit Schmiedefeld und Stützerbach verband. Heute führt hier ein barrierefreier **Wanderweg** nach Allzunah, den wir wählen, um in diesen kleinen Ort und damit zurück zum Rennsteig zu gelangen. **Allzunah** ist ein sehr kleiner Ortsteil von Frauenwald. Der Ort wurde erst gegen Ende des 17. Jahrhunderts in Verbindung mit dem Bau einer Glashütte geschaffen.

Am Café Spindler folgen wir dem **Rennsteig** in Richtung Dreiherrenstein, verlassen ihn aber schon nach 100 m, um die Straße zu queren und in einen **Waldweg** einzubiegen, der zum Aussichtspunkt Hundskopf führt. Ein **Wegweiser** zeigt uns an, dass wir nach rechts, an einer **Wegschranke** vorbei, leicht aufwärts wandern müssen. Im Halbkreis führt der Weg um den Großen Hundskopf, bis rechts ein **Wiesenweg** bergauf dem Gipfel zustrebt. Unmittelbar über dem **Steinbruch** gelangt man auf einem Pfad zu einer **Schutzhütte** und dann zu einer **Aussichtsplattform** über dem Steinbruch. Unser Blick reicht vom Oberbecken des Pumpspeicherwerkes Goldisthal, dem Aussichtsturm der Rennsteigwarte auf dem Eselsberg bei Masserberg, zur Antennenanlage auf dem Bleßberg, bis links nach Frauenwald am Großen Riesenhaupt. Wie gekommen, steigen wir wieder bergab, bis zum Ende des **Wiesenweges**. Hier halten wir uns rechts und erreichen die **Straße**, die von Allzunah zum Großen Dreiherrenstein führt. Sie überqueren wir, und auf dem daneben verlaufenden **Rennsteig** steigen wir nach links leicht bergan, bis auch er die Straße überquert. Nach einem Kilometer leicht bergan biegt der Rennsteig nach rechts ab und nach weiteren 500 m ist das **Gasthaus Großer Dreiherrenstein** wieder erreicht.

Rundwanderung durch Fluren und Wälder im Kammbereich des Thüringer Waldes. Beeindruckende Wälder, aber vor allem bunte Blumenwiesen, bestimmen das Bild. Höhepunkt der Wanderung ist die Aussicht vom überbauten Dach der Schutzhütte auf der Vorderen Haube.

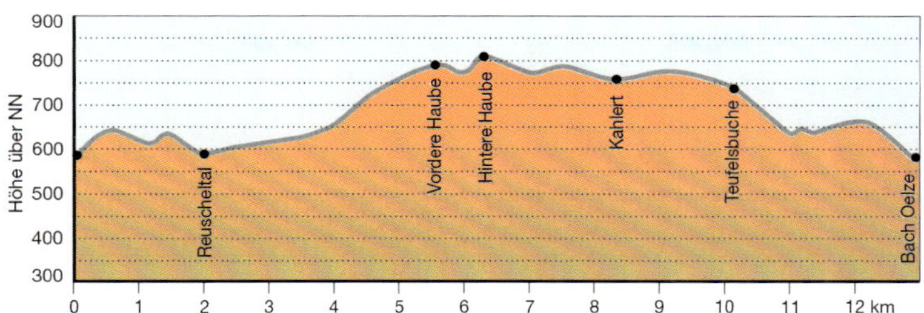

Anreise/Start/Ziel: Mit dem Pkw zu erreichen von Katzhütte in Richtung Neustadt am Rennsteig
Parken: am Markt im Zentrum von Altenfeld
Anforderungen: Der Weg beginnt mit dem Aufstieg in Altenfeld mühsam, bietet dann aber über Weiden, Wälder und durch das Reuscheltal absolute Entspannung. Der Aufstieg zum Gipfel der Vorderen Haube verlangt dann wieder gute Kondition. Höhenmeter je 365 m
Streckenlänge: 13 km
Einkehr: Gaststätten in Altenfeld und Kahlert
Karte: Blatt 15 „Masserberg, Katzhütte, Oberes Schwarzatal" ↗ S. 141
Sehenswertes: In Altenfeld das Musikautomaten- und das Glasmuseum, die Aussicht von der Vorderen Haube, Grenzsteine und die Teufelsbuche am Rennsteig

Im von bewaldeten Bergen umgebenen **Altenfeld** beginnen wir unsere Wanderung am **Marktplatz**. Er wird vom **Panoramaweg Schwarzatal** berührt und so können wir zu Beginn dem ▲ in Richtung Großbreitenbach folgen. Zuerst müssen wir auf der **Straße Heubachsberg** steil bergan steigen, bis sie in Höhe des Sportplatzes in den **Totenweg** mündet, der uns durch Wiesen und Felder zum Waldrand am **Hirschtal** führt. An einer kleinen **Schutzhütte** vorbei, gelangen wir in einen Fichtenhochwald, in dessen unterer Etage zahlreiche Laubbäume heranwachsen, die in absehbarer Zeit den Umbau zum Mischwald vollenden werden. Der Weg ist mit Gras bewachsen und an einigen Stellen recht feucht. Wir befinden uns in Kammnähe des Thüringer Waldes; Regen- und Nebeltage sind hier häufig anzutreffen. Nach einem Kilometer durch den Wald, im letzten Stück etwas bergab, plätschert uns der **Reuschelbach** entgegen, den wir gleich darauf auf einer kleinen **Holzbrücke** überschreiten. Wir durchqueren an einigen imponierenden Rotfichten vorbei das sich am Bach entlang ziehende Wiesental und finden auf der anderen Seite eine weitere **Schutzhütte**. Hier steigt der Panoramaweg den Berg hinan. Links, dem Reuscheltal folgend, ist eine Ausweichvariante zum Panoramaweg markiert, die immer dann gewählt werden sollte, wenn es viel geregnet hat oder wenn die Schneeschmelze den Bergpfad aufwärts

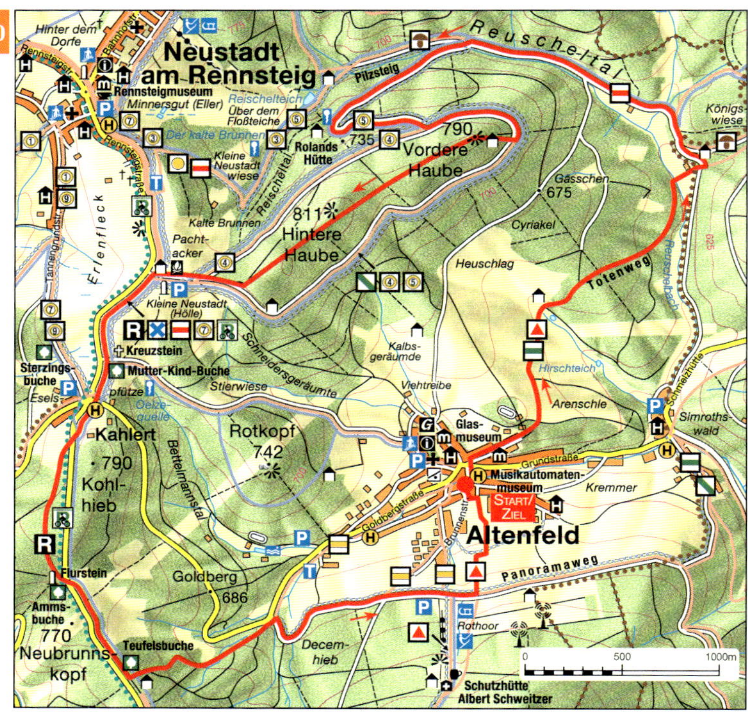

grundlos werden ließ. Wir folgen der **Ausweichvariante**, allerdings nur, bis der Panoramaweg das Reuscheltal verlässt. Der Aussichtspunkt Haube ist unser nächstes Ziel und so können wir noch weiter auf dem Weg entlang der Wiesen im **Reuscheltal** bleiben. Nach rechts geht der Wiesengrund Reuscheltal in die Feuchtwiesen am Bach **Margaretenbrunnen** über, die sich steil den Berg hinauf ziehen. Die Wiesen im Reuscheltal enden kurz danach an einem Teich, an dessen Bacheinlauf ein Weg in Richtung Altenfeld links abbiegt. Wir gehen im Talgrund weiter bergan bis uns **Wegweiser** anzeigen, dass wir zum Aussichtspunkt Haube links dem **Wirtschaftsweg** folgen müssen. Wir bleiben auf dem Forstweg, der in südwestlicher Richtung bis zur Rolands Hütte führt. Er ist hin und wieder mit einem roten Querstrich oder auch mit einem gelben Punkt mit der Ziffer 5 gekennzeichnet. An der **Rolands Hütte** haben wir einen großen Teil des Aufstiegs bewältigt. Der Weg biegt nach links und verläuft nun fast in gleicher Höhe am Berghang entlang. Nach einer Wegabzweigung auf der rechten Seite beschreibt unser Weg einen Bogen nach rechts und genau im Bogen steigt nun ein Pfad ca. 150 m steil bergan.

Der Gipfel der **Vorderen Haube** (790 m) ist erreicht.

Heimatfreunde aus Altenfeld haben auf der **Vorderen Haube** in einem Bau eine geräumige Schutzhütte, einen Aussichtsturm und ein Gipfelkreuz errichtet. Ein Gipfelbuch beweist, dass der Berg oft besucht wird. Die

Bäume auf der Haube lassen nach Osten, Südosten und Süden eine freie Sicht zu. So kann man das Panorama von Großbreitenbach zum Fröbelturm und zur Meuselbacher Kuppe, zum Oberbecken von Goldisthal, zum Bleßberg und zur Rennsteigwarte noch ungehindert genießen.

Unser weiterer Weg verläuft nun auf dem **Kamm** des Bergmassives und auf einem Wiesenweg gelangen wir schon bald auf die **„Hintere Haube“** (812 m). Dieser Gipfel ist voll bewaldet und ohne Aufenthalt steigen wir nun etwas abwärts, dem Rennsteig entgegen. Am Waldende beginnen saftig grüne Weiden. Nach gut 400 m steht vor uns eine **Grillhütte**. Wir sind am **Rennsteig** angekommen. Rechts von uns sehen wir Häuser von Neustadt und direkt vor uns erkennen wir Frauenwald. Links geht es nach Kahlert, und so folgen wir hier dem Rennsteig, der sich immer wieder dicht an die Landstraße zwischen Rennsteig und Masserberg drängt, nach links. Nach **Kahlert** sind es ganze 750 m und so ist dieser aus wenigen Häusern bestehende Ort schnell erreicht. Hier müssen wir ein Stückchen die Straße benutzen, bevor der Rennsteig am Waldrand, nun wieder als eigenständiger Pfad, rechts in den Wald führt. Wie bereits vor Kahlert können wir auch hier **Grenzsteine** mit Wappen bestaunen und als Zeichen dieser Grenzen finden wir auch noch einige alte Buchen, die vor fast 300 Jahren gepflanzt wurden.

Eine dieser alten Buchen ist die **Teufelsbuche**, über die viele Legenden im Umlauf sind. Hier sollen Räuber Wanderer und Handelsreisende ausgeplündert haben, und hier soll auch der Teufel mit im Spiel gewesen sein. Bis er einmal, als er sich im Rucksack eines jungen Wanderers versteckt hatte, von diesem ertappt und im zugebundenen Rucksack ordentlich mit dem Wanderstock durchgeprügelt wurde.

Wir verlassen hier den Rennsteig und folgen der **Wegweisung** Altenfeld bergab. An einer Wiese mit **Schutzhütte** vorbei, treffen wir bald auf die Landstraße, die hinein nach Altenfeld führt. Wir halten uns hier rechts und wandern in Richtung **Albert-Schweitzer-Hütte** auf dem Wirtschaftsweg. Er führt uns wieder ein Stück bergan. Bald treffen wir auf die Wiesen, die sich hier im Süden von Altenfeld ein Stück dem Berghang empor ziehen. Sie bieten uns freie Sicht auf Altenfeld, so dass wir nicht den ersten links abgehenden Weg nach Altenfeld nehmen, sondern bis hinter den Skihang gehen, um das Panorama voll zu genießen. Vor uns Altenfeld, grün ins Tal eingebettet, und dahinter die Vordere und Hintere Haube, die wir vor 2 Stunden überquert haben.

Am **Skihang** treffen wir wieder auf den **Panoramaweg** Schwarzatal und sein ▲ geleitet uns durch die Wiesen hinunter nach **Altenfeld**, wo wir am **Marktplatz** unsere Wanderung beenden.

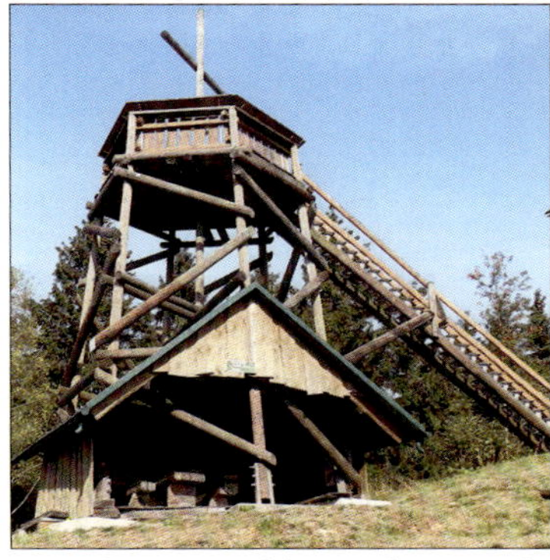

Aussichtsturm auf der Vorderen Haube.

26. Durch das Nadelöhr hindurch

Erlebnisreiche Rundwanderung durch eine besondere Region in den Kammlagen des Thüringer Waldes. Schöne Waldwege, Pfade und herrliche Aussichten laden zum Genießen ein.

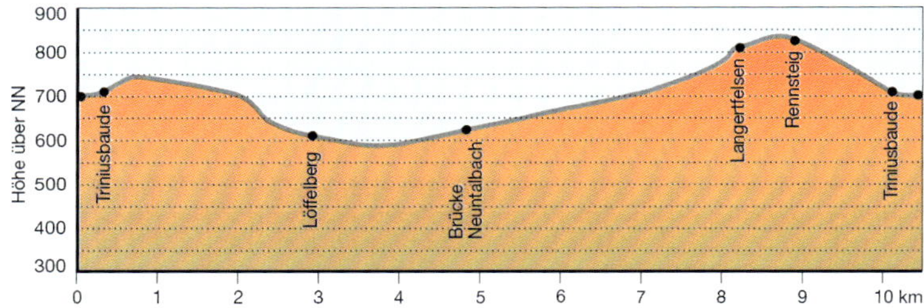

Anreise/Start/Ziel: Von Eisfeld (B 4 und B 89) nach Masserberg und dann in Richtung Neustadt. Von Ilmenau (B 88) nach Neustadt und dann in Richtung Masserberg
Parken: Parkplatz am Rennsteig zwischen Masserberg und Neustadt (Triniusbaude, Schwalbenhauptwiese) am Abzweig der Straße nach Gießübel und Schönbrunn
Anforderungen: Zumeist leicht, aber im Anstieg zum Nadelöhr und Langertfelsen etwas anstrengend, jeweils 300 Höhenmeter
Streckenlänge: 10,5 km
Einkehr: Triniusbaude
Karte: Blatt 14 „Talsperre Schönbrunn, Bergsee Ratscher" ↗ S. 141
Sehenswertes: Aussicht am Löffelberg, Nadelöhr, Langertfelsen, Triniusstein, Gewürzmühle Schönbrunn, Talsperre Schönbrunn, Badehaus Masserberg

Wir starten am **Parkplatz Triniusbaude.** Wir überqueren die Straße und erreichen nach gut 100 m die **Triniusbaude** am **Triniusfelsen**.

Bereits 1904, also noch zu Lebzeiten von **August Trinius** (1851–1919), hat man den Felsen nach diesem „Thüringer Wandersmann" benannt, der mit den Beschreibungen seiner Wanderungen durch Thüringen maßgeblich dazu beitrug, dass Thüringen über Deutschland hinaus als erstrangige Wanderregion bekannt wurde. Der Spruch „Thüringen – das grüne Herz Deutschlands" stammt von ihm.

Da wir am Ende unserer Wanderung hier wieder vorbeikommen, verschieben wir unsere Rast in der gastfreundlichen Wanderbaude auf später und folgen dem **Wirtschaftsweg** an der Baude vorbei, am Rand einer bunten Waldwiese entlang bis zur nächsten **Wegkreuzung**. Hier biegen wir nach rechts ab, erreichen nach 100 m den Waldrand und biegen nach weiteren 100 m auf einen schmaleren **Waldweg** ein. Ihm folgen wir nun durch den Nadelwald, auf fast gleicher Höhe bleibend, in Richtung Gießübel. Nach 600 m erreichen wir an einer Kreuzung den **Naturlehrpfad „Gießübler Schweiz"**, auf dem wir bis zur Bungalowsiedlung Gießübel bleiben. Abwärts geht es nun an einer **Trinkwasseranlage** vorbei in die **Bungalowsiedlung**. Wir durchqueren den Taleinschnitt und erreichen den **Aussichtspunkt Löffelberg** an

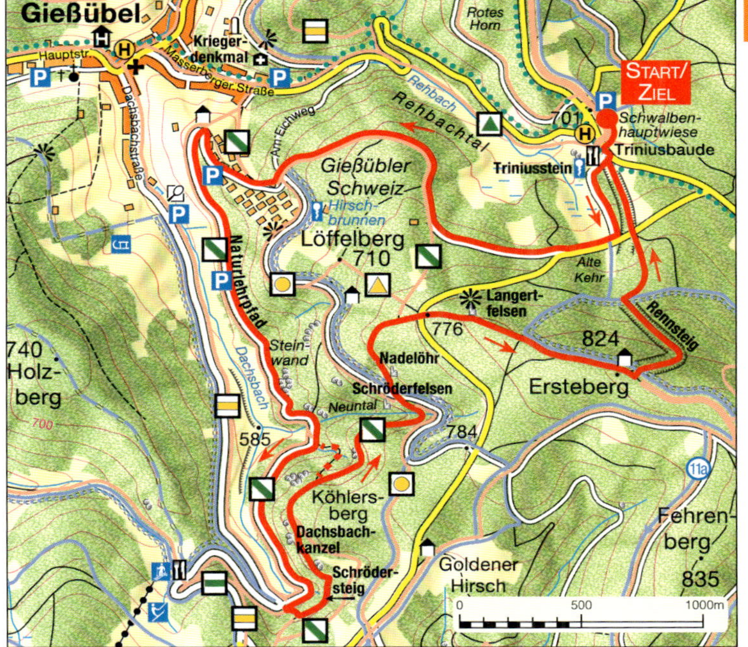

der als kleinen Pavillon gestalteten **Schutzhütte**. Hier sollte man eine Rast einlegen, um den eindrucksvollen Ausblick auf Gießübel und auf die es nach Norden begrenzenden Berge zu genießen.

Im Tal hinter diesen sich aneinander reihenden Bergen liegt die **Trinkwassertalsperre Schönbrunn**, welche die am Südhang des Thüringer Waldes reichlich anfallenden Niederschläge aufnimmt und sicherstellt, dass die Region auch in trockenen Monaten mit bestem Trinkwasser versorgt wird.

Am Löffelberg sind wir wieder am **Naturlehrpfad**, der nun in südliche Richtung bergan am Rande des **Dachsbachtales** entlang führt. Zahlreiche Infotafeln geben uns einen guten Überblick über die geologischen Besonderheiten der Region und der hier vorhandenen vielseitigen Flora und Fauna. Diese interessante Natur und die Aussichten, die sich immer wieder ins Dachsbachtal ergeben, machen diese Wanderung auf der hier nur leicht ansteigenden Strecke zum reinen Vergnügen. Für besondere Abwechslung sorgt der Dachsbach, den wir schon bald im Buchenhochwald queren.

Abkürzung:
Hier kann man die Strecke zum Nadelöhr verkürzen, indem man den kleinen Pfad folgt, der bachaufwärts führt. Auf ihm gelangt man zu einem kleinen Wasserfall. Weiter aufwärts stößt man wieder auf den Naturlehrpfad zum Nadelöhr.

Wir wollen aber den gesamten Naturlehrpfad erwandern, steigen deshalb nur bis zum **Wasserfall** und dann wieder zurück auf unserem Weg am Hang des Dachsbachgrundes. Auch hier geben viele Felspartien dem Weg ein besonderes Gepräge. Anhand der vielen Informationen, die den Besuchern am Wegrand auf zahlreichen Tafeln geboten werden, können wir uns ein Bild davon machen, wie diese Landschaft in Millionen von Jahren durch die Bewegungen der Erdkruste, durch den Druck von Erdschichten, Meeren und Gletschern, durch Wasser, Frost und Wind gestaltet wurde. An einem **Rondell** sich kreuzender Wirtschaftswege ändert sich unsere Laufrichtung. Ein **Pfad** führt nun aufwärts nach Norden und bald erreichen wir die **Dachsbachkanzel**, eine von Baumgipfeln überragte Felseninsel, auf die uns unser Pfad führt. Wer den Pfad verlässt, um am Rand in die Tiefe zu schauen, sollte Vorsicht walten lassen, um nicht abzustürzen. Unsere nächsten Ziele sind der **Schröderfelsen** und das Nadelöhr.

Der **Schröderfelsen** verdankt seinen Namen dem Forstmeister Georg Schröder, der sich nicht nur um die Erschließung der Region verdient gemacht hat, sondern der auch 1897 Initiator für die Fassung der Fehrenbacher Werraquelle war und damit den „ewigen" Streit um die richtige Werraquelle eine neue Dimension gab.

Kurz nach dem Schröderfelsen taucht der „**Nadelöhr**" genannte Felsen vor uns auf. Es ist ein alter Brauch, dass der Wanderer durch dieses Loch im Fels kriechen sollte, um zu bewirken, dass seine Wünsche in Erfüllung gehen. Natürlich glauben wir nicht daran, aber den Versuch ist es wert, und so krabbeln wir mehr oder weniger anmutig durch dieses enge Felstor. Da das Nadelöhr unmittelbar an einer alten Handelsstraße von Erfurt nach Nürnberg lag, wurde es schon vor vielen Jahren weit über die Grenzen Thüringens hinaus bekannt. Kein Wunder, dass es ins Wappen der Gemeinde Gießübel aufgenommen wurde.

Wir wandern weiter, und noch bevor die Landstraße zwischen Masserberg und Schnett erreicht wird, biegt der Naturlehrpfad nach links ab. Wir wählen aber die Wegweisung Richtung Langertfelsen, überqueren die **Landstraße** und steigen im Wald ca. 300 m weiter bergan.

Der **Langertfelsen** ist als herrlicher Aussichtspunkt bekannt. Eine sichere Treppe aus Metall ermöglicht eine einfache Besteigung. Inzwischen sind aber die Bäume rund um den Felsen beträchtlich gewachsen, so dass die Aussicht nur noch eingeschränkt genossen werden kann.

Mit dem Langertfelsen haben wir fast die Kammhöhe des Thüringer Waldes in der Region um Masserberg erreicht, somit haben wir auf den nun folgenden 800 m bis zum **Rennsteig** kaum noch Höhenmeter zu meistern. Zu ihm gelangen wir, indem wir dem ausgeschilderten Weg nach Osten folgen. Wir treffen ca. 1,7 km nordwestlich von Masserberg auf ihn, und zur Triniusbaude, nach Norden, sind es nur noch 1,2 km. Leicht abwärts, z. T. auf ausgetretenen Wurzelpfaden entlang, erreichen wir die **Triniusbaude**. Hier leisten wir uns in der anheimelnden Atmosphäre einer Bergbaude die wohlverdiente Schlussrast nach einer kurzweiligen und äußerst wohltuenden Wanderung durch die Gießübler Schweiz.

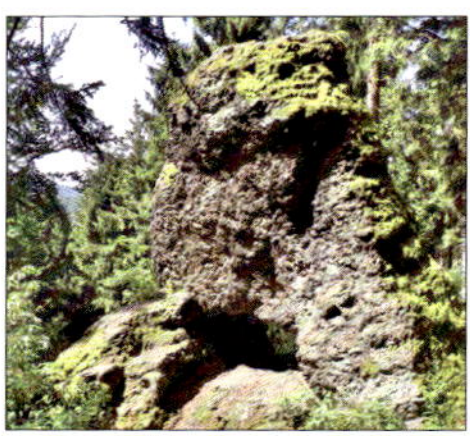

Der Felsen Nadelöhr

27. Masserberg – Wandern und baden

Eine Rundwanderung an und über des sich von Nord nach Süd erstreckenden Bergmassivs von Esels- und Zeupelsberg. Eine Wanderung voller Abwechslung, mit viel Sehens- und Erlebenswertem und reizvollen Einkehrmöglichkeiten.

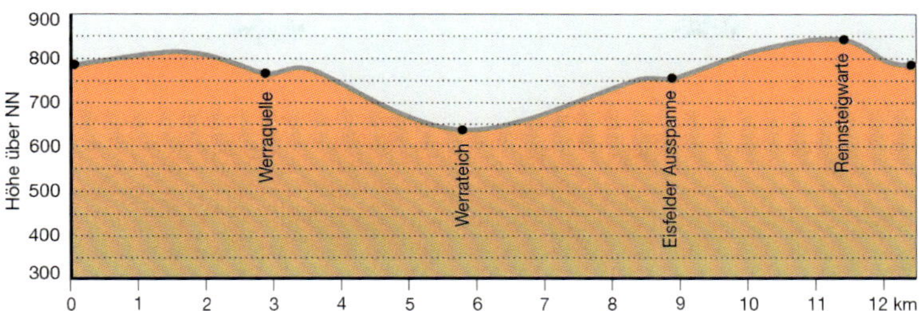

Anreise/Start/Ziel: Ortseingang von Masserberg von Fehrenbach kommend
Parken: Parkplatz an der L2052, Ortseingang
Anforderungen: Streckenlänge und zu bewältigende Höhenmeter stellen keine besonderen Anforderungen. Die Wege sind meistens gut markiert und ohne Probleme zu begehen. Nur um den Werrateich herum ist Achtung geboten, da einige Markierungen kaum noch zu erkennen sind.
Je 250 Höhenmeter
Streckenlänge: 12,5 km
Einkehr: Wirtshaus an der Werraquelle (montags Ruhetag), Turmbaude auf dem Eselsberg (mittwochs Ruhetag), Hotels und Gaststätten in Masserberg
Karte: Blatt 15 „Masserberg, Katzhütte, oberes Schwarzatal“ ↗ S. 141
Sehenswertes: Werraquelle, Werrateich, Grenzsteine und Dreiherrenstein am Rennsteig, Rennsteigwarte, Badehaus in Masserberg

Vom **Parkplatz** am Ortsausgang von Masserberg in Richtung Fehrenbach folgen wir dem **Rennsteig** in Richtung Eselsberg/Rennsteigwarte bis zum letzten Haus, hinter dem der **Masserberger Höhenweg** nach rechts abbiegt und in einer Linkskurve am Rücken des Eselsberges entlang führt. Bis zu unserem ersten Zwischenziel, der Werraquelle, gibt uns der Wegweiser eine Entfernung von 3 km an. Der breite Forstweg, der auch als Radweg ausgewiesen ist, verläuft fast immer in gleicher Höhe, so dass wir zügig voran kommen und nach ca. 30 Minuten eine kleine **Schutzhütte** „Zum Eselsgrund“ erreichen. Wir biegen hier nach links ab. Nach 100 m nochmals nach rechts, und wir erreichen nach weiteren 500 m auf einem an kleinen idyllischen Waldwiesen vorbei führenden schönen Waldweg das **Wirtshaus** an der **Werraquelle**. Von einer Infotafel an der bereits 1897 gefassten Quelle kann man erfahren, dass der Streit um die „wahre“ Werraquelle zwischen den Gemeinden Fehrenbach und Siegmundsburg noch immer aktuell ist. 2007 wurde die Quellanlage am Eselsberg restauriert und die Fehrenbacher Hütte neben dem Gasthaus errichtet.

Die Namen **Werra** und Weser sind etymologisch identisch, was nichts anderes bedeutet, als dass Werra und Weser der eigentliche Fluss sind,

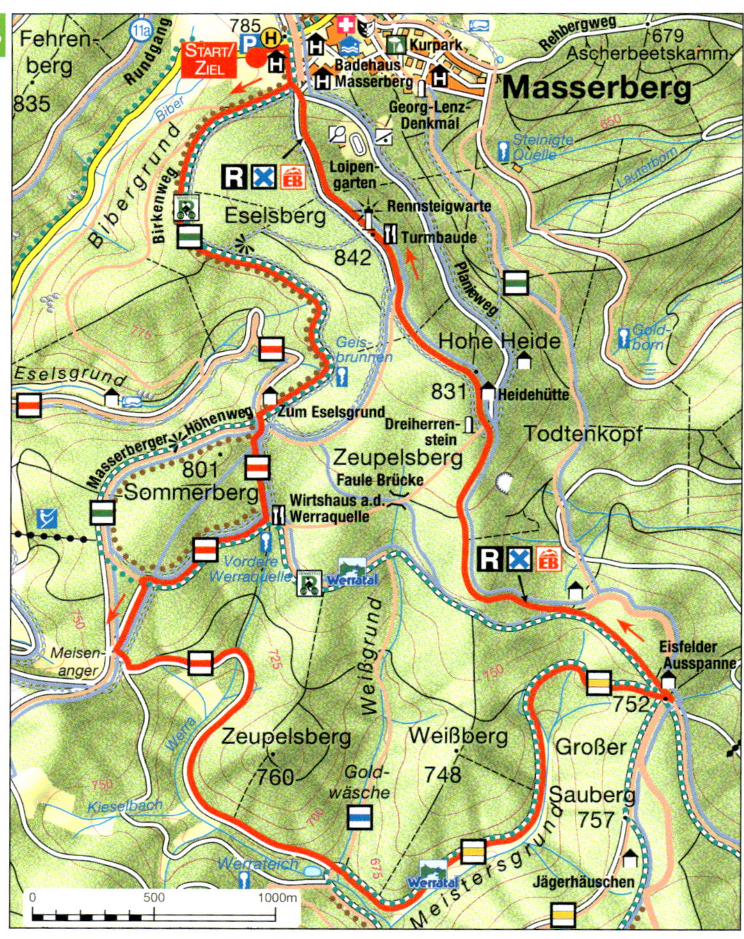

und dass die Fulda, obgleich wasserreicher als die Werra, nur ein Nebenfluss ist. Man bezeichnet aber Werra und Fulda als Quellflüsse der Weser und mit dem Vers am Weserstein:

„Wo Werra sich und Fulda küssen
Sie ihren Namen büssen müssen,
Und hier entsteht durch diesen Kuss
Deutsch bis zum Meer
der Weser Fluss.“

ist gar nicht erst ein Streit über die Dominanz eines der Quellflüsse aufgekommen. Anders verhält es sich aber mit der **Werraquelle**. Die Quelle am Südhang des Eselsberges bei Fehrenbach wurde 1897 als erste als Werraquelle gefasst. Die Siegmundsburger fassten ihre „Werraquelle“ – die auch als Quelle der Saar bekannt ist – erst 1910 als Werraquelle. Seitdem wird über die richtige Quelle gestritten. Dem zeitlichen Vorsprung der Fehrenbacher steht die andere Tatsache entgegen, dass das Einzugsgebiet der Siegmundsburger Quelle größer ist und sie näher an die Wasserscheide zwischen Weser und Rhein und Weser und

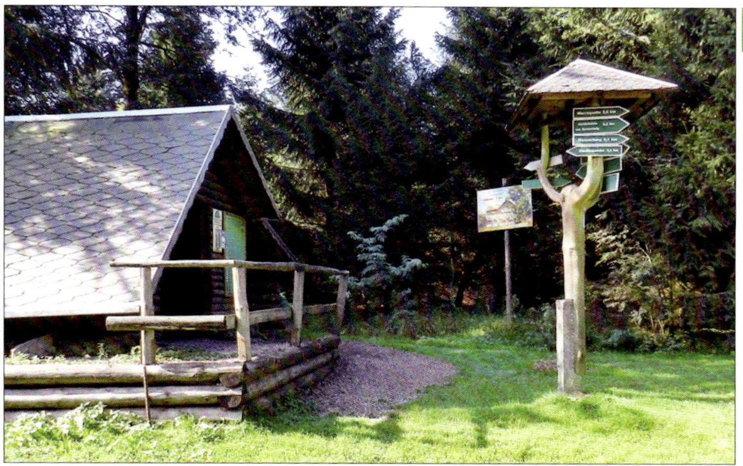

Schutzhütte an der Eisfelder Ausspanne

Elbe heranreicht. Auch mit mehreren Sachgutachten konnte der Streit bis heute nicht geschlichtet werden. Auch die Vergabe von zwei Namen als Werraquelle – echte und falsche Werraquelle, vordere und hintere Werraquelle oder auch trockene und nasse Werraquelle – brachte keine Einigung, da alle diese Bezeichnungen eine der Quellen privilegieren. Am neutralsten erscheint deshalb die Bezeichnung Fehrenbacher Werraquelle und Siegmundsburger Werraquelle.

Da unser nächstes Ziel der Werrateich ist, wählen wir dorthin die schmale Bitumenstraße, die in südwestliche Richtung führt und erreichen nach ca. 600 m eine **Wegkreuzung**. Unser Ziel, der Werrateich, wird am Wegweiser angegeben, und so wandern wir auf dem breiten Grünstreifen neben der Bitumenstraße nun leicht abwärts bis zum Beginn von Wiesenflächen. Unmittelbar vor dem Wiesenanfang, am Wegweiser, biegt ein Weg leicht abwärts nach links ein und wir erreichen kurz darauf eine **Wegspinne**. Hier fehlt eine Wegweisung, deshalb müssen wir darauf achten, dass wir von links nach rechts gezählt, den zweiten Weg wählen, der leicht abwärts in östliche Richtung führt. Nach 500 m, in einer Kurve, überqueren wir die **Werra**, die hier noch ein so kleines Bächlein ist, dass sie in einem Rohr die Forststraße unterqueren kann. Am Hang, mit variierendem Abstand zum Talgrund, folgen wir ihr, bis vor uns der **Werrateich** zu sehen ist. Bis ins Detail können wir im Spiegelbild, welches das leuchtend blaue Wasser des Teiches reflektiert, die Äste mit ihrer dunklen Benadelung und den daran hängenden Zapfen der den Teich umgebenden Fichten erkennen. Hier ist der richtige **Rastplatz** und überdachte Bankgruppen laden uns dazu herzlich ein.

Der **Wegweiser** am Teich zeigt uns die Richtung Ausspanne an. Damit ist die Eisfelder Ausspanne am Rennsteig gemeint, zu der wir nun emporsteigen wollen. Nachdem wir den richtigen Weg gefunden haben (die Markierung die am Wegweiser angegeben ist, ist nur einmal zu finden) erreichen wir an einem

Abzweig einen weiteren Wegweiser, der bestätigt, dass wir den richtigen Weg gewählt haben. Nun geht es bis zur Eisfelder Ausspanne auf dem ausgebauten Forstweg bergan und an der **Ausspanne** gelangen wir zum **Rennsteig**, der hier Friedrichshöhe mit Masserberg verbindet.

Die **Ausspanne** bildete den Passübergang zwischen Schwarza und Werra. Um mit Kutschen und Fuhrwerken die steilen Anstiege bewältigen zu können, wurden ihnen zusätzliche Pferde vorgespannt, die hier wieder ausgespannt wurden und der Passhöhe somit den Namen Ausspanne gaben.

Der Rennsteig verläuft hier als schmaler ansteigender Waldweg und die zahlreichen **Grenzsteine** belegen, dass der Rennsteig die Grenze verschiedener feudaler Kleinstaaten bildete. Hier waren es die Fürstentümer Schwarzburg-Sondershausen und Schwarzburg-Rudolstadt sowie das Herzogtum Sachsen-Meiningen, wie wir es auf einer Infotafel am **Dreiherrenstein** an der **Heidehütte** lesen können. Hier haben wir den Aufstieg schon fast geschafft und tatsächlich, wenig später können wir auf des Berges Höhe, den einzigen Aussichtsturm am Rennsteig, die **Rennsteigwarte**, erkennen. Neugierig ersteigen wir den 38 m hohen Turm.

Oben werden wir mit einem **Rundblick** belohnt, der, da die Aussichtsplattform verglast ist, uns leider keine besonders guten Fotos ermöglicht. Trotzdem sind wir zufrieden, denn die Aussicht wird nach keiner Richtung eingeschränkt und wird jeweils nur vom Sonnenstand und den unterschiedlichen Sichtverhältnissen beeinträchtigt. Die höchsten Berge des Thüringer Schiefergebirges und des Thüringer Waldes sind deutlich erkennbar. Zu sehen sind die Feste Coburg, die Gleichberge und die Berge der Rhön. Besonders beeindruckend ist das nahe gelegene Oberbecken des Pumpspeicherwerkes Goldisthal und unmittelbar unter uns Teile von Masserberg rings um seine Dorfkirche.

Wieder abgestiegen lädt die **Turmbaude** zur Abschlussrast ein und danach ist nur noch ein kurzer, aber recht steiler Abstieg zu bewältigen und wir erreichen wieder den Ortsrand von Masserberg. Nicht weit vom **Parkplatz** entfernt befindet sich das **Badehaus** von Masserberg, in dem wir uns bei jedem Wetter herrlich nach der Wanderung entspannen können.

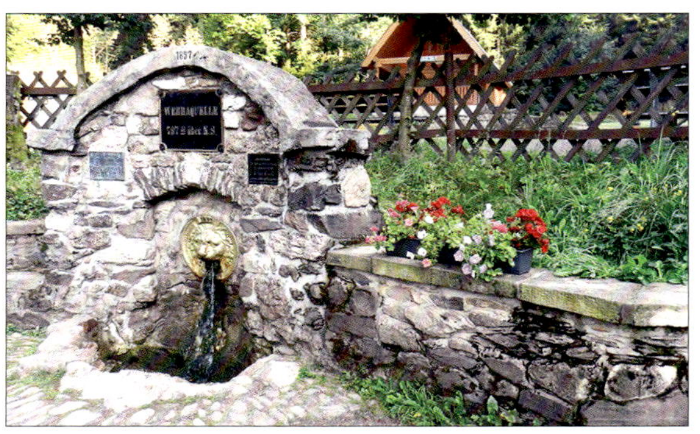

Die Fehrenbacher Werraquelle

Bergwanderung mit vielen Aussichten durch z. T. einsame Wälder. Rundwanderung

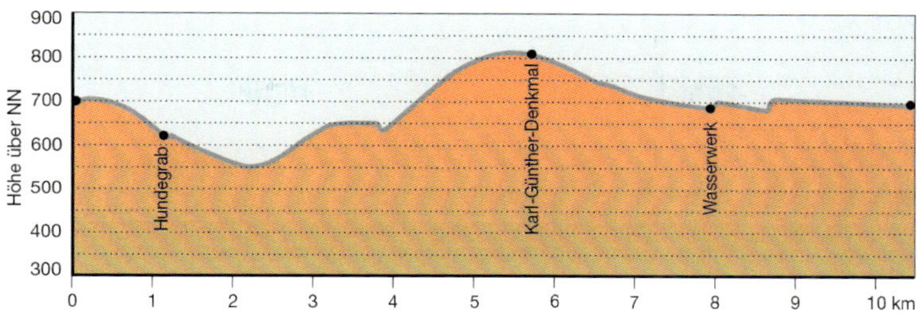

Anreise/Start /Ziel: B88 Königsee–Ilmenau, Abzweig Pennewitz in Richtung Großbreitenbach.
Parken: Parkplatz am Waldrand nordwestlich von Herschdorf
Anforderungen: Die Wanderung erfordert elementare Orientierungsfähigkeiten und Grundkenntnisse im Umgang mit der Wanderkarte, da die Wegweisung und Markierung sehr lückenhaft sind. In der ersten Weghälfte verlangen ein kurzer, steiler Abstieg und ein längerer Anstieg Trittsicherheit und etwas Kondition. Je 310 m Höhenmeter
Streckenlänge: 10,5 km
Einkehr: Gaststätten in Herschdorf
Karte: Blatt 11 „Gräfinau-Angstedt, Gehren und Königsee" ↗ S. 141
Sehenswertes: Viele Aussichten, Fürst-Karl-Günther-Denkmal, Kirche in Herschdorf

Nordwestlich von Herschdorf, am Waldrand des Langen Berges, befindet sich ein **Wanderparkplatz**, den wir als Ausgangspunkt für unsere Rundwanderung um und über den Langen Berg nutzen. Der Wegweisung **Wurzelkurt Naturlehrpfad** folgen wir bergauf in den Wald. Nach 200 m erreichen wir am **Rondell** Herschdorf in 705 m Höhe den Kammweg. Zwischen dem Weg zum Denkmal ▬ und dem Weg nach Gehren △ verläuft ein nicht markierter weiterer Weg leicht abwärts. Auf ihm erreichen wir eine breite, mit Gräsern, Heidelbeeren und lila blühenden Heidesträuchern bewachsene **Schneise**, die den Blick nach Norden freigibt. Ihr folgen wir abwärts.
Der zwar etwas steil, aber gut zu gehende Weg, führt uns zu einer **Schutzhütte**. Von hier aus genießen wir den **Ausblick** auf Gräfinau-Angstedt und rechts daneben den unverwechselbaren Singer Berg. Die Schneise endet an einer Wegspinne mit einer interessant gestalteten **Schutzhütte**. Hier wird seit Jahren eine Grabstätte für einen preisgekrönten Jagdhund gepflegt, die den Ort den Namen **Hundegrab** gab.

Wir stoßen wieder auf den Pilzsteig, einen Wanderweg, der von Gehren nach Neustadt a. R. führt. Wir folgen ihm auf der ausgebauten **Forststraße** nach links in Richtung Gehren. Er ist mit △ markiert und führt weiter leicht abwärts.
Am eingezäunten Blockhaus und einer **Gebirgswiese** vorbei, erreichen wir einen Wegweiser neben einer **Info-Tafel** zum **Wurzelkurt-**

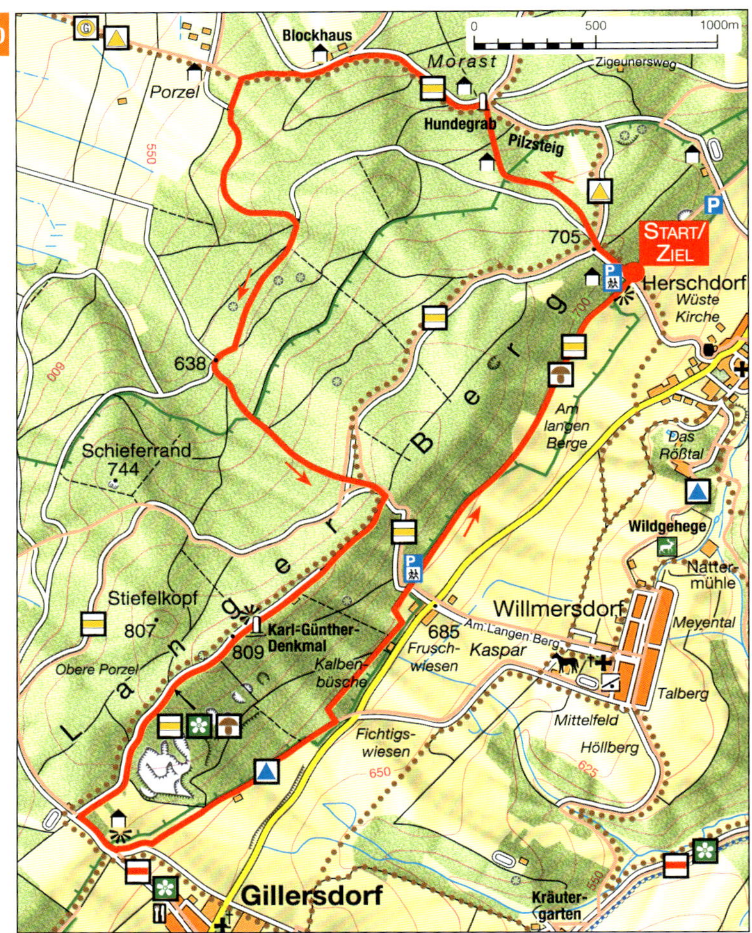

pfad. Hier zweigt der Weg nach Gehren nach rechts abwärts ab. Wir bleiben links – Wegweisung Gillersdorf – und kurz danach, an einer kleinen **Schutzhütte** am Waldrand wird der Blick nach Gehren–Ilmenau, den Kickelhahn und bis zu den Gipfeln um Neustadt a. R. frei. Nun geht es bergan. Am Rettungspunkt IK 3581 vorbei folgen wir der ausgebauten Forststraße bis nach einer abwärts führenden S-Kurve, an einer kleinen Laubwaldinsel, ein Weg links aufwärts zum Kammweg führt. Er ist mit [Markierung] markiert und leitet uns in südöstlicher Richtung steil den Berg hinauf. Knapp 150 Höhenmeter müssen wir bewältigen, bevor wir den **Kammweg** erreichen. 200 m nach rechts steht ein Funkmast und an ihm vorbei, leicht aufwärts, gelangen wir zum **Fürst-Karl-Günther-Haus**, das leider nicht mehr Gaststätte ist. Schräg gegenüber in dem kleinen Häuschen befand sich früher das **Wilderer-Museum**. In seiner Wetterfahne finden wir Goldrechen und Seifengabel aus dem Wappen der Fürsten von Schwarzburg. Das Museum wurde nach Gehlberg „umgezogen". Geblieben ist der **„Fürstensitz"** im Wald, der von Fürst Karl Günther zur Jagd genutzt wurde. Von dort kehren wir zum Kammweg zurück und wandern weiter zum **Fürst-Karl-Günther-Denkmal** am höchsten Punkt des Langen Berges.

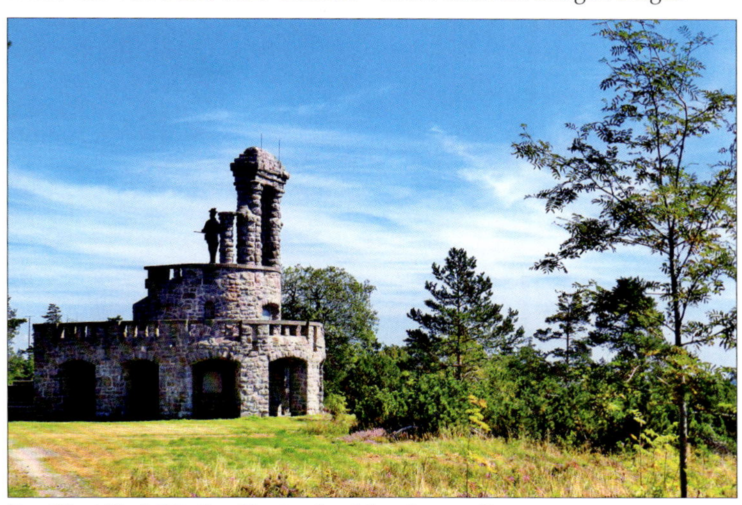

Das Fürst-Karl-Günther-Denkmal auf dem Langen Berg

Fürst-Karl-Günther-Denkmal:
Dem Fürsten Karl Günther von Schwarzburg-Sondershausen (07.08. 1830–18.03.1909) wurden kurz vor seinem 50. Geburtstag die Regierungsgeschäfte der Sondershäuser Linie des Schwarzburger Fürstenhauses von seinem Vater übertragen. Seine große Leidenschaft war aber die Jagd, so dass er sich kaum um seine neuen Pflichten kümmerte. Bei einem Jagdunfall wurde er 1906 schwer verletzt. Er musste in den letzten drei Jahren seines Lebens das Krankenbett hüten und verstarb 1909 kinderlos. Das Sondershäuser Fürstenhaus fiel damit an Fürst Günther Viktor von Schwarzburg–Rudolstadt. Das Denkmal auf dem Langen Berg wurde 1911/1912 als „Thüringisches Landesdenkmal" erbaut und mit einer Bronzefigur des Fürsten Karl Günther als Jäger ausgestattet. 1942 demontierte man die Figur und führte sie der „Reichsmetallreserve" nach Hamburg zu. Erst 1972 wurde sie vermutlich eingeschmolzen. Das Denkmal sanierte nach 1990 der Förderverein Langer Berg e. V. und 2010 wurde es wieder mit der Jägerfigur von Karl Günther komplettiert, diesmal allerdings nicht aus Bronze, sondern aus angestrichenem Putz.
Der Wind hat hier nach Norden für ein freies Blickfeld auf dem **Langen Berg** gesorgt, und bei guter Sicht lässt man sich gerne Zeit, um all die Gipfel und Orte unten im Tal oder am Horizont auszumachen, die auf einer Tafel angezeigt werden: Schneekopf und Kickelhahn und natürlich auch der Singer Berg sind schnell erkannt. Die Kammlage hier oben hat ihr eigenes raues Klima. Hier ist eine der wenigen Stellen in Thüringen, wo sich die Krüppelkiefer, der Baum des Hochgebirges, heimisch fühlt.

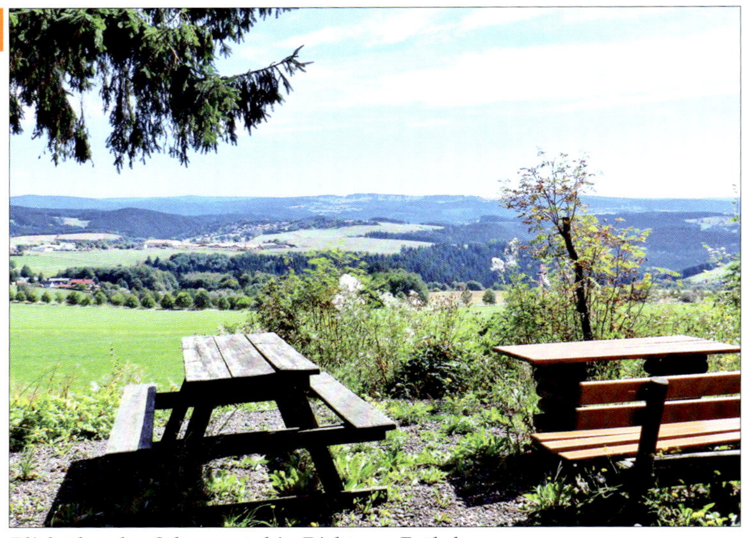

Blick über das Schwarzatal in Richtung Fröbelturm.

Hier oben auf dem **Kammweg** verläuft der bereits erwähnte **Pilzsteig**. Hin und wieder finden sich Tafeln, die uns viel Wissenswertes zu unseren heimischen Pilzen vermitteln können. Auf dem Pilzsteig steigen wir abwärts. Der nun schmaler werdende Weg ist teilweise von kräftigen Heidelbeerbüschen flankiert, so dass man in der richtigen Jahreszeit nicht nur Pilze suchen, sondern auch Heidelbeeren naschen kann. Wir erreichen schon bald das **Waldende**, und steigen zwischen Wiesen und Feldern in Richtung Gillersdorf abwärts, um dann nach links wieder in Richtung **Waldspitze** zu gehen. Auch hier bietet uns der Weg herrliche Aussichten. Diesmal ist der Süden und Osten vom Langen Berg unser Sichtfeld. Es reicht von Masserberg über den Bleßberg, dem Fröbelturm bis zu den Höhen um Bad Blankenburg. Bewaldete Täler, wie das Junkertal, führen den Blick in Richtung Schwarzatal und über den Wiesen und Feldern rund um die vor uns liegenden Dörfern kreisen zahlreiche Bussarde auf ihrer Nahrungssuche. Diesen Ausblick können wir fast eine Stunde lang während unserer Wanderung zum Wanderparkplatz bei Herschdorf genießen. Der Weg führt zuerst am **Waldrand** entlang, bis er sich vor Wilmersdorf der **Straße** nähert. Kurz vor der Straße führt ein **Waldweg** im rechten Winkel nach links bergaufwärts. Nach 100 Metern trifft er auf einen quer verlaufenden Weg, der, wenn wir ihm nach rechts folgen, wieder ganz leicht nach unten zu den ersten Häusern Wilmersdorfs führt. Hinter den Häusern vorbei erreichen wir wieder einen links aufsteigenden Weg, der sich gleich nach dem **Wasserwerk** nach rechts fortsetzt. Von hier sind es noch 1,7 km bis zum Parkplatz, genügend Zeit, um die Landschaft zu genießen. Immer deutlicher erkennbar wird, je näher man kommt, Herschdorf mit seinem hohen, runden und schieferbedeckten Turm der Dorfkirche. **Rastplätze** am Weg laden hier nochmals zum Innehalten ein, bevor das Ziel erreicht ist.

Eine abwechslungsreiche **Rundwanderung** auf einem mit Grenzsteinen geschmückten Weg zum Bleßberg und in großer Runde zurück zum Kamm des Thüringer Schiefergebirges. Werraquelle und Bleßberg, Ilmbach und Flößerteich, Siegmundsburg und Dreistromstein, Fichtenwälder und Blumenwiesen – es ist einfach schön, hier unterwegs zu sein.

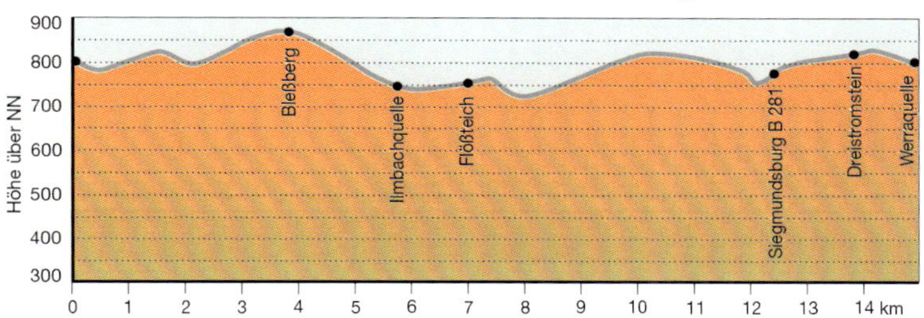

Anreise/Start/Ziel: zu erreichen mit dem Pkw auf der B 281 von Eisfeld bzw. Neuhaus a. R. nach Siegmundsburg
Parken: Parkplatz an der B 281 am Ortsende in Richtung Eisfeld
Anforderungen: Der Weg stellt mit seinen zumeist kurzen und nicht steilen An- und Abstiegen keine besonderen Anforderungen. Bei unterschiedlicher Qualität der Wegweisung sollte die Wegbeschreibung und Karte aktiv genutzt werden. Je 280 Höhenmeter
Streckenlänge: 15 km
Einkehr: Wanderheim Bleßberg des Thüringerwald-Vereins, Waldschänke, Gasthaus Rennsteig-Stüberl und anderen Gaststätten in Siegmundsburg
Karte: Blatt 17 „Schaumberger Land und Bleßberg" ↗ S. 141
Sehenswertes: Grenzsteine am Grenzweg, Blick vom Aussichtsturm auf dem Bleßberg, Dreistromstein

Wir starten am **Parkplatz** an der B 281, unmittelbar nach dem Ort Siegmundsburg in Richtung Saargrund. Auf einer **Infotafel** mit Wanderkarte können wir uns über die Wege zum Gipfel des Bleßberges informieren. Wir wählen den **Grenzweg**.

Er ist hier mit dem Wegzeichen des Werra-Burgensteiges X5 gekennzeichnet. Seinen Namen verdankt er der Tatsache, dass er auf der Grenze zwischen den früheren Reichslehen der Herren von Schaumberg und des sächsischen Amtes Eichsfeld verläuft, eine Grenze, die heute noch als Kreisgrenze zwischen den Landkreisen Hildburghausen und Sonneberg existiert. Der Weg führt uns über Forstwege und Pfade, zumeist durch Fichtenwald, aber auch an einigen absterbenden Buchen vorbei. Er verläuft fast gleichmäßig in südwestliche Richtung mit nur geringen Auf- und Abstiegen. Er ist mit zahlreichen **Grenzsteinen** aus mehreren Jahrhunderten geschmückt, die Auskunft über Veränderungen in den angrenzenden Herrschaftsgebieten geben. Nach ca. 1 Stunde erreichen wir den **Gipfel** des **Bleßberges.**

Der **Bleßberg** bildet mit der Dürren Fichte, der Pechleite und anderen Gipfeln ein nach Südwesten und Süden steil abfallendes Bergmassiv, das

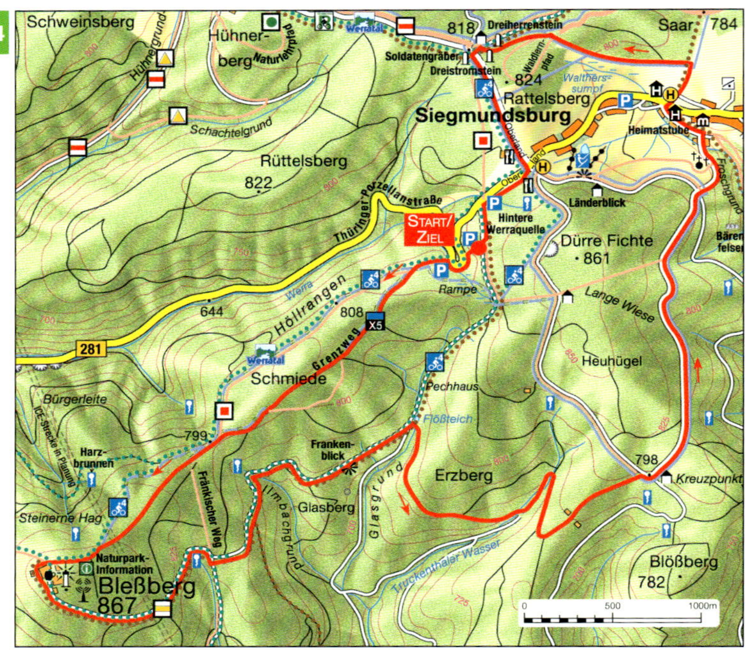

am Dreistromstein die Wasserscheide zwischen den drei Flüssen Rhein, Elbe und Weser bildet.

Mit seinem imponierenden Antennenmast, dem Aussichtsturm und ein paar Gebäuden, unter denen sich auch die Wanderhütte mit Gaststätte des Wandervereins Saargrund e. V., einer Ortsgruppe des Thüringerwald-Vereins, befindet, stellt eine markante Landmarke dar.

Der von der Deutschen Telekom betriebene Sendemast ragt gewaltige 195 m in die Höhe. Er dient als Sendemast für den Rundfunk, das digitale Fernsehen und für den Richtfunk. Früher diente er u. a. auch dazu, das Programm des DDR-Fernsehens und Rundfunks nach Nordbayern auszustrahlen. Für Wanderer ist es eine Selbstverständlichkeit, die 120 Stufen des bis zur Aussichtsplattform 22 m hohen Aussichtsturmes zu ersteigen, um die einzigartige Sicht über Nordfranken, zum Fichtelgebirge, über das Thüringer Schiefergebirge, den Thüringer Wald und bis hin zur Rhön zu genießen. Zu sehen sind u. a. der Dolmar, die Hohe Geba, die Gleichberge, die Feste Heldburg und die Feste Coburg, das Kloster Banz, der Ochsenkopf und der Schneeberg, der Fröbelturm bei Oberweißbach, die Meuselbacher Kuppe, der Damm des Oberbeckens vom Pumpspeicherwerk Goldisthal, der Kickelhahn, der Schneekopf und der Große Beerberg im Thüringer Wald. Der Turm wurde 1997 neu erbaut, da sein aus dem Jahre 1902 stammender Vorgänger 1972 abgerissen wurde. Vom Turm aus kann man in südsüdöstlicher Richtung eine Tunneleinfahrt der ICE-Strecke Erfurt–Nürnberg erkennen. Sie erinnert daran, dass in 330 m Höhe über NHN ein 8.314 m langer Tunnel den Rennsteig, den Bleßberg und weitere Berge unterquert, und dass nach Fertigstellung der ICE-Strecke ab dem Jahr 2017 Züge mit ca. 300 km/h den Thüringer Wald passieren werden. Beim Bau dieses Tunnels wurde eine herrliche Tropfsteinhöhle entdeckt, deren touristische Zukunft heute noch ungewiss ist.

Wir verlassen den Bleßberg auf der **Bleßbergstraße**, einem Fahrweg, der von Siegmundsburg zum Bleßberg führt. Leicht abwärts erreichen wir auf ihr den **Ilmbach**, bevor wir nach ca. 3 km zum **Flößteich** gelangen.

Hier, südlich vom Kamm des Thüringer Waldes, wurden zahlreiche Flößteiche angelegt, um das reichlich vorhandene Holz des Thüringer Waldes/Schiefergebirges in Richtung Coburg zu transportieren. Hier halten wir uns rechts, gehen durch die **Forstschranke** und am **Rastplatz** vorbei und steigen auf den zuerst nach Süden, dann nach Osten verlaufenden Forstweg; am Anfang bergan, bevor er dann leicht abwärts zum **Bachlauf** des Truckenthaler Wassers führt. Nach Überschreiten des Baches geht es am Bach entlang leicht aufwärts, bis der Weg eine **Haarnadelkurve** von 180 Grad beschreibt. An einer zweiten Haarnadelkurve, nachdem wir weiter aufwärts gewandert sind, erreichen wir eine **Waldwiese**, der wir nach links, in nord-östliche Richtung bis zu einer **Hütte** mit Rastplatz am Waldrand folgen. Von hier erreichen wir nach ca. 500 m den sogenannten Kreuzpunkt. Wir folgen der am Wegweiser angezeigten Richtung Siegmundsburg 2,5 km/Märterlein 2,2 km. Nach 2 km auf einem befestigten Forstweg erreichen wir eine **Waldwiese** mit Blick auf Siegmundsburg.

Abkürzung:

Hier haben wir die Möglichkeit, nach links, am Nordrand des Berges „Dürre Fichte“ entlang, zum westlichen Ortsende von Siegmundsburg und von dort zu unserem Ausgangspunkt der Wanderung zu gelangen.

Wir möchten jedoch noch zum Rennsteig und zum Dreistromstein und wandern deshalb leicht nach rechts am Rand der Wiese entlang nach **Siegmundsburg**, das wir am **Friedhof** im sogenann-

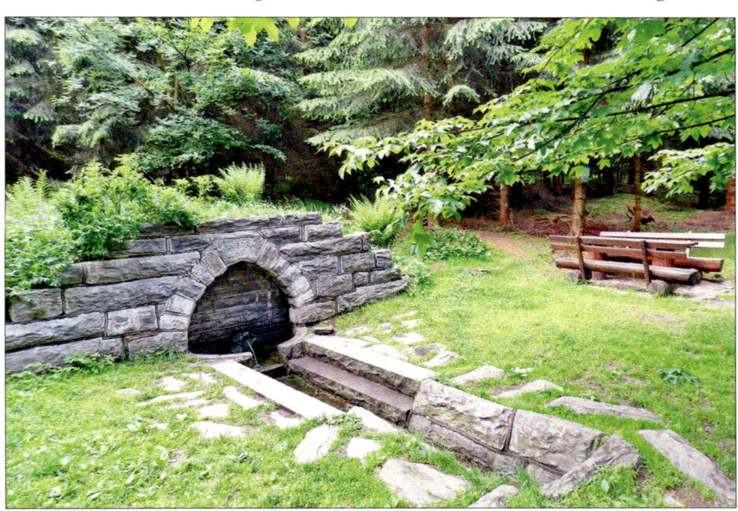

Die Werraquelle bei Siegmundsburg.

ten Froschgrund erreichen. Der Straße aufwärts gelangen wir zur Hauptstraße des Straßendorfes. Am Gebäude der **Feuerwehr** überqueren wir die Straße und folgen der Wegweisung Rennsteig durch Wiesen hinauf zum Waldrand. Nach links, am Waldrand entlang, kommen wir zum **Walterssumpf**. Von hier schauen wir zurück auf den Ort Siegmundsburg, der sich hinter der Blumenwiese entlang streckt. Unser Weg führt in den Wald. Nach wenigen Metern stoßen wir auf den **Rennsteig**, den wir an der Markierung weißes R leicht erkennen können. Wir folgen ihm nach links, und wenig später ist der **Dreistromstein** erreicht, der die Wasserscheide zwischen Main/Rhein, Werra und Elbe bildet.

Der Name **Dreistromstein** für einen künstlich aus Sandstein errichteten Obelisken mitten auf dem Rennsteig macht neugierig. Drei Ströme auf dem Kammweg des Thüringer Waldes? Der Dreistromstein markiert eine Fläche, die eine Besonderheit aufweist. Von hier aus fließt das Wasser über die Einzugsbereiche dreier großer Flüsse in Deutschland in die Nordsee. Hier befindet sich die Wasserscheide von Elbe, Rhein und Weser. Die drei Seiten des Obelisken geben darüber Auskunft, wie das Wasser in die drei großen Ströme gelangt: Über den Rambach, die Schwarza und die Saale in die Elbe; über die Grümpen, die Itz und den Main in den Rhein und über die Werra in die Weser. Der Obelisk wurde 1906 durch den Rennsteigverein errichtet. Er steht auf einem Sockel, der aus Natursteinen zusammengesetzt ist, die für die jeweiligen Einzugsgebiete der drei Ströme typisch sind: Granit für die Elbe, Quarz für den Rhein und Grauwacke für die Weser.
Auf der anderen Rennsteigseite finden wir einen alten Wappenstein aus dem Jahre 1733. Er war fast 100 Jahre ein Dreiherrenstein, markierte also die Grenzen von drei Ländern, die hier zusammenstießen: Herzogtum Sachsen-Meiningen, Herzogtum Sachsen-Hildburghausen und Fürstentum Schwarzburg-Rudolstadt. Als 1826 der größte Teil von Sachsen-Hildburghausen dem Herzogtum Sachsen-Meiningen zufiel, war es nur noch ein ganz gewöhnlicher Grenzstein zweier benachbarter Hoheitsgebiete.

Seit dem Bleßberg sind uns kaum Wanderer begegnet, hier aber befinden wir uns auf Deutschlands bekanntestem Wanderweg und in beide Richtungen sind Wanderer unterwegs. Am Dreistromstein verlassen wir den Rennsteig und wandern nach links leicht bergan durch den Fichtenwald auf eine **Wiese** zu. Dort stoßen wir wieder auf die Wegmarkierung des Werra-Burgen-Steiges X5, der wir nach links, zuerst ein Stück der **Straße** entlang, dann neben der Straße, folgen. Wir erreichen den Ortsbeginn von Siegmundsburg am **Gasthaus** „Rennsteig-Stüberl", kurz darauf die Waldschenke und an der **Hinteren Werraquelle** vorbei unseren Ausgangspunkt, den **Parkplatz** an der B 281.

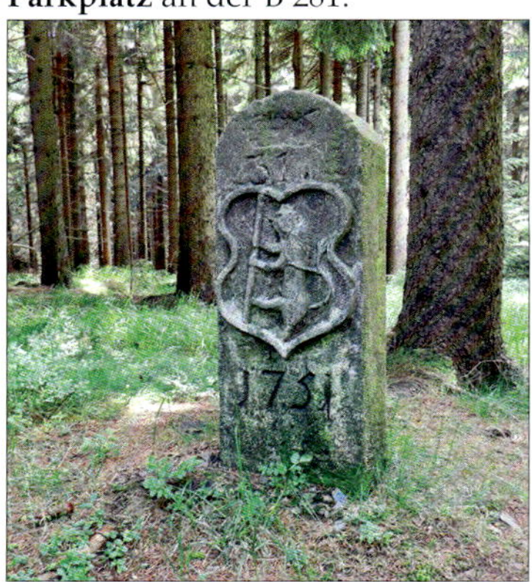

Grenzstein am Grenzweg.

Rundwanderung auf romantischen Pfaden und an ehemaligen Schiefergruben entlang. Schöne Aussichten ins Steinacher Tal. Interessante Informationen zum Schieferbergbau.

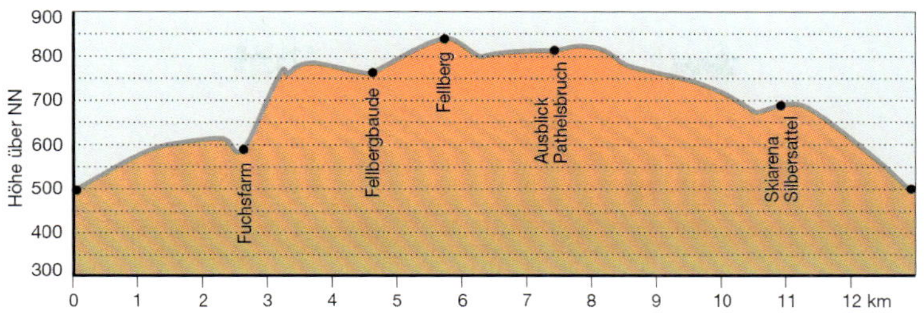

Anfahrt/Start/Ziel: Erreichbar über die Landstraße zwischen Neuhaus a. R. und Sonneberg, bzw. per Bahn auf der Strecke Sonneberg–Neuhaus a. R.
Parken: Parkplatz in Steinach, Nähe Bahnhof
Anforderungen: In der ersten Hälfte (Naturschutzgebiet Leierlochfelsen) stellt die Wanderung Anforderungen an Kondition und Trittsicherheit. Je 550 Höhenmeter
Streckenlänge: 13 km
Einkehr: Fellbergbaude, Sportgasthof und Gaststätten in Steinach
Karte: Blatt 16 „Neuhaus, Lauscha, Steinach“ ↗ S. 141
Sehenswertes: Viele Aussichten, ehemalige Schieferbrüche, Naturschutzgebiet Leierloch, Ski- und Bikerarena, Skiflyer und Hochseilgarten, Museum in Steinach. An den Wochenende und für Gruppen nach Voranmeldung ist der Sessellift auch in schneefreier Saison in Betrieb

Als Ausgangspunkt unserer Rundwanderung wählen wir den **Parkplatz** im Zentrum von **Steinach**. Wir folgen der Ausschilderung des **6-Kuppen-Steigs** (ein auf die Spitze gestelltes weißes Quadrat mit der grünen Aufschrift K 6) in Richtung **Stadion** und erreichen direkt hinter dem Stadion den **Hochseilgarten** von Steinach.
An der folgenden **Wegkreuzung** verlassen wir den 6-Kuppen-Steig und halten uns links und wandern in die durch Wegweiser angezeigte Richtung Leierlochfelsen, Fuchsfarm. Wir durchqueren die **Schrankenanlage** und überqueren den **Bachlauf**. Den **Teich** zur linken Hand gehen wir nach der Haarnadelkurve leicht aufwärts. Nach einem **Wasserbehälter** aus dem Jahre 1927 informiert uns ein Wegweiser am Baum, dass die Fuchsfarm nach 1 km erreicht wird. Ein Wegezeichen 5 zeigt an, dass wir uns hier auf dem Rundweg Nr. 5 befinden, dem wir durch das Naturschutzgebiet Leierloch folgen werden.
An einer Wiese taucht vor uns ein Gebäude auf. Wir haben die **Fuchsfarm** bzw. das **Gasthaus „Waldfrieden“** erreicht. Hier beginnt das kleine **Naturschutzgebiet Leierloch**, das einen Teil des nach Norden steil ansteigenden Hangs des Fellberges umfasst.
Ein schmaler **Pfad** führt uns von hier steil bergan durch ein immer wieder mit Felsen durchsetztes Waldgebiet mit einem herrlichen alten Bestand an Rotbuchen, Fichten und vereinzelt auch Weißtan-

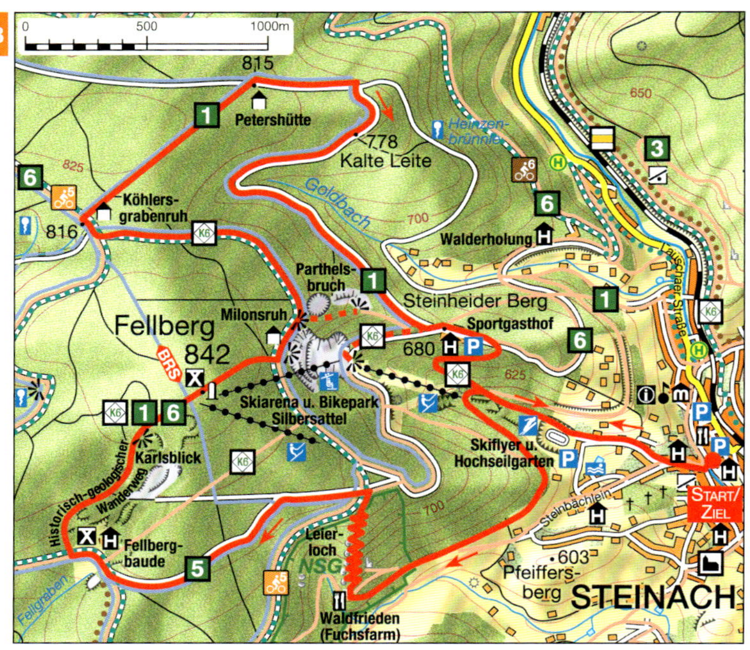

nen. Der **Anstieg** ist anstrengend, denn der Pfad muss Anstiege von bis zu 40 Grad Steilheit bewältigen. Wir kreuzen einen Weg, gehen wenige Meter nach links und steigen dem Wegezeichen 5 folgend weiter bergan. **Bänke** laden unterwegs zur Rast ein. Wenn man Glück hat, kann man beim Aufstieg oder bei einer Rast einen Schwarz- oder Grauspecht bei der Nahrungssuche beobachten. Der Pfad teilt sich, wir halten uns rechts und gelangen nach ca. 150 m am Ende des Aufstiegs durch das Naturschutzgebiet auf einen **Forstweg**, dem wir 100 m nach rechts leicht ansteigend folgen. An der **Wegkreuzung**, die wir nun erreichen, biegen wir auf einen befestigten **Forstweg** in Richtung Fellbergbaude scharf nach links ein. Nach 350 m biegt unser Weg erneut nach links ab. Nach weiteren 300 m kreuzt er einen Weg, der nach Steinach führt, bevor er dann nach weiteren 500 m kurz vor der **Fellbergbaude** auf einen Fahrweg mündet. Hier treffen wir wieder auf den 6-Kuppen-Steig (K 6).

Die **Fellbergbaude** entstand aus ehemaligen Wirtschaftsgebäuden der Griffelschieferbrüche und ist ganzjährig mit ihren Unterkünften und ihrer Gastronomie insbesondere für Wanderer, Radwanderer und Skifahrer ein beliebtes Ziel.

Nach einer **Rast** in der Baude folgen wir der Fahrstraße wenige Meter in westliche Richtung, bis der 6-Kuppen-Steig und der **historisch-geologische Wanderweg** uns nach rechts bergan in das ehemalige **Bergbaugelände** führen.

Halden und **Gruben** zeugen von der intensiven Nutzung des Schiefergesteins in den vergangenen Jahrhunderten. Hier wurde der weltbeste Griffelschiefer abgebaut aus dem über 23 Mrd. Griffel erzeugt und weltweit exportiert wurden. An einigen Halden kann man sehr deutlich erkennen, wie der aus feinen Tonmaterialien bestehende Schiefer in kleine Stäbchen zerfällt. Das Gelände blieb seit 60 bis 70 Jahren sich selbst überlassen und hat sich dadurch zunehmend regenerieren können.

Nach einer **Wegkreuzung** erreichen wir auf dem 6-Kuppen-Steig den **Fellberg**, dessen Gipfel mit einem **Obelisken** markiert ist (842 m).

Der **Fellberg** gehört zu den höchsten Gipfeln des Thüringer Schiefergebirges und bietet mit dem sich nach Norden und Westen hinziehenden Hochplateau vielfältige Möglichkeiten für Wandern, Radwandern und Skisport. Der Gipfel ist auch Startpunkt für verschiedene Abfahrtspisten und Mountainbikestrecken durch das ehemalige Schieferberggebiet östlich des Gipfels, das als Skiarena und Bikepark Silbersattel in den letzten Jahren bei den Aktiven immer beliebter wurde.

Vorbei an einer **Abfahrtspiste** und der **Sesselliftanlage** steigen wir einen Pfad abwärts. Hier sollte man achtgeben, denn unser Weg verläuft in unmittelbarer Nähe einer **Mountainbikestrecke** und die meist jugendlichen Fahrer lieben die Geschwindigkeit.
Unser **Pfad** mündet auf einen **Forstweg**, dem wir nach links folgen. Wir erreichen die **Schutzhütte Milonsruh**, die sich in 820 m über NHN befindet und uns einen herrlichen Blick auf Steinach gewährt.

Weiter auf dem 6-Kuppen-Steig wandernd, bleiben wir auf dem Forstweg, bis wir durch einen **Wegweiser** darauf aufmerksam gemacht werden, dass nach rechts in den Wald hinein ein Pfad zum **Aussichtspunkt Pathelsbruch** führt. Da uns auch hier eine schöne Aussicht erwarten soll, folgen wir dem Pfad und werden reichlich belohnt. Das Panorama erstreckt sich von Ernstthal bei Neuhaus über den Wetzstein bis hin zum Ochsenkopf im Fichtelgebirge.

Von hier kann man auf einem Pfad zum Sportgasthof absteigen, der auf der ehemaligen Loren-Seil-Anlage verläuft, die vom Pathelsbruch zur Großhütte Steinbächlein geschaffen wurde, um das Schiefermaterial nach unten zu transportieren und in der Hütte industriell zu Griffeln zu verarbeiten. Wir gehen jedoch zurück zum **Forstweg** und setzen unsere Wanderung in nordwestliche und später in nördliche Richtung fort. Bald treffen wir auf einen ausgebauten **Forstweg**, dem wir 100 m nach rechts folgen. An der **Wegkreuzung** verlassen wir den 6-Kuppen-Steig und wählen den von rechts einmündenden Weg (nach Nordwest), der nun 800 m schnurgerade durch den Fichtenhochwald verläuft. Er endet an einem von West nach Ost führenden Forstweg. An der Wegeinmündung lädt eine **Bankgruppe** zur Rast ein.

Wir folgen dem Querweg nach Osten. Leicht abwärts kommen wir an einer kleinen, idyllischen **Waldwiese** vorbei an deren Rand die **Petershütte** steht. Nach 400 m teilt sich unser Weg. Wir wählen die Wegweisung Steinach und Sportgasthof. Zuerst geht es auf annähernd gleicher Höhe durch den Nadelwald, dann, nach einer Serpentine, abwärts zum **Sportgasthof**.

Abstecher:
Ein Wegweiser weist aus, dass sich die Mittelstation der **Skiarena Silbersattel** 400 m entfernt von hier befindet und so beschließen wir, uns dieses Zentrum des alpinen Skisports im Thüringer Wald aus der Nähe anzusehen.

Zurück am Sportgasthof biegen wir am Beginn des langgestreckten **Parkplatzes** rechts in den Wald ein. Nun steigen wir wieder auf dem **6-Kuppen-Steig**, einem Pfad durch den Wald abwärts zur Talstation der Skiarena. Am **Hochseilgarten** und Fußballstadion vorbei, gelangen wir zurück zu unserem **Startpunkt** im **Zentrum** von Steinach.

Da uns unsere Wanderung durch das ehemalige Bergbaugebiet neugierig auf weitere Informationen zum Schieferbergbau gemacht hat, ist es für uns selbstverständlich, dass wir dem Deutschen Schiefermuseum, welches sich nur ca. 400 m vom Parkplatz entfernt befindet, einen Besuch abstatten.

Im Neuen Schloss in Steinach befindet sich neben anderen Museen auch das **Deutsche Schiefermuseum**, in dem die 400-jährige Geschichte der Schiefergriffel-Herstellung sehr anschaulich und äußerst interessant dargestellt wird. Unsere Vorfahren haben über Jahrhunderte hinweg mit Hilfe der Griffel und der Schiefertafeln das Schreiben erlernt. Da in Steinach weltweit die meisten Schiefergriffel produziert wurden, hat fast jeder unserer Vorfahren mit Griffeln aus Steinach das Fundament für seine Bildung gelegt. 1968 wurde die Griffelproduktion in Steinach eingestellt, da an den Schulen fast nur noch mit Bleistift/Füllfederhalter und Papier das Schreiben vermittelt wurde.
Neben der Geschichte des Schieferabbaus und der Verarbeitung des Schiefers zu Griffeln, zu Schiefertafeln oder zu Dachschiefer kann man im Museum auch sehr viel zur Geologie dieser Region erfahren, in der im Mittelalter auch Erze gefunden und verarbeitet wurden.

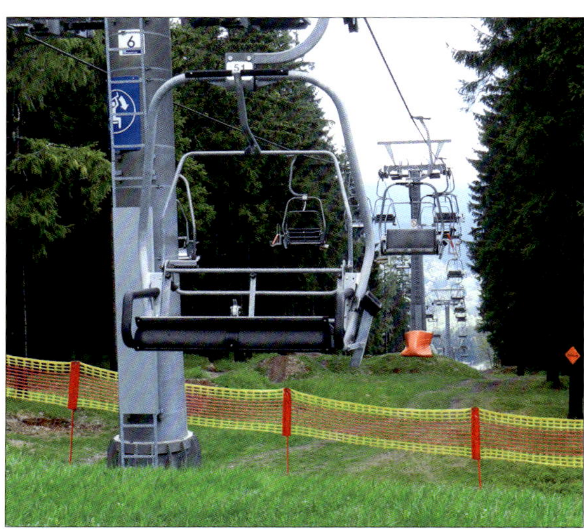

Sessellift auf dem Fellberggipfel

31. Wo einst Glücksthal stand

Eine Rundwanderung auf Skiwegen südlich von Neuhaus. Die ehemalige Siedlung Glücksthal erkunden und am Bornhügel etwas vom Wetter erfahren.

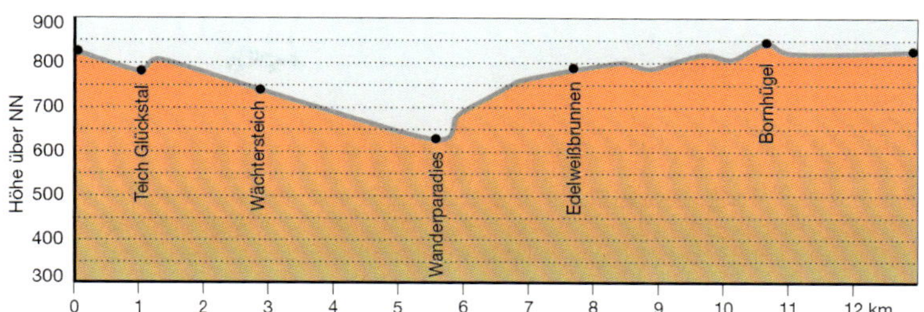

Anfahrt/Start/Ziel: B 281 am Ortseingang von Neuhaus, von Steinheid oder per Bahn: Bahnhof Neuhaus (Südthüringen Bahn Eisenach–Sonneberg–Neuhaus)
Parken: Parkplatz an der Rennsteigbaude
Anforderungen: Die Wanderung stellt, abgesehen von einem etwas steilen aber kurzen Anstieg nach dem Wanderparadies im Steinachtal, keine besonderen Anforderungen. Je 260 Höhenmeter
Streckenlänge: 13 km
Einkehr: Rennsteigbaude Bernhardsthal
Karte: Blatt 16 „Neuhaus, Lauscha, Steinach" ↗ S. 141
Sehenswertes: Stadtkirche (eine der schönsten Holzkirchen Thüringens), Glas-Technik-Museum (Geißlerhaus)

Wir starten auf dem **Parkplatz** Nähe Rennsteigbaude Bernhardsthal. Für Bahnfahrer ist aber auch der Start am **Bahnhof** Neuhaus-Igelshieb möglich. Zuerst wählen wir den **Rennsteig** in Richtung Masserberg. Nach wenigen Metern erreichen wir die **Landstraße**, die von Neuhaus nach Steinheid führt. Hier verlassen wir den bekanntesten Wanderweg Deutschlands, überqueren die Straße und durch den hohen Fichtenwald wandern wir auf dem befestigten Waldweg, dem **Naturlehrpfad** folgend, nach Glücksthal. Dazu halten wir uns am **Abzweig** 300 m nach der Straßenquerung rechts und nach weiteren 300 m erreichen wir die Wiesen der Wüstung **Glücksthal**.

Wo heute Wiesenblumen dem Wanderer Freude bereiten, stand dereinst die **Glashüttensiedlung Glücksthal.** Geeignete Erden und Sande, der Holzreichtum und der steigende Bedarf an Glas führten in der Region im 18. Jahrhundert zu einer raschen Entwicklung der Glasproduktion. Die Brüder Johannes und Stephan Greiner, Glasmeister aus Lauscha, erhielten 1736 vom Herzog von Meiningen die Konzession zur Errichtung einer Siedlung und von Produktionsstätten zur Glasherstellung. Dazu waren in der Waldwildnis genügend Platz und Holz als Energiequelle vorhanden. Ab 1738 wurde hier hochwertiges Tafelglas produziert, das in den Folgejahren über die Grenzen Deutschlands hinaus begehrt war. In dieser Zeit nutzte auch Georg Heinrich Macheleid die guten Be-

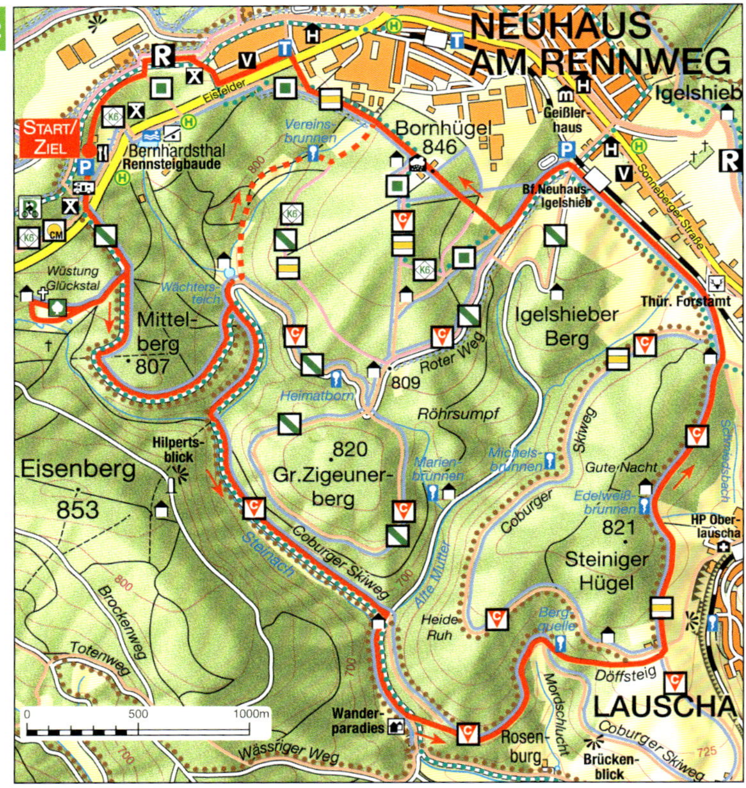

dingungen im Glücksthal, um seine Versuche, aus verschiedenen Erden Porzellan herzustellen, fortzusetzen. Er konnte schon bald, nachdem er die Konzession zur Porzellanherstellung vom Fürsten von Schwarzburg-Rudolstadt erhalten hatte, in Volkstedt bei Rudolstadt mit der Porzellanproduktion beginnen. Mit der wachsenden Konkurrenz und der Verknappung des Brennholzes begann ab 1768 für die Glasproduktion eine schwierige Zeit. Genau 100 Jahre nach Beginn der Produktion wurde diese 1838 eingestellt. Die Siedlung wurde immer weniger genutzt und 1856 an den Staat verkauft, der sie wenige Jahre danach abreißen ließ. Ein Gebäude, das ehemalige Herrenhaus, wurde abgebaut und in Lichte neu errichtet. Heute weist, neben den touristischen Informationen, nur noch ein Kellergewölbe, die Teiche und ein unter Denkmalschutz stehender, kleiner Friedhof im Wald, auf die ehemalige Besiedlung hin.

Von der hier vorhandenen **Schutzhütte** aus gehen wir quer über die Wiese zum kleinen **Teich** am Waldrand. Aus Wurzeln haben Künstler hier einige **Figuren** geschnitzt, die dem anmutigen kleinen Weiher einen besonderen Reiz verleihen. Wir besuchen den alten **Friedhof** und über eine kleine **Brücke** gehen wir zurück zur Wiese und wie gekommen, zum Markstein **Ziriaxbrücke**. Wir treffen wieder auf den

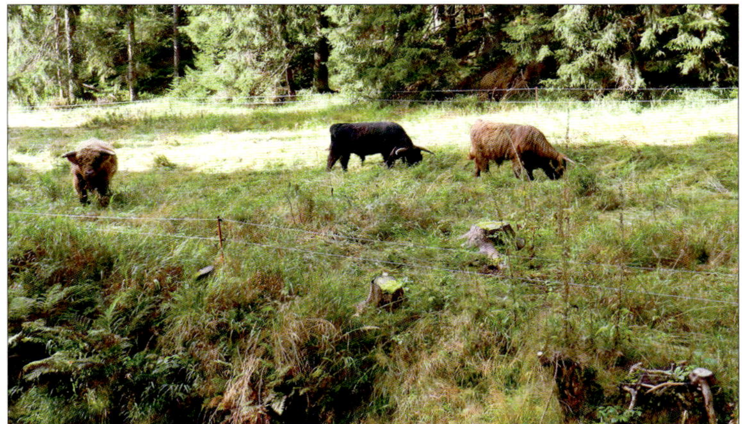

Weide im Tal der Steinach.

befestigten Forstweg und bleiben auf ihm, um zum 1,5 km entfernten Wächtersteich zu gelangen. Der Weg beschreibt einen Bogen von 180 Grad und führt durch den mit viel Gras bestandenen Wald immer leicht bergab, bis wir den ehemaligen **Wächtersteich** erreichen. Er gehörte zu einer Kette von Flößteichen, die es ermöglichten, die Steinach für die Holzflößerei zu nutzen und Scheit- und Brennholz, und im unteren Flusslauf auch Langholz, bis nach Coburg zu transportieren.

Abkürzung:
Direkt in Richtung Neuhaus: Vorbei an der Informationstafel zum Floßteich erreicht man einen schmalen Weg, der linksseitig des in den Teich einmündenden Baches bergan führt. Er wird zum schmalen Pfad und folgt dem Bachlauf aufwärts. Kleine Wiesen sorgen für Abwechslung, bevor man den **Rastplatz Vereinsbrunnen** erreicht. Von dort sind es nur wenige Meter, bis der Pfad in die Wegvariante des **Rennsteiges** einmündet, die mit dem Rennsteig R in blau gekennzeichnet ist. Diesen Weg geht man nach links und gelangt zu einer Plattenstraße, die vom Wasserwerk und der Wetterstation auf dem Bornhügel von rechts herab kommt. Hier trifft man wieder auf die längere Wegstrecke, die über die Wetterstation auf dem Bornhügel hierher verläuft.

Der längere Weg folgt vorerst dem wasserreichen Flüsschen **Steinach**. Er wird laufend durch einmündende Bäche gespeist und setzt seinen Weg durch Wiesentäler in südliche Richtung fort.
Entlang dieser Wiesen folgen wir ihm durch diese herrliche Landschaft, bis wir zur Einmündung des Baches **„Alte Mutter“** gelangen. Hier teilt sich der Weg. Links führt er leicht bergan, die **Mordsschlucht** querend in Richtung Lauscha und rechts der Schlucht folgend, in den Steinachgrund.

Abstecher:
Wer das „**Wanderparadies**“, ein Bungalowdorf, das Wanderern und Urlaubern aktive Bewegung zu Fuß oder per Rad ermöglichen möchte, besichtigen will, hält sich rechts und hat dann an den Gebäuden die Möglichkeit, links in den Wald auf einem steilen Pfad bergan zu steigen und den Weg zur Mordschlucht wieder zu erreichen.

Die Mordschlucht ist ein Tal, das hinunter zur Steinach führt und am beheizten Erlebnisbad in den Steinachgrund einmündet. Unser Weg, der als **Coburger Skiweg** gekennzeichnet ist, steigt hier steil bergan, bis er den Waldrand erreicht. Hier, am ehemaligen FC-Gelände, sehen wir die höher gelegenen Ortsteile von Lauscha und wenn wir nach ein paar Metern die vor uns liegende Wiese queren, können wir auch den Turm der in der Ortsmitte gelegenen Kirche erblicken.

Wir bleiben auf dem Weg zwischen Wald und Wiesen und gelangen, nachdem wir ein kleines Waldstück passiert haben, zum **Edelweißbrunnen**, der 1932 gefasst wurde. Hier hat man nochmals einen schönen Blick auf Teile von Oberlauscha, bevor man seinen Weg wieder durch den Fichtenhochwald fortsetzt. Am **Waldende** erreichen wir den **Bahndamm** der von Lauscha über Ernsthal nach Neuhaus führenden Eisenbahn. An ihm entlang geht es vorbei an großflächigen Wiesen zum **Bahnhof Neuhaus-Igelshieb**, der für Bahnfahrer Ausgangspunkt und Ziel dieser Rundwanderung sein könnte.

Unser Weg biegt am **Sportplatzgelände** links ein, und wir folgen nun dem blauen **Rennsteig** R, das eine neue Wegvariante des Rennsteiges kennzeichnet, bis der Weg sich kurz vor dem Wiesenende teilt. Wir gehen rechts leicht aufwärts und später wieder rechts und erreichen die **Wetterstation** auf dem Bornhügel. Das eingezäunte Objekt kann man umrunden. Man kommt am **Hochbehälter** des Wasserwerkes von Neuhaus vorbei und am Zaun bei der Wetterstation findet man interessante Daten zum Wetter hier oben seit Beginn der Aufzeichnung. Auf einer **Plattenstraße** steigen wir ca. 250 m den Bornhügel abwärts und treffen wieder auf die **Rennsteigvariante**, die mit dem blauen R gekennzeichnet ist. Ihr folgen wir ein Stück auf dem Wirtschaftsweg, dann einem Pfad, der zur Eisfelder Straße führt. Wir überqueren sie an der **Tankstelle** und gehen den Wiesenpfad zwischen Straße und Gewerbegebiet nach links, am **Weihnachtsland** vorbei, bis wir auf eine rechts von der Eisfelder Straße abbiegenden Straße stoßen, die ins Gewerbegebiet führt. Ihr folgen wir nach rechts knapp 200 m und gelangen zum **Rennsteig**. Wie am Anfang wandern wir auch am Schluss wieder wenige Meter auf dem Rennsteig stadtauswärts. In etwas Abstand an der Rennsteigbaude vorbei, führt er uns zum **Parkplatz**, dem Ausgangspunkt unserer Wanderung zurück.

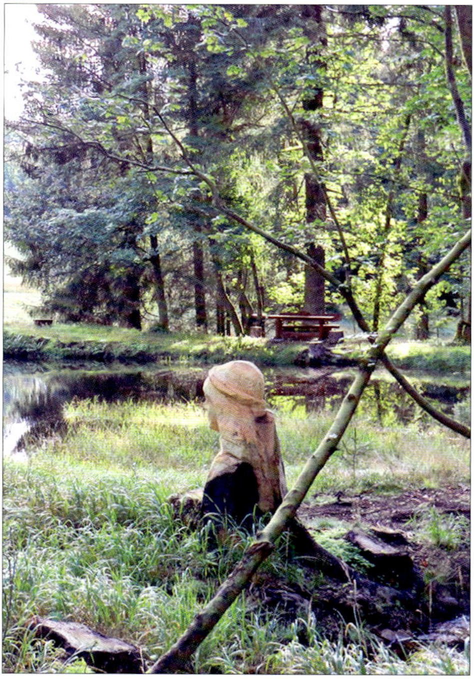

Am Teich von Glücksthal

Rundwanderung zwischen Bad Blankenburg und Schwarzburg über die Höhen auf beiden Seiten der Schwarza. Eine der schönsten Aussichten Thüringens genießen, vor allem vom Trippsteinblick auf Schwarzburg und den Schlossanlagen.

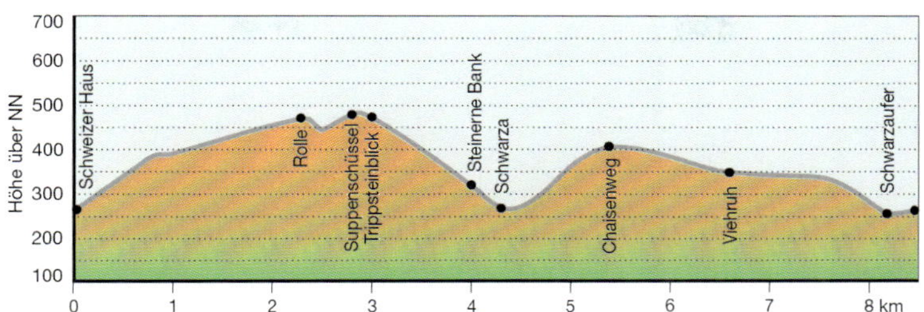

Anreise/Start/Ziel: Landstraße zwischen Bad Blankenburg und Schwarzburg. Hier befindet sich auch eine Bushaltestelle
Parken: Parkplatz am Schweizerhaus
Anforderungen: Die kurze Wanderung erfordert wegen der beiden Aufstiege links und rechts der Schwarza Kraft und Kondition und auch der Abstieg zur Schwarza auf steiler Serpentine verlangt Trittsicherheit und ist für Wanderer mit Kniebeschwerden nicht gut geeignet. Je 400 Höhenmeter
Streckenlänge: 8,5 km.
Einkehr: Gasthaus „Schweizerhaus"
Karte: Blatt 12 „Mittleres und Unteres Schwarzatal" ↗ S. 141
Sehenswertes: Forstbotanischer Garten mit in Quartieren angelegten Bäumen und Sträuchern aus mehreren Kontinenten

An der Auffahrt zum **Schweizerhaus** befindet sich ein Wegweiserbaum mit vielen Wegweisungen. Hier starten wir unsere Wanderung, die uns zuerst steil bergan auf die Berge im Norden von Schwarzburg, der „Perle des Schwarzatales" führen wird. Wir folgen dem Wegezeichen ☒, dem Wegzeichen für den E3 bzw. dem internationalen Bergwanderweg Eisenach-Budapest (EB). Zuerst schlängelt sich der Weg um das Grundstück des Schweizerhauses herum, um dann in westlicher Richtung am Berghang hinauf zu steigen. Nach 700 m treffen wir auf einen Querweg, der vom kleinen Ort Cordobang abwärts führt, um hier den Tobegraben zu durchqueren und sich dann wieder aufwärts in Richtung Trippsteinblick fortzusetzen. Auf diesem Weg verläuft der **Panoramaweg Schwarzatal** ▲ und auch für den E3 bzw. EB hat man diesen Weg ausgewählt.
Wir steigen also weiter aufwärts und biegen bald danach auf einen gut ausgebauten Forstweg nach rechts ein. Knapp eine Stunde nach unserem Start am Schweizerhaus erreichen wir die **Rolle**, einen Platz mit einer **Schutzhütte** am zum Schwarzatal steil abfallenden Hang des Kienberges. Eine Bank mit freiem Blick auf das am Hang des Keilberges in rund 600 m Höhe gelegene Burkersdorf gegenüber lädt zum Verweilen und Schauen ein. Da wir bereits über 200 Höhenmeter bergan gestiegen sind, nutzen wir gerne diese Gelegenheit zur Erholung.
Der weitere Weg verläuft nun am Berghang entlang, zuerst ein kur-

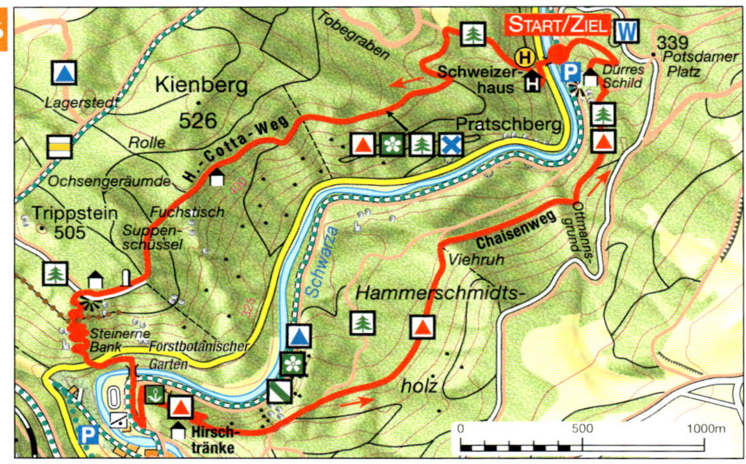

zes Stück abwärts und dann wieder ansteigend, bis wir eine weitere markante Stelle, die sogenannte **Suppenschüssel** erreichen. Der Gedenkstein, eine steinerne Schüssel auf einem großen Steinquader, erinnert daran, dass dieser Ort viele Jahre lang von Jenaer Studenten als Rastplatz auf ihren Wanderungen genutzt wurde. Da das Denkmal heute mitten im Wald steht und somit keine Aussicht vorhanden ist, empfiehlt es sich, die nächste Rast noch etwas zu verschieben und diese auf dem **Trippsteinblick** einzuplanen. Er wird auch kurz danach erreicht und fast immer übertrifft die Schönheit der Aussicht die Erwartungen der Wanderer.

Der **Trippsteinblick** liegt am Berghang südöstlich vom Gipfel des **Trippsteins** (505 m) in 475 m Höhe auf einem kleinen Felsplateau. Georg Heinrich Macheleid, der Erfinder des Thüringer Porzellans, ließ hier auf dem Felsen im 18. Jahrhundert eine Borkenschutzhütte errichten.
Aus der Hütte, aber auch vom daneben liegenden, freien Platz aus, hat man eine der schönsten Aussichten, die unsere deutschen Mittelgebirge zu bieten haben. 200 m unter uns hat sich die **Schwarza** ihr Bett in das Schiefergestein gegraben, hat sie sich mit einer großen Schleife um den aus härterem Gestein bestehenden Schlossberg gewunden und somit eine Insel modelliert, die von ihr umschlungen und von höheren Bergen rundum eingerahmt wird. Am Fuße der Insel, sich dem Schlossberg hinaufziehend, und oben vom **Schloss Schwarzburg** gekrönt, liegt die idyllische Ortschaft Schwarzburg. Es ist ein Bild der Harmonie, bestimmt durch das verschiedenartige Grün der Laub- und Nadelwälder und das hell leuchtende Grün der Wiesen. Darin behutsam eingeordnet, die bunten Farben der zumeist kleinen Häuser und die Linien der Straßen und Gässchen.
Noch ist das Schloss eine Baustelle und zum Teil Ruine. Aber mit dem wiedererstandenen Zeughaus deutet es sich bereits an, dass dieses Landschaftsbild seinen romantischen Mittelpunkt zurück erhält.

Nach angemessener Pause beginnt nun ein steiler Abstieg hinunter zum Flüsschen Schwarza. Wir verlassen hier den Panoramaweg und den E3 und wählen den links von ihnen abwärts führenden Weg durch den hohen Laubwald. Der Wegweiser: Schwarzburg 2,7 km (beschwerlich) verrät es bereits, der Abstieg hat es in sich. Er schlängelt sich in Serpentinen den steilen Hang hinunter und bei Nässe sollte man recht vorsichtig sein, um nicht ins Rutschen zu kommen. Trotz dieser Anforderungen ist der Weg sehr lohnend. Über Felsen hinweg hat man nochmals herrliche Ausblicke auf Schwarzburg mit seinem Schloss und auch der Wald, der sich besonders während der Herbstfärbung beeindruckend präsentiert, lohnt diesen Abstieg. Nach über 200 Höhenmeter Abstieg erreichen wir die Landstraße, die vom Schweizerhaus hinauf nach Schwarzburg führt. Wir überqueren diese an der sogenannten **Steinernen Bank**, einem kleinen Platz, an dem vor ca. 100 Jahren, als hier statt Autos Kutschen verkehrten, Erfrischungsgetränke und Souvenirs angeboten wurden. Wir überqueren die Straße und ein schmaler Pfad bringt uns hinunter zur **Schwarza**, und über die **Brücke** an der **Pegel-Messstation** erreichen wir das rechte Schwarzaufer. Ein Stückchen flussaufwärts treffen wir wieder auf den **Panoramaweg**, der vom Schwarzaufer hinauf zum forstbotanischen Garten führt. Ihm folgen wir im weiteren Verlauf unserer Wanderung bis zum Schweizerhaus. Zuerst müssen wir den **forstbotanischen Garten** auf steil ansteigenden Pfaden durchqueren.

In Schwarzburg erfolgte von 1946 bis 2008 die Ausbildung von Forstfachleuten, zuerst durch die Fachschule, dann Ingenieurschule für Forstwirtschaft und später durch die Fachhochschule für Forstwirtschaft. Die Mitarbeiter und Studenten begannen 1996, den **forstbotanischen Garten** am bewaldeten Berghang am unteren Ortsende von Schwarzburg anzulegen. Er sollte der dendrologischen Ausbildung dienen. Auf einer Fläche von 6 Hektar wachsen ca. 250 verschiedene Arten in nach pflanzengeographischen, systematischen und ökologischen Gesichtspunkten angelegten, sogenannten Quartieren. Nicht alle gepflanzten Bäume und Sträucher haben überlebt, aber zwischenzeitlich sind viele von ihnen gut angewachsen und es ist eine äußerst interessante Sammlung entstanden, die sich immer mehr zu einem lohnenden Ziel entwickelt.

Unser kürzester Weg durch den Garten ist mit ▲ markiert, aber auch auf anderen Wegen kann man den Garten durchstreifen und zum **oberen Ausgang** gelangen. Von hier führt unsere Wanderung weiter bergan, bis wir einen befestigten, zu unserem Anstieg quer verlaufenden Weg erreichen. Dies ist der sogenannte **Chaisenweg**, den die Fürsten von Schwarzburg anlegen ließen, um auch bei Hochwasser der Schwarza ihre Sommerresidenz in Schwarzburg erreichen zu können. Wenn wir, bevor der Weg wieder abwärts führt,

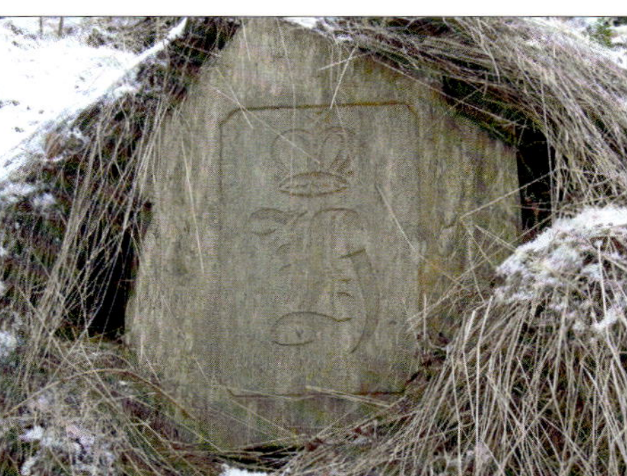

Das fürstliche Wappen am Chaisenweg

den rechten Hang aufmerksam betrachten, können wir, von Gras und Pflanzen eingerahmt, hier ein in den **Stein** eingeritztes **Wappen** der Schwarzburger Fürsten erkennen.
In Richtung Viehruh, und auch danach, verläuft der Weg durch größere Flächen, die vom Sturm Kyrill im Januar 2007 betroffen waren. Auch wenn sich diese zum Teil sehr steilen Flächen zwischenzeitlich mit verschiedenen Baumarten wieder bestockt haben, sind sie noch deutlich erkennbar. Dem Sturm verdanken wir auf dieser Strecke interessante Aussichten in das Schwarzatal zwischen Schweizerhaus und Schwarzburg. Nach der **Viehruh** bleibt der gut zu laufende Grasweg auf gleicher Höhe. Etwa 800 m nach der Viehruh kann man an der zum Tal gerichteten Wegseite mit ihrer Steinmauer aus Schieferplatten erkennen, welche Arbeiten notwendig waren, um an diesen steilen Hängen einen solchen Weg stabil zu errichten. Nach weiteren 200 m verlässt der **Panoramaweg** den Chaisenweg und verläuft als schmaler Waldpfad zur **Schutzhütte Dürres Schild**. Direkt unter uns schauen wir von hier aus auf das **Schweizerhaus**, das wir auf dem Pfad 10 Minuten später über eine Brücke der Schwarza erreichen. Hier können wir unsere Wanderung durch eine intakte Landschaft ausklingen lassen.

Das im Baustil eines Bauernhauses der Alpen errichtete Haus gehört zu den Zeugnissen der Jagdleidenschaft der Schwarzburger Fürsten. Ursprünglich befand sich hier eine Hütte für die Floßknechte. Sie hatten im Rahmen der Scheidholzflößerei auf der Schwarza dafür zu sorgen, dass sich die Holzscheide nicht stauten. Die fürstliche Tiergartenverwaltung errichtete 1838 das **Schweizerhaus** als Unterkunft für den Wildhüter Gotthelf Oppel, der auf Grund seines harten Einsatzes gegen Wilddiebe in anderen Jagdrevieren hierher versetzt worden war. Das Gebäude wurde bald als „Oppelei" bekannt, insbesondere nachdem der Ausschank von Getränken genehmigt worden war. Im Verlaufe der Jahrzehnte hat es sich zu einer der bekanntesten Ausflugsgaststätten der Region entwickelt.

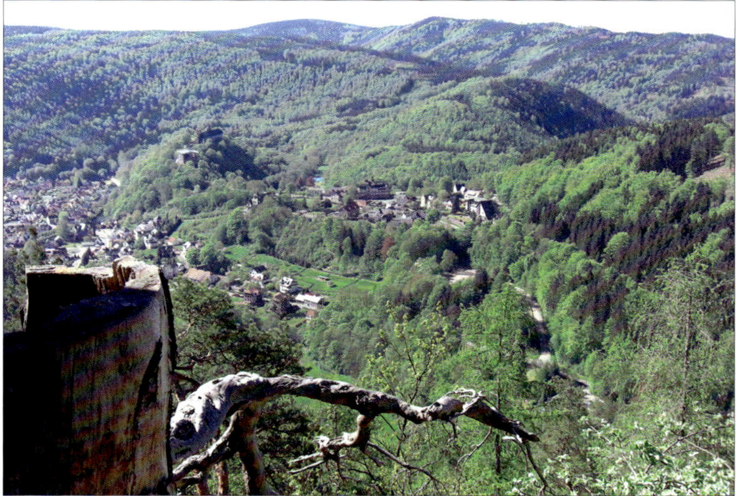

Blick vom Trippstein auf das Schloss und den Ort Schwarzburg.

Eine gut 10 km Rundwanderung führt uns durch die Geschichte einer Grenzregion, durch eine Landschaft, die durch Berggruben und Halden zerstört war, sich aber nun zum Freizeitpark mit besonderen Reizen entwickelt. Und sie führt auf den höchsten Gipfel Ostthüringens, der uns weite Blicke in die Landschaft von Thüringen, Franken und Sachsen ermöglicht und zugleich davor mahnt, Grenzen zu errichten.

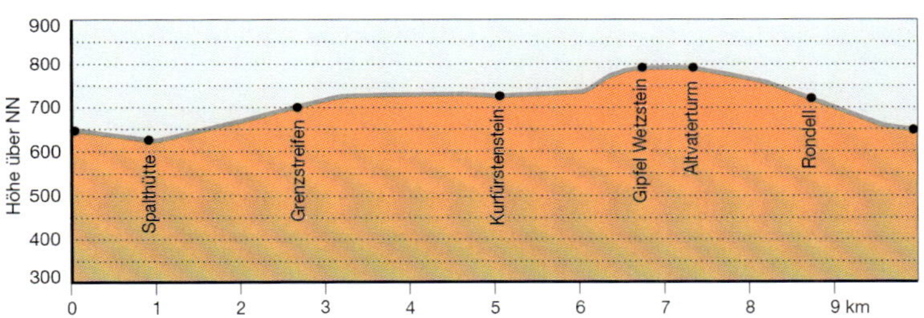

Anfahrt/Start/Ziel: Die Zufahrt zum Staatsbruch zweigt von der Landstraße (L 1096), die von Steinbach im Wald nach Lehesten führt, unmittelbar vor Ortsbeginn rechts ab. Nach ca. 400 m folgt man der Straße nach links und nach weiteren 600 m durch ein Haldengelände erreicht man das Ziel.
Parken: Parkplatz im Gelände des Thüringer Schieferparks
Anforderungen: Stellt abgesehen vom etwas steilen Aufstieg auf den Wetzstein keine besonderen Anforderungen. Je 180 Höhenmeter
Streckenlänge: 10 km
Einkehr: Restaurant „Schieferpark" im Staatsbruch (n. Voranm.), Wanderhütte des Thüringerwald-Vereins Lehesten auf dem Wetzstein (nur Wochenende), Gaststätte im Altvaterturm auf dem Wetzstein, Gaststätten in Lehesten
Karte: Wanderkarte „Saalestauseen" ↗ S. 141
Sehenswertes: Staatsbruch mit Göpelschachtanlage und historischer Spalthütte, am besten mit Führung, Mahn- und Gedenkstätte „Laura" bei Schmiedebach – ehemaliges Außenlager des KZ Buchenwald, Schieferdorf Schmiedebach, Wetzstein mit Altvaterturm, Grenzsteine am Schönwappenweg/Rennsteig, Kirche St. Aegidien in Lehesten

Thüringer Schieferpark Lehesten: 700 Jahre lang wurde im Gelände des heutigen Schieferparks Lehesten, seit 1920 Staatsbruch genannt, das „Blaue Gold" abgebaut. Der Lehestener Schiefer eignete sich auf Grund seiner Reinheit und Dauerhaftigkeit und wegen seiner guten Spaltbarkeit besonders für Dachschiefer und Schieferplatten zur Wandverkleidung. Auch wurden hier über viele Jahre Schiefertafeln produziert und in alle Welt verschickt. Abgebaut wurde der Schiefer vorrangig im Tagebau, aber im 20. Jahrhundert zunehmend auch unter Tage. Der Höhepunkt der Schieferproduktion lag um 1900. Zu dieser Zeit waren bis zu 2.500 Personen tätig. Sie kamen nicht nur aus Thüringen, sondern die Bewohner der strukturschwachen Grenzregion in Franken waren froh, hier Arbeit zu finden. Bis 1961, bis zur völligen Sperrung der innerdeutschen Grenzen, waren hier Bürger aus Franken auf Grund einer Sondervereinbarung tätig. Durch den jahrhundertelangen Abbau entstand am Hang des Wetzsteines eine gewaltige Grube, die sich nach Einstellung des Schieferbergbaus im Jahre 1999 langsam mit Wasser füllte und die sich heute zu einem 35 m tiefen, bei Sonnenschein blau bis türkis leuchtenden Bergsee gestaltet hat. Heute ist das Gelände des Schieferparks eines der interessantesten Regionen des Thüringer Schiefergebirges. Es beherbergt das Technische Denkmal „Historischer Schieferbau Lehesten", es ist ein geologisches Schaufenster mit steilen Schieferschrämwänden und Geröllhalden (2013 wurde ein interessanter Geopfad eingeweiht), es beherbergt viele bedrohte Arten aus Flora und Fauna, die in diesem bei Sonnenschein stark aufgeheizten Gelände mit äußerst variierenden Standortbedingungen ihren geeigneten Lebensraum gefunden haben. Es ist darüber hinaus mit unterschiedlichsten Angeboten für Wanderer, Radwanderer, Reiter, Geocacher und Naturliebhaber ein ideales Freizeitgelände mit Übernachtungsmöglichkeiten und gastronomischer Versorgung. Empfehlenswert ist es, an einer Führung durch das Technische Denkmal teilzunehmen, denn neben vielen technischen Details des Schieferabbaus und seiner Aufbereitung kann man auch viel Interessantes über das Leben der Bergleute aus jüngerer und auch weit zurück liegender Zeit erfahren.

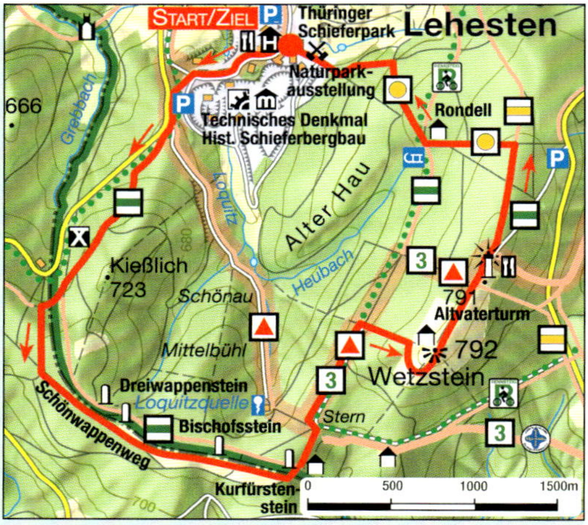

Startort unserer Wanderung ist der **Parkplatz** am **Hotel** „Zur Kaue" im Gelände des Schieferparks. Am Hotel und am Restaurant „Schieferpark" vorbei erreichen wir den **Steinegarten**, in dem verschiedene Gesteinsarten des Thüringer Schiefergebirges ausgestellt sind. Wir folgen dem **Pfad**, der am Rand der Schiefergrube entlang verläuft nach unten zur historischen **Spalthütte**. Besonders im unteren Teil öffnen sich uns schöne Ausblicke auf den tief blauen Bergsee in einer fast unwirklichen Kraterlandschaft. Wir schauen auf den Göpelschacht, dessen unterer Teil im Wasser steht. Bevor wir das Gelände des Staatsbruchs nach Norden verlassen, sehen wir uns das neu geschaffene **Modelldorf** an.

Das **Modelldorf** präsentiert im Maßstab 1:5 typische Häuser der Region mit Schieferdacheindeckungen. Bereits 1936 gab es eine Werk- und Modellschau, die aber im Zweiten Weltkrieg fast restlos zerstört wurde. Die heute hier zu findenden Modelle, darunter eine Kirche, wurden seit 1999 von der Dachdeckerschule Lehesten in liebevoller Arbeit gestaltet und zum 15. Jahrestag des Bestehens des Technischen Denkmals 2008 eingeweiht.

Wir verlassen das Gelände des Staatsbruchs und biegen unmittelbar danach nach links auf einen **Pfad**, der quer durch den mit jungen Laubgehölzen durchsetzten Fichtenhochwald verläuft. Er mündet in einen Weg kurz vor einem freien Platz, der als **Parkplatz** ausgewiesen ist. Über den Parkplatz gelangen wir zu einer **Wegekreuzung** und nach der Auffahrt zum Parkplatz von der Landstraße L1096 biegen wir nach links in den jungen Laubwald, der Wegweisung Schönwappenweg und ▬ folgend, ein. Schnell erreichen wir die Grenze zum Hochwald und die grüne Strichmarkierung (z. T. auch die Wegenummer R 32, die den Kurfürstenstein-Weg kennzeichnet), führt uns nach ca. 1,2 km, immer leicht bergan, zum ehemaligen Grenzstreifen. Wir biegen auf den **Kolonnenweg**, der am ehemaligen Todesstreifen entlang führte und mit seinen Gitterbetonsteinen gut erkennbar ist, nach links ein. Wenige Meter danach führt uns ein kleiner Pfad auf die andere Seite des Grenzstreifen, direkt an die Grenze zwischen Thüringen und Bayern, wie wir an den hier stehenden **Grenzsteinen** leicht erkennen können. Der nach links, am Grenzstreifen entlang führende Weg, wird als „**Schönwappenweg**" bezeichnet, da hier die schönsten Grenzsteine des Rennsteigs zu finden sind.

Von den im Gesamtgrenzsteinkatalog des Rennsteigvereins erfassten 1.207 Objekten, die am Rennsteig oder in seiner unmittelbaren Umgebung zu finden sind (oder waren), stehen wohl die schönsten Steine dicht gedrängt am **Schönwappenweg.** Sie wurden hier seit dem 16. Jahrhundert als Grenzsteine zwischen sich verändernden deutschen Kleinstaaten und Hoheitsgebieten gesetzt, und sollten nicht zuletzt die Macht der Herrscher der jeweiligen Territorien nach außen demonstrieren. Auf unserer Wanderung an der Landesgrenze zwischen Thüringen und Bayern entlang treffen wir bald auf den Dreiwappenstein am Kießling. Es ist einer der heute noch 6 Dreiherrensteine (von ursprünglich 13), die wir am Rennsteig finden können. **Dreiherrensteine** kennzeichnen die Stellen, an denen 3 Herrschaftsgebiete aneinander grenzen. Hier waren es die Markgrafenschaft Bayreuth mit dem Brandenburger Adler als Wappen, das Bistum Bamberg mit dem Amtswappen des Bischofs Lothar Franz Graf von Schönborn und das Herzogtum Sachsen mit dem vom Rautenkranz belegten Schild als Wappen. Der Stein wurde im Jahre 1717 gesetzt, wie noch gut erkennbar ist. Auf die nicht so ferne Vergangenheit macht uns ein Stein aufmerksam, der durch seine scharfen Kanten auffällt und die Jahreszahl 1935 trägt. Er markiert die Grenze zwischen Thüringen und Sachsen und wurde aber nicht wegen dieser Grenze gesetzt, sondern er sollte hier das sogenannte „Tausendjährige Reich"

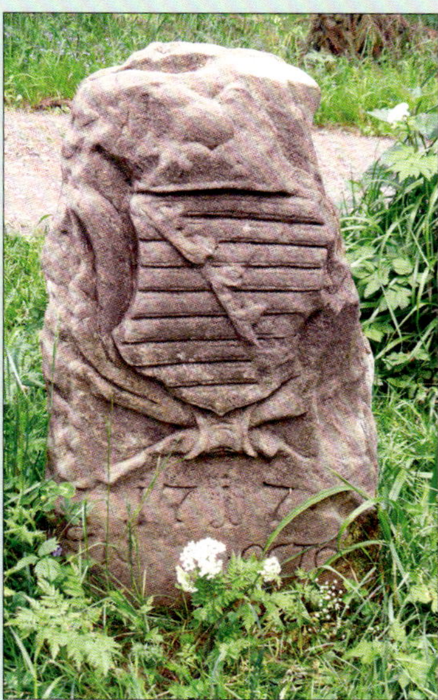

Dreiherrenstein am Schönwappenweg

in die deutsche Geschichte einreihen. Als Zeichen dafür können wir erkennen, dass der Thüringer Löwe das Hakenkreuz in seiner Pranke hält, auch wenn es sicher bewusst herausgeschlagen oder beschossen wurde.

Unsere Wanderung auf diesem Teilstück am Grenzstreifen, überwiegend direkt auf dem Rennsteig, endet am **Kurfürstenstein**, dem ältesten Grenzstein am Rennsteig aus dem Jahre 1513.

Der **Kurfürstenstein** erhielt seinen Namen, weil er das Amtswappen des Bamberger Fürstbischofs und auf der thüringischen Seite das Wettiner Hauswappen neben den gekreuzten Schwertern, dem Wahrzeichen der Kurfürstenwürde, trägt. Dieser Stein, der über 500 Jahre hier steht, wurde vom Rennsteigverein ausgewählt, um in einer feierlichen Zeremonie sogenannte Jungrenner, die unmittelbar nach der Bewältigung einer Rennsteigrunst von Hörschel nach Blankenburg hier angekommen sind, zu Altrennern zu „schlagen" und sie in die Gemeinschaft der Rennsteigwanderer aufzunehmen.

Nach 2 km auf dem **Schönwappenweg**, am **Kurfürstenstein**, führt uns der Weg auf die andere Seite des ehemaligen Grenzstreifens. Hier steht die **Schutzhütte Kurfürstenstein**, an der wir uns auf verschiedenen Informationstafeln über die historischen Grenzsteine, Funktion und Bauweise der Grenzanlagen der DDR und über den Naturpark „Thüringer Schiefergebirge/Obere Saale" informieren können. Wir erfahren hier auch, dass am 28. April 1990 der Rennsteig über den Grenzstreifen hinweg frei bewandert werden konnte, und dass dieses Ereignis 3.000 Wanderer aus Ost und West feierlich begingen.

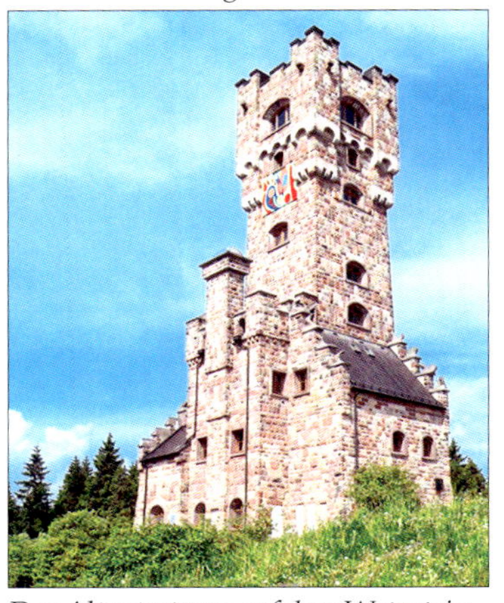

Der Altvaterturm auf dem Wetzstein

Der **Rennsteig** führt nun in den Wald hinein. Nach 200 m biegt er nach links ab. Wir folgen dem Pfad rechts und erreichen nach 50 m den **Stern**, eine Wegekreuzung am Südhang des Wetzsteins. Um den Gipfel zu erreichen, nutzen wir zuerst einen breiten **Forstweg**, der nach Nordnordost verläuft. Er ist hin und wieder mit einem ▲ markiert. Nach 700 m führt rechts ein ausgewaschener Weg den **Hang** hinauf. Da der Weg fast immer recht schlecht zu begehen ist, nutzen wir den etwas erhöhten Wegrand, um durch den Fichtenhochwald aufwärts zu steigen. Nach 250 m, im nun jungen Fichtenwald, verwandelt sich der Weg in einen schönen **Wiesenweg**, der nach 100 m auf einem Querweg mündet.

Wir folgen hier nicht der Wegweisung Wetzsteinhütte, sondern wir gehen nach rechts leicht bergan, folgen der fast rechtwinkligen Kurve nach links und halten uns auch an der nach 50 m folgenden Wegabzweigung wieder links. Schon kurz danach stehen wir auf der höchsten

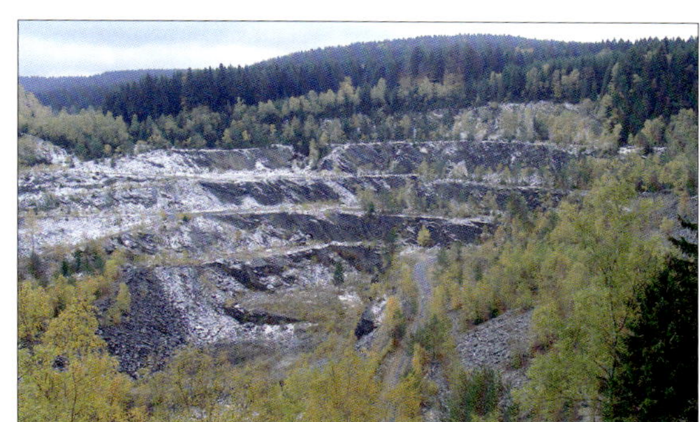

Die Lehestener Schiefergrube im Jahre 2003

Stelle des **Wetzsteines**, 792 m über NHN, genau auf dem Punkt, wo einst der im Jahre 1902 errichtete Bismarckturm, der 1979 gesprengt wurde, stand. An einem **Bunker** vorbei, entlang der heute von Amateurfunkern genutzten Funkanlage des ehemaligen Militärobjektes, gelangen wir zur **Wetzsteinhütte** des Thüringerwald-Vereins Lehesten.

250 m von hier entfernt, an der über den Bergkamm verlaufenden Straße erhöht stehend, beherrscht der protzige, aus Sandsteinquadern errichtete **Altvaterturm** die Szene. Er wurde von 1999 bis 2004 auf Initiative des Altvaterturmvereins erbaut und ist ein originalgetreues Abbild des 1908 im Altvatergebirge errichteten und 1957 abgerissenen Turmes. Er soll als Mahnmal gegen Vertreibung dienen, erfüllt dieses Anliegen aber nur sehr einseitig, da er sie nicht im Kontext mit dem Überfall Hitlerdeutschlands auf seine Nachbarländer und dessen Folgen darstellt.

Natürlich nutzen wir die Möglichkeit, die **Aussichtsplattform** zu besteigen. Aus 824 m Höhe kann man einen herrlichen Ausblick zum Thüringer Wald, zum Erz- und Fichtelgebirge und über den Frankenwald genießen.

Nach Verlassen des Altvaterturmes (mit Gaststätte) beginnt unser Rückweg zum Staatsbruch. Von der **Zufahrtsstraße** zum Altvaterturm zweigt unmittelbar beim Altvaterturm ein Weg im spitzen Winkel zur Zufahrtsstraße ab (keine Wegweisung) und führt schnurgerade durch den Hochwald. An einigen Bäumen können wir unterwegs den gelben Querstrich auf weißem Grund, der einen örtlichen Wanderweg markiert, erkennen. Nach 850 m kreuzt ein befestigter **Forstweg** diesen Waldweg. Hier finden wir einen Wegweiser und wir biegen nach links auf diesen Forstweg ein, der uns, wie ausgewiesen, abwärts zum **Rondell** bringt. Neben **Schutzhütte**, Bankgruppe und Wegweiser steht hier auch eine noch junge Blutbuche, die diesem Platz im Laufe der Zeit immer stärker prägen wird. Hier erreichen wir wieder den Weg, der vom Stern kommend nach Lehesten führt. Wir wählen aber den ebenfalls befestigten Weg, der vom Radweg nach links abzweigt und leicht abwärts führt. Nach einer Linkskurve an einer Wegeinmündung sind es noch ca. 250 m abwärts, bis wir an einem **Wegweiser**, links am Waldrand, den rechts abbiegenden Zugang zum **Staatsbruch** erreichen. An einem alten **Förderturm** vorbei gelangen wir zum **Parkplatz**, dem Ausgangspunkt unserer Wanderung im Grenzbereich von Thüringer Schiefergebirge und Frankenwald.

1. Anreisemöglichkeiten – Fernverkehr

Flughafen

Einziger Flughafen von Bedeutung ist Erfurt (mit Anschluss an die Autobahn A 71 und A 4), Tel.: 0361 / 6562200, Fax: 6562201.

Autobahnen

A 4 Frankfurt/M–Dresden: Abfahrten zwischen Eisenach und Erfurt

A 9 Berlin–München aus Richtung München Abfahrt in den östlichen Thüringer Wald, aus Richtung Berlin sinnvoll am Hermsdorfer Kreuz auf die A 4 und ab Erfurter Kreuz auf die A 71.

A 71 über die Anschlussstellen Ilmenau Ost, Ilmenau West, Gräfenroda, Oberhof, Suhl und Meiningen für schnelles Erreichen des zentralen Thüringer Waldes.

A 73 (ab Suhl) Schweinfurt bzw. Bamberg Anschluss an das bestehende Autobahnnetz im Süden (über die A 7 aus dem Raum Ulm und Stuttgart) sowie die A 73 (aus dem Raum Nürnberg und Bamberg).

Bundesstraßen

Für günstiges Erreichen des beschriebenen Wandergebietes sorgen weiterhin die den Thüringer Wald überquerenden und meist in Süd-Nord-Richtung verlaufenden Bundesstraßen:

B 84 Eisenach–Fulda, B 19 Eisenach–Meiningen–Schweinfurt, B 4 Erfurt–Ilmenau–Coburg, B 247 Gotha–Suhl, B 87 Weimar–Ilmenau, B 281 Saalfeld–Eisfeld.

Eine wichtige Rolle spielen die am Nordrand des Thüringer Waldes verlaufende **B 88 Eisenach–Ilmenau–Rudolstadt** und die im Süden des Thüringer Waldes existierende **B 89 Meiningen–Sonneberg**.

Eine Vielzahl mehr oder weniger gut ausgebauter Landstraßen sorgt für gute Erreichbarkeit jeder beschriebenen Tour.

Zugverkehr

ICE-Strecke Verbindung **Frankfurt/M–Eisenach–Erfurt–Leipzig–Berlin**.

Regional sorgen die Werratalbahn Eisenach–Meiningen–Sonneberg–Neuhaus, die Bahnlinien Erfurt–Arnstadt–Oberhof–Suhl–Meiningen, Erfurt–Arnstadt–Ilmenau, Wernshausen–Schmalkalden–Zella-Mehlis–Suhl, Arnstadt–Bad Blankenburg–Saalfeld, Fröttstädt–Friedrichroda, die Schwarzatalbahn Rottenbach–Katzhütte für Erreichbarkeit.

Eine Sonderstellung nehmen die Oberweißbacher Bergbahn und die Thüringerwaldbahn Gotha–Tabarz ein.

Bei der Planung hilft www.bahn.de, bauarbeiten.bahn.de, sowie die zentrale Rufnummer für Zugauskünfte der DB AG: 01806 / 996633 (rund um die Uhr), automatische Fahrplanauskunft: 0800 / 1507090.

Bus & Bahn Thüringen e. V., Homepage: www.bus-bahn-thueringen.de

2. Fremdenverkehrsämter, Tourismusverbände, Touristinformationen

98701 **Altenfeld** Touristinformation, Kirchstraße 2, Tel.: 036781 / 42318, www.altenfeld-thueringen.de

07422 **Bad Blankenburg** Tourist- und Service-Center, Bahnhofstraße 23, Tel.: 036741 / 2667, www.bad-blankenburg.info

36448 **Bad Liebenstein** Touristinformation im Palais Weimar, Herzog-Georg-Straße 64, Tel.: 036961 / 69320, www.bad-liebenstein.de

36433 **Bad Salzungen** Touristinformation im Museum am Gradiergarten, Am Flößrasen 1, Tel.: 03695 / 693420, www.badsalzungen.de

98599 **Brotterode-Trusetal** Gästeinformation, Bad Vilbeler Platz 4, Tel.: 036840 / 3333, www.brotterode.com

98716 **Elgersburg** Tourismusagentur Geratal, Burgstraße 3, Tel.: 03677 / 792220, www.elgersburg.com

99817 **Eisenach** Touristinformation im Stadtschloss, Markt 24, Tel.: 03691 / 79230, www.eisenach-tourist.de

98593 **Floh-Seligenthal** Touristinformation, Bahnhofstraße 4, Tel.: 03683 / 408848, www.floh-seligenthal.de

98711 **Frauenwald** Fremdenverkehrsamt, Nordstraße 96, Tel.: 036782 / 61925, www.frauenwald.de

99894 **Friedrichroda** Kur- und Tourismusamt, Hauptstraße 55, Tel.: 03623 / 33200, www.friedrichroda.de

98559 **Gehlberg** Fremdenverkehrsverein Gehlberg e. V, Hauptstraße 41, Tel.: 036845 / 50500, www.gehlberg.de

98693 **Ilmenau** Ilmenau-Information, Am Markt 1, Tel.: 03677 / 600300, www.ilmenau.de

98734 **Lauscha** Touristinformation, Oberlandstraße 10, Tel.: 036702 / 22944; www.lauscha.de

07349 **Lehesten** Fremdenverkehrsbüro Lehesten, Obere Marktstraße 1, Tel.: 036653 / 2600

98666 **Masserberg** Masserberg-Information, Hauptstraße 37, Tel.: 036870 / 57015, www.masserberg.de

98617 **Meiningen** Touristinformation, Markt 14, Tel.: 03693 / 44650, www.meiningen.de

98724 **Neuhaus** am Rennweg Touristinformation, Marktstraße 3, Tel.: 03679 / 722061, www.neuhaus-am-rennweg.de

98701 **Neustadt** am Rennsteig Rennsteig-Information, Rennsteigstraße 46, Tel.: 036781 / 23778, www.neustadtamrennsteig.de

98559 **Oberhof** Tourismus GmbH, Crawinkler Straße 2, Tel.: 036842 / 2690, www.oberhof.de

98885 **Ohrdruf** Touristinformation, Suhler Straße 5c, Tel.: 03624 / 317949, www.ohrdruf.de

99842 **Ruhla** Naturpark-Information, Neuer Markt 1, Tel.: 036929 / 89013, www.ruhla.de

96528 **Schalkau** Touristinformation „Schaumberger Land“, Am Bahnhof 1A, Tel.: 036766 / 82234, www. Schaumberger-land.de

98667 **Schönbrunn**, Touristinformation Schleusegrund, Neustädter Straße 20, Tel.: 036874 / 38255, www.schleusegrund.de

98574 **Schmalkalden** Schmalkalden-Information, Auer Gasse 6–8, 03683 / 403182, www.schmalkalden.de

98711 **Schmiedefeld** am Rennsteig Touristinformation, Brunnenstraße 1 Tel.: 036782 / 61324 oder 0170 / 4182755, www.schmiedefeld.de

07427 **Schwarzburg** Touristinformation, Burkersdorfer Straße 54, Tel.: 036730 / 30314, www.schwarzburg-tourismus.de

96523 **Steinach** Touristinformation, Dr.-Max-Volk-Straße 21, Tel.: 036762 / 34813, www.steinach-thueringen.de

98587 **Steinbach-Hallenberg** Touristinformation, Heimathof Hauptstraße 45, Tel.: 036847 / 41065, www.steinbach-hallenberg.de

98714 **Stützerbach** Kurverwaltung, Bahnhofstraße 1, Tel.: 036784 / 50211, www.stuetzerbach.de

98527 **Suhl** Touristinformation, Friedrich-König-Straße 7, Tel.: 03681/ 788405, www.suhl-tourismus.de

99891 **Tabarz** Touristinformation, Lauchagrundstraße 12a, Tel.: 036259 / 5600 www.tourismus-thueringer-wald.de

99897 **Tambach-Dietharz** Touristinformation, Burgstallstraße 31a, Tel.: 036252 / 34428, www.tambach-dietharz.de

98711 **Vesser** Fremdenverkehrsbüro, Schmiedefelder Straße 11, Tel.: 036782 / 61300, www.vesser.de

98544 **Zella-Mehlis** Touristinformation, Louis-Anschütz-Straße 28, Tel.: 03682 / 482840, www.zella-mehlis.de

Überregional:

Regionalverbund Thüringer Wald, Zellaer Markt 1, 98544 Zella-Mehlis, Tel.: 03682 / 477690

3. Jugendherbergen im Bereich des Wanderführers

99817 **Eisenach**, Mariental 24, Tel.: 03691 / 743259, Fax: 743260, jh-eisenach@djh-thueringen.de

99330 **Gräfenroda**, Waldstraße 134, Tel.: 036205 / 76290; Fax: 76421, jh-graefenroda@djh-thueringen.de

98693 **Ilmenau**, Am Stollen 49, Tel.: 03677 / 884681, Fax: 884682, jh-ilmenau@djh-thueringen.de

98724 **Neuhaus am Rennweg**, Apelsbergstraße 61, Tel.: 03679 / 722862, Fax: 700384, jh-neuhaus@djh-thueringen.de

07427 **Schwarzburg**, Am Buschbach 2, Tel.: 036730 / 22223, Fax: 33555, jh-schwarzburg@djh-thueringen.de

99897 **Tambach-Dietharz**, Oberhofer Straße 3, Tel.: 036252 / 36149, Fax: 36564, jh-tambach@djh-thueringen.de

Überregional:

Deutsches Jugendherbergswerk, Landesverband Thüringen, www.djh-thueringen.de:

Geschäftsstelle: 99425 Weimar, Zum Wilden Graben 12, Tel.: 03643 / 850795, Fax: 850796, info@djh-thueringen.de

Service-Center: 99425 Weimar, Carl-August-Allee 13, Tel.: 03643 / 850000, Fax: 850002, service@djh-thueringen.de

4. Campingplätze mit Caravanstellplätzen im Bereich des Wanderführers

07422 **Bad Blankenburg**, Caravan- und Campingplatz Flößerhütte, Dittersdorfer Weg 236 a

98553 **Breitenbach**, Campingplatz „Am Waldbad“, Campingplatz 1, Tel.: 036841 / 41153, erreichbar über Abzweigung von der B 247 Suhl–Schleusingen

98597 **Breitungen**, Kiesseecamping PLUS, Salzunger Straße 24a, Tel.: 03693 / 484460

99894 **Leinatal**, Campingplatz Paulfeld, Tel.: 036253 / 25171, erreichbar über eine Abzweigung von der B 88 Eisenach–Ilmenau

98553 **Erlau**, Campingplatz „Am Waldbad“, Tel.: 036841 / 48228, Fax: 42834, an der B 247 Suhl–Schleusingen

99894 **Finsterbergen**, Rennsteig-Caravaning Valentinsteich, Tel.: 03623 / 310775

99887 **Georgenthal**, Campingplatz „Am Schwimmbad“, Forsthaus Am Steiger 2, Tel.: 036253 / 469936, an der B 88 Eisenach–Ilmenau

98701 **Großbreitenbach**, Intercamping Großbreitenbach, Tel.: 036781 / 42398, erreichbar über eine Abzweigung von der B 88 Ilmenau–Rudolstadt

99819 **Oberellen**, Camping am Rennsteig, Tel.: 036925 / 61418, erreichbar über eine Abzweigung von der B 84 Eisenach–Vacha

99330 **Frankenhain**, Oberhof-Camping „Lütsche-Stausee“, Am Stausee 9, Tel.: 036205 / 76518, erreichb. über eine Abzw. von der B 88 Eisenach–Ilmenau

99842 **Ruhla**, Campingplatz „Alte Ruhl“, Altensteiner Straße 31, Tel.: 036929 / 170029 oder 0179 / 5139361

98553 **Schleusingen**, Erholungsgebiet Bergsee Ratscher, Am Bergsee 40, Tel.: 036841 / 40015 und 32229, an der B 4 Schleusingen–Eisfeld

98693 **Ilmenau OT Manebach**, Campingplatz Meyersgrund, Schmücker Straße 91, Tel.: 036784 / 50636, an der B 4 Ilmenau–Schleusingen

99819 **Wilhelmsthal**, Campingpark Eisenach Am „Altenberger See“, Tel.: 03691 / 215637, Fax: 215607, an der B 19 Eisenach–Meiningen

Weitere Caravanstellplätze sind bekannt in

99887 **Georgenthal**, Forsthaus Am Steiger 2, Tel.: 036253 / 469936
98693 **Ilmenau**, Naumannstraße / Parkplatz an der Festhalle erreichbar über A71 Abfahrt Ilmenau-West, dann L 3004 Richtung Stützerbach
98746 **Katzhütte**, Masserberger Straße 25, am Hotel zur Massermühle
98724 **Lauscha**, Parkplatz Wanderparadies Steinachgrund
98666 **Masserberg**, Parkplatz am Ortsausgang, am Zentralparkplatz
98559 **Oberhof**, an der Zellaer Straße
98749 **Steinheid-Limbach**, Wohnmobilstellplatz „Am Rennsteig", Scheibener Straße
98574 **Schmalkalden**, am Schwimmbad im Stadtteil Näherstille
98711 **Schmiedefeld am Rennsteig**, Caravanstellplatz „Am Kurpark" mit Wellnessbereich, Friedrichsweg 21
Wohnmobilstellplatz am Sportplatz, Sportplatzstraße, Tel.: 03678 / 261324
07429 **Sitzendorf**, Hauptstraße 26, an der ehem. Porzellanmanufaktur
99891 **Tabarz**, Parkplatz am Schwimmbad
99897 T**ambach-Dietharz**, Burgstallstraße 31, am Festplatz

5. Ausgewählte Museen, Kultureinrichtungen und Sehenswertes im Bereich des Wanderführers

98701 **Altenfeld** • Musikautomatenmuseum, Grundstraße 12, Tel.: 036781 / 42640 • Glasmuseum, Kirchstraße 2, Tel.: 036781 / 42318
07422 **Bad Blankenburg** • Fröbelmuseum, Johannisgasse 4, Tel.: 036741 / 2565 und 469579 • Falkenhof Burg Greifenstein, Greifensteinstraße 3, Tel.: 036741 / 469579 • Stadtmuseum im Rathaus, Markt 1, Tel.: 036741 / 370 • Watzdorfer Tradions- und Spezialitätenbrauerei, Watzdorf 14, Tel.: 036741 / 6160
36448 **Bad Liebenstein** • Burgruine Liebenstein, Tel.: 036961 / 72222 • Schloss und Park Altenstein, Tel.: 036961 / 33401
98569 **Brotterode-Trusetal** • Besucherbergwerk Hühn, Eisensteinstraße 91, Tel.: 036840 / 81578, Fax: 82 48, E-Mail: info@trusetal-thuer.de • Zwergenpark, Brotterroder Straße 55, Tel.: 036840 / 40153 • Sommerrodelbahn/Inselberg Funpark, Kleiner Inselberg 3, Tel.: 036840 / 32370, 0151 / 21637217
99817 **Eisenach** • Wartburg, Auf der Wartburg 1, Tel.: 03691 / 2500 • Bachhaus, Frauenplan 21, Tel.: 03691 / 79340 • Lutherhaus, Tel.: 03691 / 29830 • Stadtschloss/Thüringer Museum, Markt 24, Tel.: 03691 / 670-800 • Reuter-Wagner-Museum, Reuterweg 2, Tel.: 03691 / 743293 • Predigerkirche Sammlung „Mittelalterliche Kunst in Thüringen", Predigerplatz (Nähe Markt), Tel.: 03691 / 784678 • Automobile Welt Eisenach, Friedrich-Naumann-Straße 10, Tel.: 03691 / 77212 • Goldener Löwe, Marienstraße 57, Tel.: 03691 / 882723
98716 **Elgersburg** • Schloss Elgersburg, Burgstraße 3, Tel.: 03677 / 462354 • Massemühle, Hauptstraße 17, Tel.: 03677 / 2059700, 0171 / 1949633
96528 **Frankenblick**, OT Rauenstein • Museum Neues Schloss Rauenstein, Schlossstraße 3, Tel.: 036766 / 87721
98711 **Frauenwald**, Bunkermuseum, Am Rothenberg 1, Tel.: 036782 / 62200
99894 **Friedrichroda**, Marienglashöhle, An der B 88, Tel.: 03623 / 311667
98559 **Gehlberg**, Museum der Gehlberger Glastradition, Glasmacherstraße 2, Tel.: 036845 / 50433, 0172 / 3764990
98716 **Geraberg**, Thermometermuseum, Plan 9, Tel.: 03677 / 205681
98693 **Ilmenau** • Museum Jagdhaus Gabelbach, Waldstraße 24, Tel.: 03677 / 202626 • GoetheStadtMuseum, Am Markt 1, Tel.: 03677 / 600211 • Schaubergwerk „Volle Rose", Schortestraße 57, Tel.: 03677 / 899065
98547 **Kühndorf** Friedhofsmuseum, Christeser Straße 6, Tel.: 036844 / 40630; Heimatstube, Schlossstraße 15, Tel.: 036844 / 40151, Johanniterburg
98724 **Lauscha**, Museum für Glaskunst, Tel.: 036702 / 20724; Farbglashütte, Straße des Friedens 46, Tel.: 036702 / 20724

99885 **Luisenthal**, Brauereimuseum, Karl-Marx-Straße 8, Tel.: 036257 / 40216

98724 **Neuhaus am Rennweg**, Glas-Technik-Museum (Geißlerhaus), Sonneberger Straße 106, Tel.: 03679 / 723143, Holzkirche

98701 **Neustadt/Rennsteig**, Rennsteig-Museum, Rennsteigstraße 46, Tel.: 036781 / 23778

98559 **Oberhof** • Hochseilpark, Tel.: 036842 / 52257, 0160 / 90140101 • Rennsteiggarten/Botanischer Garten für Gebirgsflora, Am Pfanntalskopf 3, Tel.: 036842 / 22245 •Exotarium, Crawinkler Straße 1, Tel.: 036842 / 21404 • Glasstube, Dr.-Theodor-Neubauer-Straße 17a, Tel.: 036842 / 20417

98744 **Oberweißbach** • Memorialmuseum Friedrich Fröbel, Markt 10, Tel.: 036705 / 62123 • Fröbelturm, Auf dem Kirschberg, Tel.: 036705 / 62074

99885 **Ohrdruf** • Technisches Denkmal Tobiashammer, Suhler Straße 34 Tel.: 03624 / 402792

99842 **Ruhla** • Ruhlaer Orts- und Tabakpfeifenmuseum, Obere Lindenstraße 29/31, Tel.: 036929 / 89014 • Uhrenmuseum, Bahnhofstraße 27, Tel.: 036929 / 700 • Uhrenstübchen, Marienstraße 1, Tel.: 036929 / 700 • Miniaturenparkmini-a-thür mit Sommerrodelbahn, Karolinenstraße 46 Tel.: 036929 / 80008 • Barockkirche St. Concordia, An der Gottesgabe, Tel.: 036929 / 62137

98574 **Schmalkalden** • Museum Schloss Wilhelmsburg, Schlossberg 9, Tel.: 03683 / 403186 • Technisches Denkmal Neue Hütte, Gothaer Straße, Tel.: 03683 / 403018 • Besucherbergwerk Finstertal (OT Asbach), Talstraße 145, Tel.: 03683 / 488037 • Kunsthaus am Markt, Altmarkt 8, Tel.: 03683 / 405170 • Fachwerkerlebnishaus, Weidebrunner Gasse 13, Tel.: 03683 / 606242 • HISTORICUM Zinnfigurenmuseum, Gillerstraße 1/Leere Tasche, Tel.: 0172 / 7810787 • Viba Nougat Welt, Nougat-Allee 1, Tel.: 03683 / 6921600 • Hämmerschmiede (OT Asbach), Talstraße 116a, Tel.: 03683 / 403182

07427 **Schwarzburg**, Schloss (Kaisersaal),Schlossstraße 5, Tel.: 036730 / 32955

07429 **Sitzendorf**, Bauernmuseum, Hauptstraße 4, Tel.: 036730 / 31744, 0170 / 8343702

96523 **Steinach** • Deutsches Schiefermuseum und Steinacher Spielzeugschachtel, Dr.-Max-Volk-Straße 21, Tel.: 036762 / 30619 • Rennsteig Outdoor Center (Hochseilgarten und Skispringen) Tel.: 036762 / 299970 • Technik- & Nostalgiemuseum, Haselbacher Straße 23, Tel.: 036762 / 3950

98587 **Steinbach-Hallenberg**, Metallhandwerksmuseum, Hauptstraße 45, Tel.: 036847 / 40540

98714 **Stützerbach** • Goethemuseum; Sebastian-Kneipp-Straße 18, Tel.: 036784 / 50277 • Heimat- und Glasmuseum, Bahnhofstraße 1, Tel.: 036784 / 50211

98527 **Suhl** • Waffenmuseum, Friedrich-König-Straße 19, Tel.: 03681 / 742218 • Fahrzeugmuseum, Friedrich-König-Straße 7, Tel.: 03681 / 705004

99891 **Tabarz**, Schauwerkstatt Thüringer Schmuck, Zimmerbergstraße 4, Tel.: 036259 / 50640; Mineralienmuseum, Lauchagrund 20, Tel.: 036259 / 31289; Pfeifenmacherei Kallenberg, Walterhäuser Straße 22, Tel.: 036259 / 62405, 0151 / 28070118, Galerie Grahn, Heinrich-Hoffmann-Straße 6a, Tel.: 036259 / 58001; Märchenwiese, Lauchagrundstraße

99897 **Tambach-Dietharz** • Lohmühlenmuseum, Lohmühle 1–5, Tel.: 036252 / 46000 • Technisches Museum Sägewerk, Talsperrstraße 14, Tel.: 036252 / 34428 • Heimatmuseum, Waldstraße 1, Tel.: 036252 / 34428 • Alte Tambacher Talsperre, Talsperrstraße 25–27, Tel.: 036252 / 34428 • Lutherbrunnen, Nähe der Gaststätte „Tammichgrund“

98711 **Vesser** • Bergbaumuseum Schwarze Crux, Cruxstraße 1, Tel.: 036782 / 60606 • Heimatstube, Schmiedefelder Straße 11, Tel.: 036782 / 61300

Quellennachweis

- Bechstein, Ludwig: Unterwegs im Reisewagen, Greifenverlag, Rudolstadt 1988
- Trinius, August: Thüringer Wanderbuch, Band 3 (1889), 4 (1890) und 5 (1895), Band 6 (1896), 7 (1900) und 8 (1902), J. C. C. Bruns Verlag Minden, Reprint der 1. Auflage, Rockstuhl-Verlag, Bad Langensalza 2012
- Reisehandbuch Thüringer Wald, VEB Tourist-Verlag, Berlin/Leipzig 1989
- Golchert, Horst: Rennsteig – Ein Wanderführer, ***grünes herz***, Ilmenau 2005
- Jung, Günter: Thüringer Wald – Ein Wanderführer, ***grünes herz***, Ilmenau 2004
- Biosphärenreservat Vessertal im Thüringer Wald – Ein Wanderführer, ***grünes herz***, Ilmenau 2003
- Autorenkollektiv: Zwischen Ruhla, Bad Liebenstein und Schmalkalden, Akademie-Verlag, Berlin 1989

Stichwortverzeichnis

Stichwortverzeichnis

↗ S. 31, Tour 8; S. 35, Tour 9

Empfohlene Landkarten und Literatur

Karten, die im Text empfohlen und verwendet wurden:

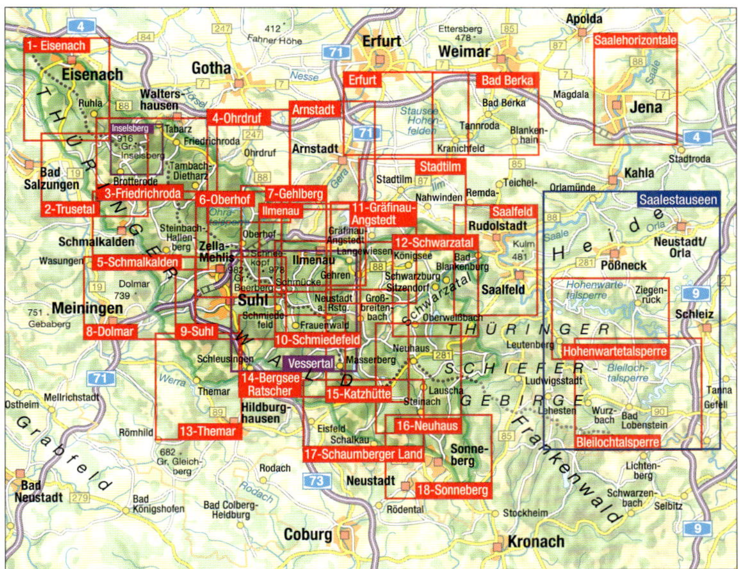

Wanderkarten mit Loipen und Radrouten 1:30.000, ***grünes herz***®, Ilmenau

1.	Eisenach und Ruhla	978-3-929993-14-1
2.	Trusetal, Bad Liebenstein, Bad Salzungen	978-3-929993-44-8
3.	Friedrichroda, Brotterode, Tabarz, Finsterbergen	978-3-86636-303-8
5.	Schmalkalden und Steinbach-Hallenberg	978-3-86636-012-9
6.	Oberhof und Zella-Mehlis	978-3-929993-00-4
7.	Schneekopf, Gehlberg, Gräfenroda	978-3-929993-05-9
8.	Der Dolmar und Meiningen	978-3-929993-16-5
9.	Suhl und Umgebung	978-3-86636-016-7
10.	Schmiedefeld, Frauenwald, Stützerbach	978-3-86636-017-4
11.	Gräfinau-Angstedt, Gehren und Königsee	978-3-929993-04-2
12.	Mittleres und unteres Schwarzatal	978-3-929993-08-0
14.	Talsperre Schönbrunn, Bergsee Ratscher	978-3-929993-11-0
15.	Masserberg, Katzhütte, Oberes Schwarzatal	978-3-86636-004-4
16.	Neuhaus, Lauscha, Steinach	978-3-929993-03-5
17.	Schaumberger Land und Bleßberg	978-3-935621-25-0
	Arnstadt und Plaue	978-3-929993-06-6
	Ilmenau	978-3-935621-36-6

Wanderkarten 1:50.000, ***grünes herz***®, Ilmenau

Mittlerer Thüringer Wald	978-3-935621-07-6
Saalestauseen	978-3-935621-02-1

↗ S. 91, Tour 23

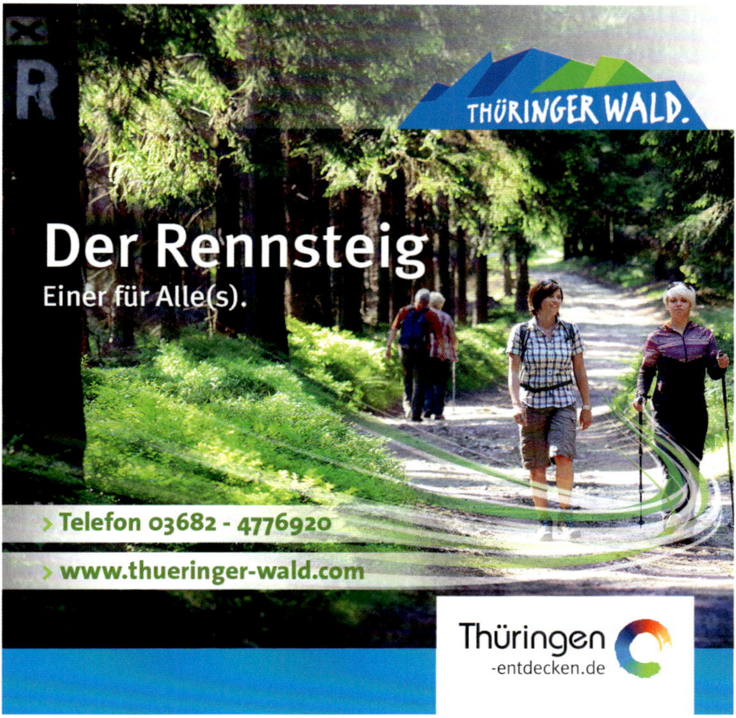

↗ S. 79, Tour 20; S. 95, Tour 24

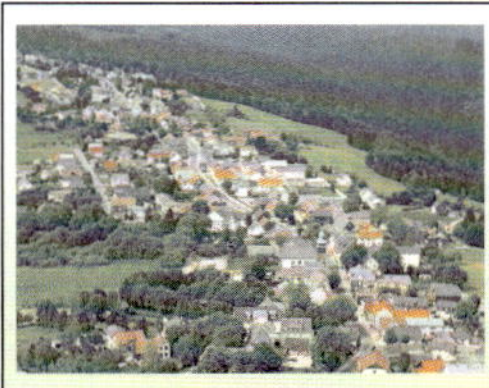

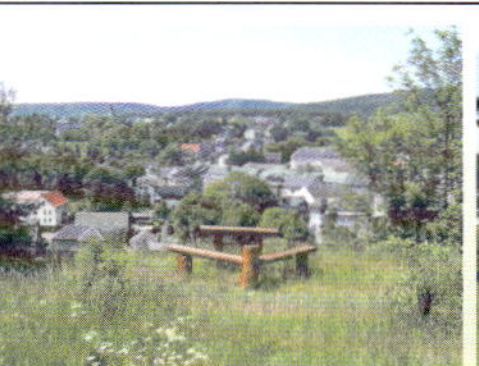

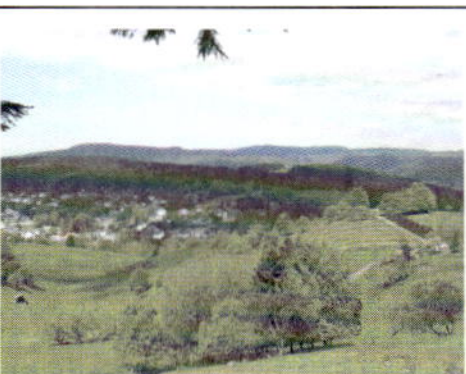

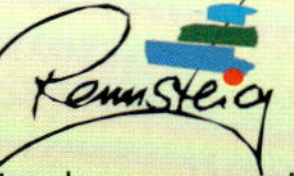

Trotz gewissenhafter Bearbeitung kann eine Haftung für den Inhalt nicht übernommen werden. Für aktuelle Ergänzungen und Anregungen ist der Verlag jederzeit dankbar. Wir bedanken uns bei allen, die uns unterstützt haben.

Impressum

Am Hang 27–28, 98693 Ilmenau
Tel.: 03677 / 46628-0, Fax: 03677 / 46628-80
www.gruenes-herz.de

Autoren der Touren 1 bis 17:	Dr. Gerhard Zimmer, Arno Beck
Autor der Touren 18 bis 33:	Dr. Erich Krauß
Titelfotos:	großes Foto „Blick vom Rennsteig": Arno Beck kleines Foto „Rechtalswiese": Gerhard Zimmer
Titelgestaltung:	Sibylle Senftleben
Fotos:	Seiten 7–11, 19, 22, 27–34, 42, 48–66: Arno Beck; Seiten 12, 23, 26, 37–41, 45: Gerhard Zimmer; Seiten 74–133: Erich Krauß; Seite 15: Touristinformation Ruhla; Seite 70: unbekannter Wanderfreund
Layout/Satz:	Sibylle Senftleben
Schrift:	Book Antiqua, Zapf Humanist
Karten:	Verlag ***grünes herz***®
Kartographische Ausführung:	mr-kartographie, Gotha
Kartenbearbeitung:	Sibylle Senftleben
Redaktion:	Anette Cotta
Druck:	DZA Druckerei zu Altenburg GmbH

3. aktualisierte Auflage September 2015

ISBN 978-3-86636-155-3